本书为教育部人文社会科学基金项目（19YJC710016）
和成都市哲学社会科学研究基地－中国特色社会主义政治经济学研究中心资助成果

新时代中国城镇化与逆城镇化协调发展路径研究

Reaearch on Path of
Coordinated Development of
Urbanization
and Counter-urbanization in New Era China

段龙龙　著

社会科学文献出版社
SOCIAL SCIENCES ACADEMIC PRESS (CHINA)

前　言

作为中国特色城镇化道路与新型城镇化战略的有机组成部分，逆城镇化现象在中国的现代化进程中具有举足轻重的地位，它从根本上解决了中国城镇化发展的不充分不均衡难题，消解了城乡关系变迁过程中长期存在的“半城镇化”或“伪城镇化”风险，给协同推进城镇化与乡村振兴发展、深入推进城乡融合提供了新机制和新动能。习近平总书记在2018年两会期间参加广东代表团审议时专门指出要加强新时代逆城镇化规律研究[①]，强调关注已然兴起的逆城镇化趋势并及时将逆城镇化纳入乡村振兴和城镇化发展大局之中，这标志着中国特色逆城镇化研究主题正式形成。

党的十九大以来，城镇化、城乡融合、乡村振兴等关键词和重大发展战略不断反复出现在党和政府文件中。这印证了中国并联式现代化和协调均衡发展的新特征，进一步说明中国的现代化进程已经到了从富转强、从不均衡到均衡发展的新阶段。城乡融合作为协同推进城镇化与乡村振兴战略的载体，必须找寻一个最为核心的连接机制，这就是所谓的逆城镇化规律。但是“逆城镇化”一词长期被中国学术界忽视，其关键原因是对逆城镇化的性质不明确、要义不清楚，认为其在中国城镇化进程中所扮演的角色无足轻重。然而，一些现实证据表明，逆城镇化已经成为中国城乡关系变迁运动规律中越发明显的一股新潮流，特别是在东部发达地区，逆城镇化甚至成为乡村振兴的催化剂和动力源，各地政府和相关政策也开始逐步

① 习近平：《发展是第一要务，人才是第一资源，创新是第一动力》，中国网，2018年3月7日，http：//www. china. com. cn/lianghui/news/2018-03/07/content_50677629. shtml。

重视逆城镇化所带来的积极效应，全力支持逆城镇化“挑大梁”“扮主角”，促进城乡融合高质量发展。

本书全面聚焦新时代中国城镇化与逆城镇化协同发展的路径命题，通过详细梳理新型城乡关系和新型城镇化战略形成过程中逆城镇化思想的发展历程，借助党和国家领导人在一些场合的重大论述，基于中西方逆城镇化发展演进特征的全景式历史考察，深入解析了城镇化与逆城镇化的相互关系。而后基于中国式逆城镇化的独特性质及实践表现，举证了“农民工返乡”和“大都市郊区化”两类逆城镇化典型事实，测度了逆城镇化的整体演化趋势，从而提出城镇化与逆城镇化协同发展的动力机制框架和实现路径。

从总体上来看，本书回答并澄清了理论界的相关争议问题。一是解答了长期困扰经济学界的中西方城镇化发展阶段相似论，辨析了中国的城镇化模式和发展阶段与西方的较大差异之处。二是澄清了逆城镇化规律的本质属性问题，认为逆城镇化并不是对城镇化的背离或者中断，特别是在中国现代化进程中，逆城镇化与中国特色城镇化道路是相辅相成、有机融合的统一整体，是高质量发展阶段的新现象。三是解析了新时代中国逆城镇化发展的主流趋势，认为中国当前逆城镇化是局部的、零散的，其推动主体是返乡农民工群体和其他城市人才，空间特征是大城市郊区化和城市群的形成。四是明晰了城镇化与逆城镇化协同发展的动力机制，提出了互促协同的四元动力论。五是给出了实现两者协同发展的关键路径选择，为新时代有序推进城乡融合高质量发展和新型城镇化战略走深走实制定相关政策提供参考借鉴。

目　录

第一章　新时代中国城镇化与逆城镇化协调发展的理论依据

城镇化是一国实现现代化进程的必由之路，也是一国进入工业社会以后，人口、技术、城乡关系发生深度变革的重要驱动力。与西方发达国家相比，中国的城镇化进程起步晚但速度快，形成的中国特色新型城镇化道路已经成为中国式现代化和中国模式的有机组成部分。特别是新时代以来，中国的新型城镇化战略更加聚焦“以人为中心”的高质量发展，在实现城市现代化的同时，协同推进新型城乡关系的构建和农业农村发展，因此国家强调要在城镇和乡村两端同时发力，促进城镇化和逆城镇化协调共进。长期以来，推进城镇化都被党和国家作为各地的重点工作来抓，但城镇化的本质是对农村生产要素的一种外源性吸纳，导致农业农村发展相对滞后，进入新时代以后，随着中国城镇化进程逐步进入中后期阶段，城镇化的扩散效应开始有利于带动农业农村发展，因此党和国家开始重新思考农业农村发展方向，乡村振兴战略由此提出。从经济学视角来看，城镇化与乡村振兴的要素禀赋流动方向似乎是相反的，但在学理上，两者并非相悖而是可以互促互融的，其中的关键连接点便是逆城镇化规律。是故，在2018年“两会”期间，习近平总书记专门强调了中国在新时期推动城镇化和逆城镇化协调发展的重要性，在他看来，城镇化与逆城镇化的关系是互促共生的关系，因此强调：“一方面要继续推动城镇化建设。另一方面，乡村振兴也需要有生力军。要让精英人才到乡村的舞台上大施拳脚，让农民企业家在农村壮大发展。城镇化、逆城镇化两个方面都要致力推动。城镇化进程中农村也不能衰落，要相得益彰、相辅相成。”①

既然推动中国城镇化与逆城镇化协调发展是新时代实现高质量发展、助推乡村振兴高起点开新局的必然要求，那么就要从理论上梳理两者协调发展的必然性，通过仔细梳理总结习近平新时代中国特色社会主义思想，发现“城乡融合”和“统筹新型城镇化和乡村全面振兴”理念构成了新时代中国城镇化与逆城镇化协调发展的核心理论依据。

第一节　习近平总书记关于城乡融合发展的重要论述

（一）习近平总书记关于城乡融合发展重要论述的生成逻辑

1. 马克思恩格斯的城乡关系理论

马克思恩格斯的城乡关系理论，发端于19世纪欧洲资本主义国家城市与农村割裂对立越发严重的发展实践，在批判性吸收莫尔和欧文等空想社会主义者城乡关系观点的背景下，马克思恩格斯指出，“资产阶级使农村屈服于城市的统治。它创立了巨大的城市，使城市人口比农村人口大大增加起来，因而使很大一部分居民脱离了农村生活的愚昧状态。正像它使农村从属于城市一样，它使未开化和半开化的国家从属于文明的国家，使农民的民族从属于资产阶级的民族，使东方从属于西方”。②

针对这种情况，马克思与恩格斯在《德意志意识形态》一书中最早阐述了其有关缓和城乡矛盾、缓解城乡对立现状并逐步实现城乡融合发展的理论观点。在该书中他们提到，“消灭城乡之间的对立，是共同体的首要条件之一，这个条件又取决于许多物质前提，而且任何人一看就知道，这个条件单靠意志是不能实现的（这些条件还须详加探讨）”③，在社会生产

① 习近平：《发展是第一要务，人才是第一资源，创新是第一动力》，中国网，2018年3月7日，http：//www. china. com. cn/lianghui/news/2018-03/07/content_50677629. shtml。

② 《马克思恩格斯选集》第1卷，人民出版社，2012，第405页。

③ 《马克思恩格斯选集》第1卷，人民出版社，2012，第185页。

力发展不协调不均衡的情况下，资本主义大工业会促使城乡间的割裂状态不断加剧。解决这种对立最有效的方法便是促进生产力进一步高度均衡发展，解放和发展生产力是实现城乡融合的根本途径。进一步地，马克思与恩格斯通过研究社会生产力与生产关系作用理论，以唯物主义为方法论，深刻揭示了城乡对立在当时社会意识形态背景下的形成条件和历史必然性，同时预判："城市和乡村之间的对立也将消失。"而"通过消除旧的分工，通过产业教育、变换工种、所有人共同享受大家创造出来的福利，通过城乡的融合，使社会全体成员的才能得到全面发展，——这就是废除私有制的主要结果"。[①] 马克思恩格斯城乡关系理论是习近平总书记关于城乡融合发展重要论述最直接的理论源泉。

2. 列宁的城乡一体化发展理论

随着20世纪初俄国爆发十月革命。列宁在社会主义俄国，开始萌生城乡一体化发展思想。当时俄国社会生产力水平已经大大提高，但是国内城乡差距问题依旧显著，并出现严重的城乡割裂问题。十月革命后，俄国的工业化深入发展，大机器生产日益普及，由于大量劳动力被机器取代，俄国出现大规模的失业人口，在这种背景下，列宁认为城乡差距扩大是生产力发展的必然结果，他进一步指出："资本主义愈向前发展，经营商业性（商品性）农业的困难也就愈大。城市愈来愈重地剥削农村，从农村的业主那里夺走了最好的劳动力，愈来愈多地榨取农村居民生产出来的财富，使他们不能恢复地力。"[②] 但是这种情况也会导致大量农村人口向资源更丰富的城市转移，开启城镇化进程，如此一来，农村耕地会被大量闲置，这将进一步加剧城乡分化。

为此，列宁认为城乡分化是短暂的，他认同马克思恩格斯对高度发展的生产力是解决城乡对立、实现城乡融合的最有效方法的科学论断，并进一步将科学技术视为生产力高速发展的关键所在。在此基础上，列宁指出，"只有农村居民流入城市，只有农业人口和非农业人口混合和融合起

---

① 《马克思恩格斯选集》第1卷，人民出版社，2012，第308~309页。

② 《列宁全集》第4卷，人民出版社，2013，第82页。

来，才能使农村居民摆脱孤立无援的地位。正是农业人口和非农业人口的生活条件接近才创造了消灭城乡对立的条件”。[①] 为此，“我们必须让农民看到，电气化将把城乡连接起来，在电气化这种现代最高技术的基础上组织工业生产，就能消除城乡间的悬殊现象”。[②]

3. *毛泽东关于城乡互助的重要论述和中国特色社会主义理论体系中的城乡关系理论*

新中国成立前，毛泽东在党的七届二中全会上首次提出要将党的工作重心由农村转移到城市[③]，这是毛泽东城乡关系思想的历史开端。为改变中国重工业、轻工业和农业发展的不均衡状态，毛泽东认为要适当调整重工业、轻工业和农业的投资比例，将经济工作的重心由农村转移到城市，并确立了优先发展重工业的战略思路。但与此同时，毛泽东也指出：“我国的经济建设是以重工业为中心，这一点必须肯定。但是同时必须充分注意发展农业和轻工业。”[④] 由此确定了新中国成立后处理城乡关系的政策方针，形成了具有中国特色的城乡互助关系理论。

在具体的内容上，以毛泽东同志为主要代表的中国共产党人提出了适合中国国情农情的农村发展战略。为了解决中国城乡差距过大这一现实问题，毛泽东提出切实保护农民利益，降低农业税费比例，适当减轻农民纳税负担，激发农民的积极性等方针政策。[⑤] 此外，为进一步缩小城乡发展差距，以毛泽东同志为主要代表的中国共产党人还着力发展农村教育卫生事业，开展了知识下乡等活动，这些政策在实施效果上缩小了中国城乡之间的差距，是新中国成立初期对中国城乡关系调整的有益探索和成功实践。

具体来看，在农村社会主义改造完成后，当时中国的工农业发展存在明显的发展不平衡问题，于是毛泽东深刻论述道：“在优先发展重工业的条件下，发展工业和发展农业同时并举。所谓并举，并不否认重工业优先

① 《列宁全集》第2卷，人民出版社，2013，第480页。
② 《列宁全集》第30卷，人民出版社，1957，第303页。
③ 《毛泽东选集》第4卷，人民出版社，1991，第1427页。
④ 《毛泽东文集》第7卷，人民出版社，1999，第241页。
⑤ 张丽媛：《毛泽东的城乡统筹思想研究》，硕士学位论文，大连海事大学，2011。

增长，不否认工业发展快于农业；同时，并举也并不是要平均使用力量。”① 这段论述充分反映了当时中国工业化发展中重工业更快增长的客观现实，揭示了国民经济各部门的内在联系及农业对工业化发展的制约作用，符合社会生产两大部类均衡发展的客观规律，因此被学术界概括为“两条腿走路”理论。而后毛泽东进一步在《论十大关系》中再次阐释了这一方针的基本思想。在1958年召开的党的八大二次会议上，这一方针被正式确定为中国社会主义建设总路线的基本点。其基本内容是：“在重工业优先发展的条件下，工业和农业同时并举，重工业和轻工业同时并举；在集中领导、全面规划、分工协作的条件下，中央工业和地方工业同时并举，大型企业和中小型企业同时并举，洋法生产和土法生产同时并举。”②

同一时期，为解决城市就业压力问题，中共中央政治局在《一九五六年到一九六七年全国农业发展纲要（修正草案）》中，又首次提出了知识青年上山下乡的概念，这也成了新中国成立后首次“逆城镇化”运动的标志。

党的十一届三中全会后，邓小平对中国原有的城乡理论进行了完善与补充。邓小平结合改革开放的时代背景，指出发展农业是改善城乡关系的根本前提，并提出“农业搞不好，工业就没有希望，吃、穿、用的问题也解决不了”③ 的著名论断，首次提出了城乡互动的城乡发展思想。

邓小平对中国城乡关系的形成与发展有着前瞻性的看法与见解，他将城乡关系调整视为中国经济社会发展中不可逾越的重大现代化命题。1962年，邓小平便在《怎样恢复农业生产》一文中指出：“要恢复农业，还要解决好城市与农村的关系问题。”④ 1963年，邓小平在工农业发展问题上又特别指出：“工农业并举，轻重工业并举。这是各国经验的总结。”⑤

随着中国社会主义现代化建设进程的发展以及改革开放的不断深入，

---

① 《毛泽东文集》第8卷，人民出版社，1999，第123页。
② 《建国以来重要文献选编》第13册，中央文献出版社，1996，第158页。
③ 《邓小平文选》第1卷，人民出版社，1994，第322页。
④ 《邓小平文选》第1卷，人民出版社，1994，第324页。
⑤ 《邓小平文选》第1卷，人民出版社，1994，第335页。

以邓小平同志为核心的党的第二代中央领导集体进一步总结发展经验以及经验教训，形成了“在改革中实现城乡互动”的新时期城乡结合理论。这一理论在核心内容上主要包括以下四个方面。一是改革动力论，即坚持改革是实现城乡互动的根本途径。二是农业强基论，即强调农业是城乡互动之根本，解决好“三农”问题是实现城乡互动的前提。三是工农辅助论。强调城乡互动的核心是工业农业相互扶持。四是支柱论，明确办好壮大乡镇企业是实现城乡互动的重要桥梁。除此之外，以邓小平同志为核心的党的第二代中央领导集体在1982~1986年连续颁布五个关于“三农”问题的中央“一号文件”，这些文件要求中国在加快城乡改革、构建以农业发展为核心思路的城乡改革发展新格局方面取得更大进展，为后续中国持续有效推进城乡关系调整奠定了良好基础。

党的十四大以后，以江泽民同志为核心的党的第三代中央领导集体在处理城乡关系上继续巩固和加强农业的基础地位，并在深化农业改革、促进农业现代化方面进行了持续探索。在该时期，城乡协调发展是城乡关系理论的核心，其核心内容主要包括三大维度。一是加强和巩固农业基础地位。2002年11月，江泽民同志在党的十六大报告中提出：“统筹城乡经济社会发展，建设现代农业，发展农村经济，增加农民收入，是全面建设小康社会的重大任务。加强农业基础地位，推进农业和农村经济结构调整，保护和提高粮食综合生产能力，健全农产品质量安全体系，增强农业的市场竞争力。积极推进农业产业化经营，提高农民进入市场的组织化程度和农业综合效益。”① 二是以发展城市工业带动农村发展。工业是城市发展的关键，江泽民同志强调指出：“搞好国有企业特别是国有大中型企业，既是关系到整个国民经济发展的重大经济问题，也是关系到社会主义制度命运的重大政治问题。”② 通过国有企业的改革可以有效促进城乡融合发展，既能为农村经济改革发展提供宝贵的实践经验，又可以为中国城乡发展积累物质基础，促使中国城乡融合发展。三是构建城乡工农互动发展格局。

---

① 《十六大以来重要文献选编》（上），中央文献出版社，2005，第17~18页。

② 《江泽民文选》第1卷，人民出版社，2006，第441页。

改革开放以来，中国生产力取得了较大的发展，经济建设取得了辉煌的成果，迈入了新阶段。但是随着工业的高速发展与社会主义市场经济体制的逐步建立，中国城乡差距被进一步拉大。改革开放进入21世纪后，在二元体制影响下，农村发展的相对落后与农民收入相对较低成为制约城乡一体化发展的主要问题。在此背景之下，以江泽民同志为核心的党的第三代中央领导集体，提出了“城乡互动”思想，即在城乡关系的发展中必须发挥城市对农村的带动作用，在统筹城乡经济社会发展过程中努力实现城乡经济的良性互动。①

党的十六大以后，随着中国经济社会的持续发展，全面建设小康社会和构建社会主义和谐社会的任务进一步展开，城乡发展的不平衡问题成为制约中国进一步发展的障碍。城乡协调发展的重要性不言而喻。胡锦涛同志在党的十七届三中全会上首次提出了“城乡经济社会发展一体化”概念②，主要包含三个方面内容。

一是坚持“五个统筹”。2003年10月，党的十六届三中全会首次提出“五个统筹”的科学发展观，统筹城乡发展成为“五个统筹”之首。二是大力推动城乡经济社会一体化。2004~2010年，党中央多次出台“一号文件”推进城乡一体化发展。其中2004年中央“一号文件”指出：“深化农村改革，增加农业投入，强化对农业支持保护，力争实现农民收入较快增长，尽快扭转城乡居民收入差距不断扩大的趋势。”③ 2005年中央“一号文件”指出：“全面落实科学发展观，坚持统筹城乡发展的方略。”④ 2006年中央“一号文件”指出：“解决好‘三农’问题仍然是工业化、城镇化进程中重大而艰巨的历史任务。”⑤ 2007年中央“一号文件”指出：“全面

① 桂海平：《改革开放以来中国共产党城乡一体化理论与实践研究》，硕士学位论文，山东师范大学，2014。

② 《中国共产党第十七届中央委员会第三次全体会议公报》，共产党员网，2012年6月14日，https://fuwu.12371.cn/2012/06/13/ARTI1339586520346258.shtml。

③ 《十六大以来重要文献选编》（上），中央文献出版社，2005，第672页。

④ 《中共中央 国务院关于进一步加强农村工作提高农业综合生产能力若干政策的意见》，《国务院公报》2005年第9号，https://www.gov.cn/gongbao/content/2005/content_63347.htm。

⑤ 《十六大以来重要文献选编》（下），中央文献出版社，2008，第139页。

落实科学发展观，坚持把解决好‘三农’问题作为全党工作的重中之重，统筹城乡经济社会发展。”[①] 2008年中央“一号文件”指出：“工业化、信息化、城镇化、市场化、国际化深入发展，农业和农村正经历着深刻变化……农村生产要素外流加剧，缩小城乡差距难度加大，要求加大统筹城乡发展力度。”[②] 三是把城乡统筹作为全面建成小康社会的目标之一。在党的十六届四中全会上，胡锦涛同志提出了“两个趋向”的重要论断，即“综观一些工业化国家发展历程，在工业化初始阶段，农业支持工业、为工业提供积累是带有普遍性的趋向；但在工业化达到相当程度以后，工业反哺农业、城市支持农村，实现工业与农业、城市与农村协调发展，也是带有普遍性的趋向”。[③] 这个论断科学地指明了统筹城乡发展的内容和要求，而将其作为全面建设小康社会的目标之一，是对工业与农业、城市与农村一体化发展思想的进一步深化，是对中国新时期经济发展形势的全新认识。

（二）习近平总书记关于城乡融合重要论述形成的现实依据

改革开放以来，中国的工业化程度不断提高，城镇化率也逐步上升，城市实现快速发展。在这种背景下，“城乡融合发展”首次被写入党的十九大报告[④]，标志着党对中国城乡关系的认识进入了一个新阶段。

随着中国城镇化水平的不断提高，中国城镇化率在“十三五”末期已达到65%。按照国际惯例，城镇化率达到60%的国家将进入城镇化发展的中后期。在这个阶段，党中央提出了城乡融合发展战略，其原因有如下四点。

一是城乡融合发展可以有效缩小城乡之间的差距。随着城乡一体化战略的实施，城乡之间要素流动将更加自由，可以实现优势互补、互相促进。技术、资金大量流入农村，可以有效促进中国农村产业的建设，

① 《十六大以来重要文献选编》（下），中央文献出版社，2008，第836页。

② 《十七大以来重要文献选编》（上），中央文献出版社，2009，第134页。

③ 《胡锦涛文选》第2卷，人民出版社，2016，第247页。

④ 习近平：《决胜全面建成小康社会 夺取新时代中国特色社会主义伟大胜利——在中国共产党第十九次全国代表大会上的报告》，人民出版社，2017，第32页。

丰富经济发展动能。在城市经济增速放缓的新时期，激发农村经济发展潜力可以有效开拓农村市场，扩大内需，实现中国经济高质量可持续发展。

二是城乡融合发展体现了循环经济的发展理念。城乡融合发展不是简单的资源单向流动，而是实现“城市优势资源流向农村，农村资源流向城市”这样一种可持续的循环状态。在中国城乡融合发展战略中，城镇化、逆城镇化互为补充，实现经济资源的动态平衡。

三是城乡融合发展可以加速农村现代化建设，实现中国经济高质量发展。新时期中国经济将由高速增长转变为中高速增长，将实现由以价取胜向以质取胜转变，经济发展由高速发展向高质量发展转变，在此背景下，加速发展农村经济，实现城乡融合发展便显得尤为重要。城乡一体化可以有效促进农村经济增长，并成为新的经济增长点和内需引爆点，进而在新时期带动全国经济高质量发展。

四是城乡融合发展可以有效缓解当下社会主要矛盾、提升人民生活质量与水平。中国社会主要矛盾已转化为人民日益增长的美好生活需要和不平衡不充分的发展之间的矛盾，其中城市与农村的不均衡状态是中国不平衡不充分发展的主要原因之一。随着中国经济的不断发展和人民对美好生活需要水平的提高，不平衡不充分已成为中国经济高质量持续协调发展的最关键制约因素，因此实现城乡融合发展可以有效缓解社会主要矛盾，是改善民生、加速发展的重要保障。

根据上述因素，我们不难看出习近平总书记关于城乡融合发展的重要论述是基于中国现实国情提出的，是符合中国未来发展战略的，标志着中国城乡关系进入新的历史阶段，为新时代深入推进城乡融合发展战略提供了实践经验和理论指导。

（三）习近平总书记关于城乡融合发展重要论述的主要内容

一是强调城乡就业平等。习近平总书记在党的十九大报告中指出：“我国社会主要矛盾已经转化为人民日益增长的美好生活需要和不平衡不充分的发展之间的矛盾。”① 不平衡不充分的发展已经成为阻碍社会进步的主要问题，而不平衡的就业问题则是不平衡不充分发展中的重点问题之一。近年来中国城乡差距不断扩大，城乡就业机会差距较大，工资待遇差距也不断扩大，直接导致大量农村人口涌向城市寻找工作机会，阻碍了乡村的发展，使得城乡出现对立。城乡融合发展战略确立后，将会有效解决如今较为严重的城乡就业机会不平衡的问题，通过进一步扩大内需，加快农村地区经济发展。

二是重视城乡居民收入增长。近年来，中国人均 GDP 不断提高，但城乡人均可支配收入的差距也随之扩大。一方面城市就业需求不断扩大，另一方面农村地区依旧只有以种植业为主的传统少数就业机会，导致农村地区人均收入水平增长缓慢。为此，中央提出要将先进的生产技术、生产资料、生产经验、人才以及资金向农村地区汇集，并着手打造农村完整的产业链，实现农村地区的现代化转型。除此之外，还要发挥财政的二次分配作用，通过出台相关政策调整现有分配格局，通过财政补助、降低税费等手段实现农民持续性增收。

三是注重城乡资源合理配置。中国城乡地区资源分配不均的现象一直存在，资金、信息、人才、技术在城市与农村大都存在分配不均现象，而这种资源分配不均在一定程度上阻碍了城乡协调发展。习近平总书记在 2022 年中央农村工作会议上提出：“要顺应城乡融合发展大趋势，破除妨碍城乡要素平等交换、双向流动的制度壁垒，促进发展要素、各类服务更多下乡。”② 一方面通过农村剩余劳动力流向城市来解决城市劳动力不足的问题，另一方面释放闲置土地进行建设，解决城市建设用地不足的问题。通过新型城镇化为农村提供先进的技术、信息、资料等，提升农村生产效率，增加农村利润，真正实现城乡一体化发展。

四是充分推进农业产业体系现代化，促进城乡三产融合发展。长期以

---

① 习近平：《决胜全面建成小康社会 夺取新时代中国特色社会主义伟大胜利——在中国共产党第十九次全国代表大会上的报告》，人民出版社，2017，第 11 页。

② 习近平：《加快建设农业强国，推进农业农村现代化》，求是网，2023 年 3 月 15 日，http：//www.qstheory.cn/dukan/qs/2023-03/15/c_1129432282.htm。

来，中国农村产业类型较为单一，生产一直以传统的生产方式为主，生产效率及生产附加值较低。习近平总书记强调：各地推动产业振兴，要把“土特产”这3个字琢磨透。① 要依托农业农村特色资源，向开发农业多种功能、挖掘乡村多元价值要效益，向一二三产业融合发展要效益，强龙头、补链条、兴业态、树品牌，推动乡村产业全链条升级，增强市场竞争力和可持续发展能力。② 具体来看，有效破除城乡二元经济结构，加速城乡产业融合发展有两条可行路径。一是加快推进供给侧结构性改革，尤其是农业供给侧结构性改革。通过鼓励科技创新，提升农业科技含量；优化农业产业结构布局；发展绿色农业、生态农业等手段实现农业产业由以量取胜向以质取胜转变。二是增进城乡产业间的经济互动。为农村地区提供更多的资金支持。尤其资金是农村产业升级的保障，国家应尽快出台相关政策支持农村信贷，引导更多资本流入农村。

五是坚持完善城乡社会保障体系。中国城乡之间社会保障体系的完善程度差距较大，乡村地区在医疗、失业、养老等方面的社会保障体系还不够完善。除此之外，城乡之间的社会保障体系也常常无法做到互联互通，例如中国异地就医难的问题一直存在。习近平总书记指出，“社会保障是保障和改善民生、维护社会公平、增进人民福祉的基本制度保障，是促进经济社会发展、实现广大人民群众共享改革发展成果的重要制度安排，是治国安邦的大问题”。③ 针对城乡社会保障衔接较差的问题，习近平总书记以医疗社会保障体系为例指出“要加快推动城乡基本医保整合，满足群众合理的异地就医需求”。④

六是推进城乡要素双向流动。城市经济的高速发展导致大量的生产要素向城市汇集，产生了要素“集聚效应”，使得城市经济迅速增长。与此同时，要素大量涌入城市导致农村地区失去了大量的劳动力，造成农村地

---

① 《把“土特产”这3个字琢磨透，习近平总书记谈乡村产业振兴》，求是网，2023年3月19日，http://www.qstheory.cn/zhuanqu/2023-03/19/c_1129442127.htm。

② 习近平：《加快建设农业强国，推进农业农村现代化》，求是网，2023年3月15日，http://www.qstheory.cn/dukan/qs/2023-03/15/c_1129432282.htm。

③ 《习近平谈治国理政》第4卷，外文出版社，2022，第341页。

④ 《习近平关于社会主义社会建设论述摘编》，中央文献出版社，2017，第113页。

区的“空心化”，阻碍农村经济发展，进一步扩大了城乡之间的经济差距，导致生产要素进一步在城市汇集，形成了恶性循环。针对这种现象习近平总书记在城乡融合发展战略中提出要加速城乡双向流动以缓解这种资源分配不均的情况。一是深化户籍制度改革。针对“农民工”在城市落户难，农村地区大量劳动力外流等现状，各地政府应加快深化户籍制度改革，一方面，解决“农民工”落户问题，加速中国城镇化进程；另一方面，出台相关政策配合乡村振兴战略提升农村地区对人才的吸引力，解决农村地区发展面临的人才不足问题。二是建立现代化生产要素全国统一大市场体系。由于生产要素在城市聚集，中国城乡之间形成了二元的经济结构。为了破除二元经济结构壁垒，实现城乡一体化发展，政府应出台政策推动城乡之间的要素平等交换，降低要素流动成本，其中建立统一市场体系格外重要。

七是增强乡村文化自信。城乡文化融合是城乡融合发展战略中的重要组成部分，近年来，中国城乡地区在文化建设方面，不平衡发展的现象越发严重。在中国乡村振兴战略中，对乡村文化建设方面关注度较低，导致部分乡村地区由于经济发展较城市地区缓慢，产业结构单一等而遭遇文化自信危机。习近平总书记指出：“农村不能成为荒芜的农村、留守的农村、记忆中的故园。”[①] 要实现物质文明和精神文明一把抓，既要坚持发展生产，激活经济，也要在农村地区繁荣文化，发扬农村精神。中华民族有着上千年的农耕文化，我们切不可将这一赓续千年的精神文明之火在农村熄灭。文化自信作为“四个自信”的基础，其重要性不言而喻。唯有坚定文化自信，才能为乡村振兴战略提供强有力的精神支持。

八是加强农村生态文明建设。习近平总书记指出：“要把生态文明理念和原则全面融入城镇化全过程，走集约、智能、绿色、低碳的新型城镇化道路。”[②] 在城乡融合发展战略中，城乡生态一体化建设也具有十分重要的地位。绿色可持续作为建设现代化新农村的关键标准，逐渐成为农村建设发展的主方向。为此，党的十九大报告首次将生态文明建设纳入“五位

---

① 习近平：《论“三农”工作》，中央文献出版社，2022，第100页。

② 《习近平关于城市工作论述摘编》，中央文献出版社，2023，第121页。

一体”发展总布局，将“美丽”作为建设社会主义现代化强国、实现中华民族伟大复兴中国梦的内容之一。习近平总书记指出：“保护生态环境就是保护生产力，改善生态环境就是发展生产力。”① 由于人们环保意识较为淡薄，加之相关基础设施建设不够完善，长期以来中国农村地区的环境污染问题较为严重。虽然加强环境保护，进行生态建设可能会暂时影响到经济发展的速度，但是长久来看，生态环境的破坏会带来长期的、不可逆的损失，导致发展的可持续性下降，带来不可估量的灾难性影响。

在农业产业转型升级、建设现代化农业的今天，“绿色”与“可持续”对农业的意义尤为重要。为此，我们需要优化农业生产方式，发展集约型农业，增加在农业领域的科技投入，坚持绿水青山就是金山银山的生态文明观，加快推进农村地区的生态文明建设。

第二节　习近平总书记关于城镇化与乡村振兴协调发展的重要论述

城镇化概念从提出到广泛运用大约经历了20年时间，从学术史的视角来看，城镇化概念的演进比实践中乡村振兴概念更为丰富和充实。在理论界，与西方所倡导的城市化不同，城镇化的概念具有较强的中国特色，是学者们基于城市化概念以及国内外城市化进程的差异对比而创造的新词语。1991年，辜胜阻在《非农化与城镇化研究》中使用了“城镇化”的概念，并在此后学术研究与政治实践中大力推广。与城市化概念存在长期争论的现象无异，城镇化的定义至今仍存有诸多争议，是一个处于发展中的概念。1998年，党的十五届三中全会通过了《中共中央关于农业和农村工作若干重大问题的决定》，并在此文件中论述了“城镇化”问题，是该概念首次出现于官方文件之中。为了更好地理解习近平总书记关于城镇化与乡村振兴协调发展的观点，认识二者之间的逻辑关系，需先从其对于城镇化的初步理解与运用着手，一方面，这可为后续二者关系探究建立理论

① 《十八大以来重要文献选编》（上），中央文献出版社，2014，第463页。

基础，另一方面，可以此为基点，纵览国家领导人关于该重要全局战略认知的演进与核心所在，抓住城镇化与乡村振兴的本质联系。

（一）习近平总书记关于城镇化发展的早期认识

在“城镇化”一词正式写入官方文件后，时任福建省委副书记的习近平对城镇化规律就已形成初步认识。他在福建推进现代农业建设中意识到，要着眼现代农业与农村城镇化的同步发展，就要避免模仿资本主义社会中掠夺农民土地、集中生产资料的野蛮行为，同时也不能走只发展大城市的片面道路，因此认为中央选择的城镇化道路是适应当时情形的最佳选择。而在城镇化实践要求层面，习近平同志重视农村劳动力转移、乡镇企业兴办以及配套设施建设在推进农村城镇化道路方面的重要作用。可见，在该时期，其对于城镇化的认识是将其作为当时福建大力推行的现代农业的建设路径之一，反映出城镇化概念在写入官方文件后得到了广泛认同与使用，以及习近平同志对于城镇化实现路径的前沿看法。

进一步地，自1998年正式开启山海协作、联动发展战略以来，习近平同志在城镇化实现路径中又着重强调农村人口多渠道分流，以及同步推动农业建设新格局的重要性，他格外重视技术与资金引进、以土地复种指数为抓手来促进土地生产率提升；同时倡导农业劳动力流动性，鼓励一部分农业人口转移到政府引导的基础设施建设上来，从而促进农村第三产业发展。同时，他还建议将一部分劳动力就地转移到非农产业中，通过提高沿海城市劳动力市场容纳度来促进省内山区劳动力向沿海流动；而在推动自身流动的同时，顺势开辟国际通道，促进劳务对外输出。从这里可以看出，习近平同志更加突出“人”在促进城镇化中的重要作用，同时强调了劳动力流动的核心作用，通过流动中的基础设施建设促就业、第三产业引流、沿海城市吸纳、开拓国际劳务市场等四方面突出了不同层次劳动力的流动在促进城镇化进程中的关键作用。

2001年过后，福建省委、省政府积极响应党的十五届三中全会提出的东部地区和大中城市率先基本实现农业现代化的方针，制定出一系列促进农业现代化的举措。习近平同志立足于宏观视角，强调先进技术和先进的设备与管理方式是推动城镇化不可或缺的一部分，也是转变广大农民思维的重要举措，并且福建当时的城镇化水平仍然较低，存有极大进步空间，可以通过城镇化进程衍生出巨大发展空间。[①]

2002 年 10 月党的十六大胜利召开，中国社会主义市场经济体制初步建立起来，这时候习近平同志关于城镇化的论述增加了新内容。首先，加速城镇化建设是促进社会主义市场经济发展的重要举措。而在促进城乡市场融合的同时，也要促进农村生活与生产活动的市场化，将小城镇建设作为农村市场化的抓手，充分发挥集聚与辐射效应，辅之以第三产业作为发展支撑[②]；此外应构建更为灵活的劳动力市场，以城镇化发展内在要求以及市场标准为导向，在城乡之间建立起统一的劳动力市场促进农村劳动力的跨区域流动。

2006 年 12 月，《干在实处 走在前列——推进浙江新发展的思考与实践》一书出版，该书辑录了习近平同志 2002 年至 2006 年担任浙江省委书记期间的重要报告、讲话、文章和批示。其中，习近平同志认识到城镇化演变趋势的内在规律为新农村—小城镇—中心城镇—中小城市—大城市，认为中国城镇化建设中存在起点过低的问题，因此建议在城镇化建设初期就应明确乡村与城镇的区别，指出并不是所有乡村均需城镇化，而是根据其地理位置、发展现状与前景予以规划[③]。此外，习近平同志还提出城镇化率指标并非最重要关注点，城镇化质量远比规模更值得强调。值得一提的是，习近平同志在该书中还着重提到了基层干部队伍在城镇化建设中的重要性，指出要选拔高素质基层干部队伍，加大培训力度，加大机关与基层干部之间交流力度，促进基层体制的优化，并让上级机构下放更多权力于基层组织，充分调动其积极性。

至此，以习近平同志在福建、浙江任职时期为选取时间段，通过概括、比较其对城镇化发展趋势的认识，我们可以发现以下几方面内容。

---

① 习近平：《当前福建经济形势和主要任务》，《发展研究》2001 年第 1 期。

② 习近平：《论农村改革发展进程中的市场化建设》，《中共福建省委党校学报》1999 年第 7 期。

③ 习近平：《干在实处 走在前列——推进浙江新发展的思考与实践》，中共中央党校出版社，2006，第 102 页。

第一，习近平同志非常强调农村劳动力转移、乡镇企业兴办以及配套设施建设在推进农村城镇化道路上的重要作用，该实践观点在福建省内具创造性意义。

第二，强调“人”在促进城镇化中的重要作用，因而格外重视新增就业中的基础设施拉动作用，重点通过发展第三产业、鼓励劳动力向沿海城市转移，同时积极开辟国际劳务市场来带动劳动力向城镇流动。

第三，立足于宏观视角，强调工业现代化、科技现代化和国防现代化过程中技术、设备与管理方式在推动城镇化中的不可或缺性，承认当时城镇化发展存在诸多缺陷。

第四，基于社会主义市场经济发展要求，强调农村生活与生产活动的市场化与城乡统一劳动力市场建立的重要性和实现路径；强调乡村结构的优化调整是整个经济结构战略调整中的重点，要将产业结构优化升级与城乡结构的调整联系起来，充分发挥乡镇企业的作用，促进城乡之间要素流动，进而推动宏观经济结构优化。

（二）城镇化与乡村振兴关系的相关论述

正如上一部分所述，城镇化概念远早于乡村振兴诞生，其内涵也得到了丰富发展，作为中国长期坚持的重大战略之一，城镇化进程并未随着乡村振兴的提出而停滞，相反在现代化进程中两者可以协同共进发展。在前文的论述中可以看到，在习近平总书记城镇化思想的孕育和形成过程中，逐步融入了乡村振兴部分，城镇化与乡村振兴二者间的关系问题也在新时代被赋予了更加重要的意义。

不同于城镇化演进的历史脉络，乡村振兴战略在党的十九大报告中被首次提出，习近平总书记在不同场合多次强调：“实施乡村振兴战略。农业农村农民问题是关系国计民生的根本性问题，必须始终把解决好‘三农’问题作为全党工作重中之重。”[①] 随后，2018 年 9 月中共中央、国务院印发了《乡村振兴战略规划（2018—2022 年）》，要求各地区各部门结

① 《习近平著作选读》第 2 卷，人民出版社，2023，第 26 页。

合实际认真贯彻落实，并对发展农业农村、全面推进乡村振兴做出全新部署。

1. 习近平总书记对城镇化与乡村振兴关系的主要论述

有关城镇化与乡村振兴关系的官方论述首次出现于党的十九大报告之中，习近平总书记将乡村振兴战略同科教兴国战略、人才兴国战略等共同纳入全面建成小康社会战略总体部署之中。城镇化建设作为贯彻落实习近平新时代中国特色社会主义思想的重要部分，是坚持新发展理念的实然要求与实现路径之一。可见，在党的十九大报告之中，虽未将二者关系进行明确，但可从报告中得出城镇化的推进有利于促进新发展理念的落实，其与乡村振兴战略一同是决胜全面小康的重要推力的结论；同时，城镇化作为党实现社会主义现代化长期坚持的国家战略，作为城乡一体化发展的核心驱动力，亦可促进乡村振兴战略的实施。

2018 年 9 月 21 日，习近平总书记在中共中央政治局第八次集体学习时再次提到两者的关系，他指出："没有农业农村现代化，就没有整个国家现代化。在现代化进程中，如何处理好工农关系、城乡关系，在一定程度上决定着现代化的成败"，"四十年前，我们通过农村改革拉开了改革开放大幕。四十年后的今天，我们应该通过振兴乡村，开启城乡融合发展和现代化建设新局面"。① 可见乡村振兴建立在城镇化基础之上，乡村振兴也是实现更高层次城镇化的必然选择与要求。

2018 年 12 月 18 日，习近平总书记在庆祝改革开放 40 周年大会上的讲话中又指出："坚持以供给侧结构性改革为主线，积极转变发展方式、优化经济结构、转换增长动力，积极扩大内需，实施区域协调发展战略，实施乡村振兴战略，坚决打好防范化解重大风险、精准脱贫、污染防治的攻坚战。"② 可见，城镇化与乡村振兴战略共同成为农村工作的重要组成部分，是不可或缺的推进力量。

进入 2019 年，习近平总书记开始认真思考新时代中国城镇化与乡村振

---

① 习近平：《论"三农"工作》，中央文献出版社，2022，第 274、276 页。
② 习近平：《在庆祝改革开放 40 周年大会上的讲话》，人民出版社，2018，第 32 页。

兴发展的关系，并首次于2019年5月21日在江西考察时提出“城镇化和乡村振兴互促互生”的观点①，强调城镇化的建设利于社会主义新农村建设，利于乡村振兴战略的实施。

正如二者之间“互促互生”的关系一般，长期坚持并取得诸多成就的城镇化建设为乡村振兴打下一定基础，乡村振兴也为城镇化建设提出新要求，基于二者在时间上的继起关系以及城镇化支撑乡村振兴战略实施的基础性特征，对二者关系的认识可从乡村振兴战略提出的时代特征着手。

从中国现代化建设的历史阶段来看，乡村振兴战略的提出并非无的放矢，新中国成立以来中国始终大力支持农业发展，充分认识到农业在国民经济中的基础性地位。毛泽东率先提出“三农”理论，改革开放以来，以邓小平、江泽民、胡锦涛、习近平为代表的中国共产党人继承、完善、优化“三农”相关论述，逐步形成具有中国特色的“三农”理论体系，尤其是改革开放以来，随着家庭联产承包责任制的建立与对外开放的不断扩大，中国农业发展逐步体现出新特征新变化，为更好地把握全新时代背景下中国“三农”问题发展方向，以习近平同志为主要代表的中国共产党人创造性地提出乡村振兴战略，构建起适应新时代社会主义农村农业发展的根本理论遵循。

2018年中共中央、国务院印发《乡村振兴战略规划（2018—2022年）》，进一步明确了乡村振兴战略的总体目标和实施思路，其核心内容可概括为四个方面。一是加强党的领导。巩固以习近平同志为核心的党中央对于“三农”问题的统一集中决策，这是乡村振兴战略行稳致远的根本保障。二是历史任务。强调乡村振兴战略的提出正值决胜全面小康的重要节点，恰好处于“两个一百年”奋斗目标的交汇期，基于实现第一个百年奋斗目标和全面建设社会主义现代化国家的总体考虑，党不得不制定更加贴合时代、面向未来的“三农”问题重点规划。三是实施基础。肯定了党的十八大以来，中国“三农”工作取得的诸多成就，特别是粮食总产量稳

① 《不忘初心，重整行装再出发——习近平总书记在江西调研并主持召开推动中部地区崛起工作座谈会纪实》，云南网，2019年5月24日，https：//news.yunnan.cn/system/2019/05/24/030284624.shtml。

定、农村供给侧结构性改革成果颇丰、农业结构大大优化、脱贫攻坚工作稳步进行，为下一步的乡村振兴战略打下实践基础。四是发展不足。指出尽管当前农业农村已得到长期有效发展，但是城乡二元结构显著、农村产品供给质量不高、地区劳动力流动性弱、人才储备不足、生态环境问题突出、基础设施建设水平低等现状依然存在，这是要坚持实施乡村振兴战略的根本原因。结合以上四点可知，中国乡村振兴战略的实施有强有力的领导集体保障运行、有伟大历史使命指明方向以及激发动力、有长期积累的"三农"问题实践成果为基础、有"三农"发展中的不足作为问题重点。同时，乡村振兴的实施背景中处处可见城镇化的踪迹，比如该规划中提及的城乡融合问题、农产品供给问题、农村劳动力流动问题等，说明城镇化工作仍然是乡村振兴战略中不可或缺的支撑力量，推进乡村全面振兴亦要将城镇化进程提高至更高发展阶段，二者"互促互生"的关系由此诞生。

在 2018 年崔耀中等编著的《不忘初心 走向复兴——新时代 新思想 新征程》一书中，编著者认为走中国特色社会主义乡村振兴道路，必须重塑城乡关系，走城乡融合发展之路，其主要思路就是以城带乡，把公共基础设施建设的重点放在农村，促进农村劳动力转移就业和农民增收，逐步建立健全城乡一体的基本公共服务体系，让符合条件的农业转移人口在城市落户定居，推动新型工业化、信息化、城镇化、农业现代化同步发展，加快形成工农互促、城乡互补、全面融合、共同繁荣的新型工农城乡关系。[①]由此可以看出，要实现乡村振兴必然对城镇化提出更高层次的要求，才能真正做到振兴乡村而有效避免将乡村改造为城市的思维误区。

2018 年 9 月 21 日，中共中央政治局召开第八次集体学习，习近平总书记强调：农业农村的现代化是实现社会主义现代化的重中之重，能否处理好城乡关系在一定程度上决定着现代化推进的成功与失败。他肯定了长期以来城镇化建设取得的成就是实现农业农村现代化不可缺少的一部分，并指出无论处于哪个阶段，城乡问题将永远存在，将长期作为党和国家建

① 崔耀中等编著《不忘初心 走向复兴——新时代 新思想 新征程》，人民出版社，2018，第 151 页。

设中的重点，在未来城镇化推进中应破解先城后乡的固有观念，开启城乡融合发展和现代化建设的新局面。[①]

3个月后，庆祝改革开放40周年大会召开，习近平总书记强调，“必须坚持以发展为第一要务，不断增强我国综合国力”[②]，40年的改革经验启迪我们必须围绕解决好人民日益增长的美好生活需要和不平衡不充分的发展之间的矛盾这个社会主要矛盾，推动新型工业化、信息化、城镇化、农业现代化同步发展，实施乡村振兴战略，坚决打好防范化解重大风险、精准脱贫、污染防治的攻坚战。可见，城镇化与乡村振兴二者均具备长远性、基础性、实践性的特征，均为中国长期坚持贯彻的原则性战略。

2021年新年伊始，《习近平新时代中国特色社会主义思想学习问答》一书出版，该书强调：实施乡村振兴战略，是推动农业农村与国家同步实现现代化、顺应亿万农民对美好生活向往的必然要求，没有农业农村现代化，就没有整个国家现代化。[③] 在现代化进程中，城的比重上升，乡的比重下降，是不可逆转的客观规律。而在中国拥有14多亿人口的国情下，不管城镇化得到什么样的发展，最终走到哪一步，农业都将处于重要地位，乡村都不会消亡，城乡需要长期共生并存亦是客观规律。即便中国城镇化率达到70%，但农村仍将有4亿多人口常居。如果在现代化进程中把农村4亿多人落下，忽视了农村发展，后果必然是“一边是繁荣的城市、一边是凋敝的农村”，这不符合中国共产党执政宗旨，也不符合社会主义的本质要求。因此要清醒地看到同快速推进的工业化、城镇化相比，中国农业实际上基础薄弱、农民收入不高、农村发展滞后，“一条腿长、一条腿短”问题比较突出，并带有一定普遍性。因此全面建设社会主义现代化国家，任何时候都不能忽视农业、忘记农民、疏远农村。中国在推进城镇化的过程中曾经试图用城镇甚至大城市去代替农村，将城乡关系顺序化，形成“先城后乡”的发展态势，但随着认识的深入，我们发现城乡可以同时实

① 《习近平谈治国理政》第3卷，外文出版社，2020，第257页。

② 习近平：《在庆祝改革开放40周年大会上的讲话》，人民出版社，2018，第31页。

③ 《习近平新时代中国特色社会主义思想学习问答》，学习出版社、人民出版社，2021，第247页。

现良性发展，乡村振兴正是补齐短板、助力农村发展的重要举措，某种程度上可称其为纠正城镇化发展方向、弥补城镇化进程中错误的战略布局。此外，乡村振兴并不代表弱化城镇化发展，反而是将其推向更为合理的发展平台，进一步推动城乡间的和谐共生。

2. 习近平总书记关于城镇化与乡村振兴关系论述的主要内涵

一是两者互促。从字面含义来讲互促为二者可相互促进发展之意，城镇化出现时间远早于乡村振兴。城镇化为中国整体社会进步做出了重大贡献，在城镇化进程中城乡联系更加密切，城镇向乡村倾斜大量资源，同时新型城镇化建设更加重视农村地区同步发展，为乡村振兴战略实施打下坚实基础；对于乡村振兴而言，其可以很好地纠正长期城镇化中形成的以城镇代替农村的固有观念，或者部分用农村代替城镇的看法，努力推动城镇和乡村的共同发展，不以牺牲任何一方为代价，同时抓好两个重点。乡村振兴战略的提出为新型城镇化的推进指明了新方向，且有助于在承认城镇化伟大成绩的同时总结经验、纠正错误。

二是两者互生。同样从字面含义来看，没有城镇化建设就不可能实现乡村振兴，乡村振兴也为新型的、更高层次的城镇化打下基础。对于城镇化而言，首先，习近平总书记多次提到中国城镇化建设中的成就，并充分肯定其在中国发展中的作用。正是城镇化建设使城乡关系进入新的阶段，使大众认识到乡村振兴的重要性，有基础向更高水平乡村建设迈进。其次，从时间顺序来看，城镇化作为中国长期坚持的发展战略之一，其对于宏观发展的影响体现在诸多方面，乡村振兴战略从某种意义上来讲是有关城镇化问题的向前拓展。对于乡村振兴而言，由于产生时间迟于城镇化，其基础性作用更多体现在推动新型城镇化或者未来城镇化发展之上。其一，乡村振兴如能顺利达成目标，乡村地区的发展势必对城镇化进程有推动作用，对于城镇化长期存在的城乡之争问题给出更为合理、优化的回答；其二，乡村振兴对于城镇化发展方向提出新要求，下一步城镇化建设离不开乡村振兴确立的基本原则，必须以其为基础。

互促互生可以最大限度地体现城镇化与乡村振兴之间的关系。乡村振兴不再满足于城乡鸿沟日益扩大的局面，希望追求真正的城乡和谐共生，而不是追求一种用城镇代替乡村、抹去乡村的发展模式，也不是追求一种绝对拓展城镇边界的错误城镇化理念。

第三节　西方城镇化发展阶段论与逆城镇化假说

（一）西方城镇化发展进程的阶段性划分

从西方经济发展史上来看，欧美等发达国家城镇化走过了300余年的历程，根据城镇化发展的特点和城镇化率的推进速度，学术界总体上将发达国家城镇化历程归纳为四个阶段。

1. 18世纪中叶至20世纪50年代：工业城镇化阶段

从经济发展史上来看，农业文明从乡村开始，而工业文明则发轫于城市；城市真正与乡村分离，西方国家开启大规模的城镇化进程，最早直接起源于近代的工业革命。从理论上看，城镇化作为一种特定时期国民经济和社会发展的现实形态，与工业化之间具有紧密联系，它们就像两个车轮，共同推动人类社会文明向前发展。18世纪发端于英国的工业革命，使得西方城市的初期形态——城邦——从政治管理中心和军事防卫堡垒正式转向以工厂生产和贸易交换为主体的经济中心。第一次科技革命后，1851年英国的城镇化水平就迅速超过了50%，是全世界最早进入成熟城镇化阶段的国家。法国、德国等国家随后亦启动了城镇化进程。19世纪70年代到20世纪50年代，随着第二次科技革命在美、德、法等主要资本主义国家兴起，重化工业迅速取代纺织等轻工业成为主导产业。统计资料显示：这一时期发达国家的城镇化水平从1850年的11.4%迅速上升到1950年的52.1%。1950年英国一度达到79%的城镇化水平；其他一些西方国家在此阶段也都不约而同成功地实现了高度城镇化，根据世界银行的统计数据，美国在20世纪50年代初期的城镇化水平约为64.2%，德国为64.7%，加拿大为60.9%，法国为55.2%，瑞典为65.7%。同时，西方国家工业化所带来的城镇化进程，也不可避免地衍生出了明显的“城市病”。如环境污染、人口拥挤、城市犯罪及各种社会问题大量涌现，恰巧在这一时期，西方主要国家出现了人口向外分散的“逆城镇化”现象。

2. 20 世纪 50 年代至 20 世纪 90 年代：郊区化或逆城镇化阶段

20 世纪 60 年代，发达国家的城镇化水平已经普遍超过 60%。在该时期，发达国家一方面由非均衡发展带来的以“城市病”为特征的城市经济社会问题突出，另一方面得益于资本积累和基础设施建设的大量投入，城市经济和交通条件得到了显著改善，完善的城市综合交通体系使得大城市中心与郊区和周边中小城市无缝连接起来，城市的产业活动大量向城市外围扩散。因此，20 世纪 50 年代到 90 年代西方国家出现了最广泛的“逆城镇化”现象。在“逆城镇化”进程中，发达国家出现了明显的“城—乡”的人口流动，郊区开始成为新兴的人口聚居区。以美国为例，数据显示：1950 年，美国的城市人口中有 64%住在市区或中心城区，而到了 1990 年，这一数字却快速下降至 39%，可见人口与产业分布的郊区化或逆城镇化特征异常明显。同时在产业结构上，美国该时期中心城市的服务业就业比重从 85%降至 52%，制造业则从 67%降至 45%。① 类似的人口与产业分布变动也出现在欧洲多个发达国家。之所以出现这一变化，核心是该时期高速公路等基础设施的快速建设推动了城乡间交通条件的改善，从而导致城市郊区与城市中心的一体化发展，在“城市病”迅速发酵的背景下，郊区和乡村优美的环境则成为吸引大量西方国家中产阶级和富人阶层迁徙的重要因素。当然，毕竟城市郊区基本上还属于城市范围，虽然逆城镇化起到了一定的人口分散作用，但中心城区基础设施承载压力仍然很大，城市交通问题越发凸显，因此，各发达国家又相继开启大规模进行轨道交通建设的新阶段。因此，逆城镇化发展往往会造成中心城区衰落的局面，使得西方国家政府开始思考如何制定适当的政策，吸引居民和产业布局重新回到城区来，即学术界讲的城市更新和城市复兴难题。

3. 20 世纪 90 年代到 21 世纪初：再城镇化阶段

进入 20 世纪 80 年代末期，美日欧等发达国家和地区已经达到成熟城镇化水平。在此阶段城市发展空间出现了一些新特征和新变化。一方面，

① 孙群郎：《美国“逆城市化”现象反思》，《领导之友》2013 年第 3 期。

西方国家工业化已经完成，城市生活和居民工作条件得到显著改善，农村人口持续流入大城市的压力不复存在；另一方面，“逆城镇化”进程引发的城市中心区相对衰落之困局，已经由西方国家相继出台的城市政策逐步得到解决并推动了中心城区的复兴。受城市规划、服务业升级、公共交通完善和环境治理水平提高等多方面影响，尤其是石油价格持续攀升而导致的出行成本大幅增加，发达国家城市居民开始逐步从城市郊区重新回到中心城区。于是，到了 20 世纪 90 年代初，西方国家又出现了人口重返大城市及中心城区的“再城镇化”现象，即被称为“再城镇化阶段”。随着中心城区的复兴，中心城市的交通重新变得紧张。因此，发达国家普遍加强了对交通需求管理的相关研究，试图通过国土空间规划再造和新的城市更新理念来解决交通拥堵问题，如这一时期霍华德等人提出的田园城市理论便得到了人们的广泛认同。此外，土地混合利用、精明增长和 TOD 模式等新城市主义规划理念被大量采用，西方国家对城市的功能和空间形态有了新的认识，加之新自由主义、全球化和市场化的产业分工使得现代服务业蓬勃发展，城市复兴能够为新居民提供更多的就业机会和更舒适的生活环境，人们也就更愿意回到中心城区来。

4. 21 世纪初至今：大都市区的形成阶段

在再城镇化进程的推动下，许多大城市中心城区的功能开始变得更加多样化，这进一步推动了中心城市和郊区以及周边中小城市的一体化发展，大都市区开始形成。所谓大都市区（Metropolitan Area）是指一个大的城市人口核心，以及与其有着密切社会经济联系的具有一体化倾向的邻接社区的组合，是城镇化发展到高级阶段的必然产物。从城镇化发展动力来看，大都市区的形成来自以下两股力量的结合：一方面，高新技术产业的发展把更多的资本和技术带往郊区，加快了郊区城镇的发展步伐，并在郊区涌现出若干功能较为完备的新都市——边缘城市（edge city），标志着郊区化进入一个新阶段，城市空间形态由单中心向多中心格局演变；另一方面，城市中心区的改造和更新成效显著，城市景观的再造与人居环境的改善为知识密集型服务业的发展提供了保障。城市功能可以依托新兴技术实现转换与升级，城市日益成为信息交换和经济决策的中心，这进一步加速了人口、资本、技术的积聚。这种积聚与扩散的双向运动推动了大城市地域的迅速膨胀，导致了大都市区的形成。从理论上来看，大都市区可以被视为再城镇化和逆城镇化的双向运动同构体，是发达国家城镇化进程进入高级阶段后，城镇化多样化发展的必然产物。在实践中，美国联邦政府把大都市区称为标准大都市统计区，后来又改称大都市统计区。其他国家称谓各异但基本含义大体相同。如加拿大的“国情调查大都市区”、英国的“标准大都市劳动市场区”、澳大利亚的“国情调查扩展都市区”、日本的“标准城市地区”“大城市圈”等。以美国为例，战后美国大都市区发展最为迅速，数据显示：1990 年人口在 100 万以上的大都市区已达到 40 个，居住人口超过 1.3 亿人，占美国当期总人口的 51.5%。1994 年这一比例进一步上升至 56%，大都市区在城镇化和国民经济发展中的增长极地位日趋凸显。[①] 据此，很多学者认为：大都市区化已经成为美国 20 世纪城镇化的主导方向。21 世纪后，随着经济全球化、信息化不断深入发展，西方发达国家大都市区的功能进一步转变，以金融保险、信息咨询、公司总部等为主的生产服务业开始成为城市主要经济部门，并涌现出若干在空间权力上超越国家范围、在全球经济中起着控制和决策作用的世界性大都市。这些大都市在理论界一般被称为“世界城市”或“全球城市”（global city），主要代表有纽约、伦敦、东京、巴黎等。正如经济地理学家萨森所指出的：21 世纪城镇化已成为全球化的城镇化，这些全球城市的形成动力来自以下两种力量的结合：一是以制造业为主的经济生产活动在全球范围内不断扩散；二是对这种生产活动的控制不断地向大都市集中。随着大都市区的不断发展，出现了一些城镇密集地区城市与城市之间的农田分界带日渐模糊的现象，我们将城市地域首尾衔接连成一片绵延达数百公里的城市化现象形象地起了另一个名字：大都市带。

（二）西方城镇化发展进程中的逆城镇化假说

在西方发达国家城镇化发展的历史进程中，多数国家不约而同地在城

① 姚阳：《新城市化发展模式与地方治理——美国大都市区发展的经验与启示》，《学术界》2013 年第 3 期。

镇化快速发展期间出现了城镇化率增加停滞或略微下降期，学术界将其称为逆城镇化阶段。逆城镇化现象的出现，给经典连续性城镇化理论带来了不小冲击，有学者甚至提出了城镇化停滞或者中断的理论观点，让城镇化理论进入了一个极具争议的发展时期。其中，美国城市地理学家诺瑟姆（Ray M. Northam）的观点最具代表性，他在长期研究西方国家的城镇化演进历程的基础上，一度将西方国家的城镇化演进轨迹总结为“S 形城镇化过程曲线”。该曲线的出现，不仅给科学研判一国城镇化发展分期提供了依据，也为验证逆城镇化假说提供了依据，成为目前学术界判定城镇化发展不同阶段和不同空间特征最为有效的理论工具。

在 1979 年出版的《经济地理》一书中，诺瑟姆首次提出了“城镇化过程曲线”。他经过实证研究，发现可以把一个国家和地区的城镇人口占总人口比重的变化过程描述为一条稍被拉平的 S 形曲线，即所谓的“逻辑斯蒂”曲线，该曲线可以将城镇化过程分成 3 个阶段，即城市发展水平较低、发展较慢的初始阶段，人口向城市迅速聚集的中期发展阶段和进入高度城镇化以后城镇人口比重的增长又趋缓慢甚至停滞的后期阶段。

具体来看，在初始阶段，一国城镇化水平达到 10%，意味着城镇化进程开始启动，该阶段城市人口占区域总人口的比重低于 25%，第一产业和乡村人口在经济社会结构中占很大比重，人口增长模式处于“高出生率，高死亡率”的阶段，该阶段城市发展水平低、速度缓慢，区域处于传统农业社会状态。

进入中期发展阶段后，城市人口占区域总人口的比重达到 30%，工业化速度的加快推动人口开始大量进入城市，第二产业成为国民经济的主导产业，第三产业比重上升，技术进步使人口增长模式转变为“高出生率，低死亡率”，城市人口快速增加，城市规模扩大、数量增多，城市人口占区域总人口的比重达到 60%～70%，但可能会出现地区劳动力过剩、交通拥挤、住房紧张、环境恶化等问题。交通便利后，许多人和企业开始迁往郊区，出现了郊区城镇化或逆城镇化现象。

在后期阶段，城市人口占区域总人口 60%以上，经济发展以第三产业和高科技产业为主导，人口增长模式向“低出生率，低死亡率”转变，城市人口增长速度趋缓甚至出现停滞，城市人口增长处于稳定的发展时期，城乡差别越来越小，区域空间实现一体化，可能出现再城镇化与逆城镇化并存现象（见图 1-1）。

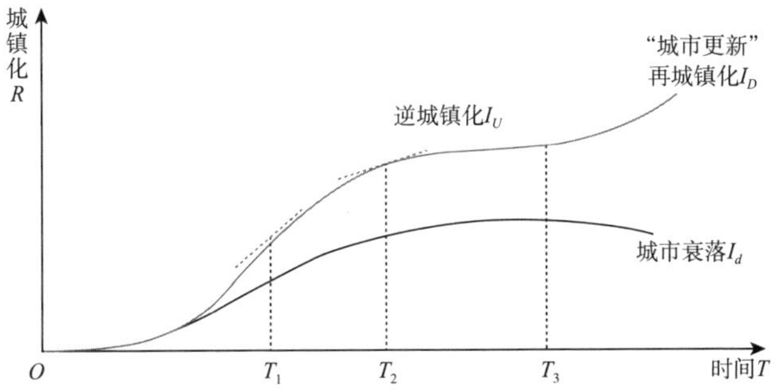

图 1-1　诺瑟姆的城镇化发展阶段论

资料来源：陈双、贺文主编《城市规划概论》，科学出版社，2006，第 14 页（稍有改动）。

在图 1-1 中，我们可以清晰地辨识到逆城镇化阶段广泛存在于城镇化中后期到后期阶段中，逆城镇化现象的存在，促使城镇化率增长速度大幅度下降，在中后期阶段，虽然城镇化率仍然在上升，农村人口向城市净流入的规模为正，但是中心城区人口的大规模外迁已经成为既定事实，这大幅抑制了城镇化率的提高。到了后期阶段，城镇化率在逆城镇化趋势下几乎处于停滞或倒退状态，说明逆城镇化已经成为城乡人口变动的主流，引致了城镇化率一定程度的下降。

有趣的是，除了典型西方发达国家之外，某些西方国家城镇化演变历程并不完全符合诺瑟姆 S 形曲线的特征，出现了城镇化率先上升后收敛平衡的 J 形特征，理论界将其归纳为城镇化发展的 J 形曲线，所谓城镇化发展 J 形曲线是指：一国城乡人口流动将经历平稳上升期、快速上升期和稳态期，快速上升期内不会出现逆城镇化现象，而在稳态期内逆城镇化与城镇化进程会处于相对平衡状态，这一时期城镇化率既不增加也不降低，城乡人口处于静态结构平衡状态（见图 1-2）。该曲线最先出现在一些北欧国家，后又大量实践于东亚少数发达国家，使得逆城镇化假说的重要性进一步凸显。

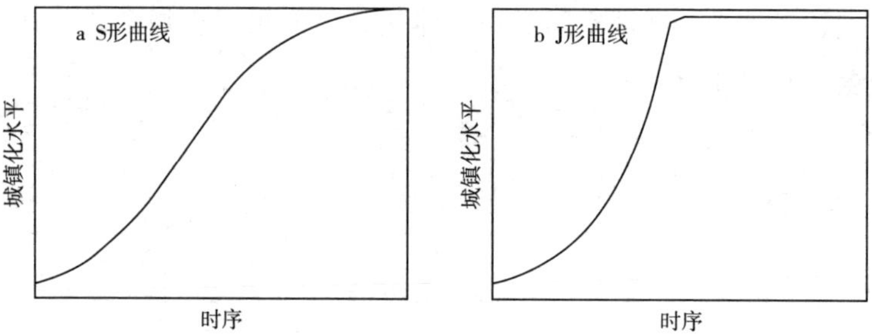

图 1-2　两种不同形态的城镇化水平变动曲线

资料来源：作者自绘。

第二章　逆城镇化的性质及其与城镇化的关系解析

从城镇化发展阶段理论来看，逆城镇化似乎是城镇化进程中不可跨越的一个特殊阶段。在该阶段，城镇化速度会下滑，极端情况下城镇化进程会中断或停滞，可以说是稳定城镇化的一个风险点。但是经济发展史却表明，并非所有先发国家在城镇化进程中均出现了逆城镇化这一现象，逆城镇化最多只能是一种潜在的可能出现的人口逆流动现象，因此学界从经验上多将逆城镇化视为一种学理假说。对于中国而言，中国的城镇化进程尚在发展之中，按演进阶段来看刚刚进入城镇化中后期阶段，因此逆城镇化现象是否全面大规模地形成尚有待讨论。仅从已出现的逆城镇化相关因素及形成诱因来看，中西方逆城镇化的规律便有显著的性质差别。这些差异不仅导致了城镇化发展理论的异质性，也对如何重新认识逆城镇化与城镇化之间的关系形成了冲击，亟待理论界的考证和辨识。从结构主义的视角来看，中国新时代的逆城镇化现象是在城乡区域发展不均衡、政府主导的经济发展战略和城镇空间布局与城市等级体系深度变革的叠加态势下出现的，其动因、诱变机制、发展目标及阶级属性与西方国家均有显著差别，逆城镇化与城镇化之间的关系也不能单纯从城镇化发展阶段论上来理解，必须放置于城乡关系调整的宏观全局当中加以考察，因此形成了具有中国国情特质的诞生于本土的中国特色逆城镇化概念及内涵。

第一节　中西逆城镇化的性质之辨

弄清楚逆城镇化的性质是理解和把握新时代中国逆城镇化发展规律的前提。从逆城镇化概念的历史渊源上来看，西方发达国家的经济学界和地理学界做出了突出贡献。但是中国的城镇化或逆城镇化发展却走出了一条不同于西方国家的新道路，值得归纳和总结。总体来说，中国的社会主义现代化建设起步较晚，城镇化进程也是在改革开放之后特别是加入 WTO 之后才进入高速发展时期。但是中国却用不到 30 年的时间完成了西方国家 100 余年的城镇化发展历程，城镇化与经济现代化快速发展令世人惊叹。除发展速度外，中国城镇化发展进程的不均衡、模式多样化、阶段的跳跃性都与西方国家存有巨大差异，特别是在逆城镇化层面，西方国家大都是在城镇化进入高级阶段后才逐步出现逆城镇化趋势的，但中国是在城镇化还远未完成之时就在不同地域空间上兴起了所谓的逆城镇化潮流，人口流动一正一反的两种迁徙规律并存成为当代中国城镇化演进过程中的最突出特征，因此很难用西方的发展规律和相关理论进行阐释。是故，加快构建中国特色逆城镇化理论便被摆在了更为紧迫的位置。需要我们从内涵、动力、机制、目标等多方面重新来把握理解，从而更好地为中国城镇化道路和理论体系服务。

（一）阶层主体性不同

作为揭示人口“从城到乡”流动趋势的逆城镇化现象，了解其外迁人群的阶层构成是区分中西方逆城镇化性质差异的首要步骤。由于城镇化或者逆城镇化规律皆是兴起于城乡关系深度调整之时，因此其背后必然反映出的是一国经济结构、制度结构乃至生产关系结构之差异。从经济发展史视角来看，欧美等西方发达资本主义国家的逆城镇化浪潮多起源于资本主义大工业时代的后期，这时候工业城市已经相对发达，城市建设以及开发密度和强度已接近饱和，乡村已迈入人口凋零、产业荒芜的衰退阶段。在这一时期，工业城市中随处可见严重的环境污染和贫民窟，或是拥堵的交通体系和嘈杂的工业噪声，资本积累的贪婪性让城市中的阶层分化和劳资矛盾空前加剧。恩格斯曾在其早期著作《英国工人阶级状况》一书中翔实地描写了西欧工业城市形成的社会图景，在他看来，资本主义生产关系的历史进程中充斥着城市对乡村、机器大工业对工厂手工业的掠夺。在资本积累和大量相对过剩人口的创造逻辑下，城市生态开始变为“一种积累策略”，工厂开始大量利用农田，村镇不断地转变为城市，工业污染和生活污染使得城市环境越来越糟糕，严重影响人们的工作和生活。因此恩格斯尖锐地指出：“资产阶级，不管他们口头上怎么说，实际上只有一个目的，那就是当他们能够把你们劳动的产品卖出去的时候，就靠你们的劳动发财，而一旦他们无法靠这种间接的人肉买卖赚钱了，就任凭你们饿死也不管。”① 由于工厂手工业的大量破产和工人成群结队地涌入城市，无产阶级在资本主义工业城市中一切用来保持清洁的东西都被剥夺了，只能在污浊的空气和恶劣的公共卫生条件下生存。因此，工业城市所造就的，只能是一边血淋淋的资本雇佣劳动生产关系，另一边却是工人阶级狭小、肮脏、贫困与疾病丛生的生存环境。而资产阶级呢，往往住在郊区或者更远的乡村别墅里，试图用“郊区化”乃至向乡村迁徙的方式来消除快速城镇化所带来的生态恶果。这是 20 世纪欧美逆城镇化浪潮兴起的关键诱因。

20 世纪 60 年代之后，随着战后世界经济的迅速复苏，欧美等资本主义国家进入了新一轮的经济繁荣时期。在这一时期，欧美国家的大城市大都市区常住人口迅速增加，城市新增投资和海外移民迅猛增长，导致城市人口密度不断提升，交通拥堵、阶层分化、环境污染、高房价日渐成为社会民生的突出问题，因此欧美资本主义国家中的大量精英和中产阶级开始出现了向郊区乃至向乡村迁徙定居的逆城镇化预期，恰好高速增长时期大都市区和城市群的形成推动了区域内基础设施的互联互通，也让富人群体的逆向迁移变为现实，这进一步推动了欧美等国以资产阶级和富人群体为主的逆城镇化浪潮之形成。

与西方逆城镇化由资产阶级或富人群体主导所不同，中国的逆城镇化

---

① 《马克思恩格斯文集》第 1 卷，人民出版社，2009，第 383 页。

进程多是由“半工半农”性质的农民工群体所主导，是农民工群体在离土不离乡或者候鸟式迁徙情景下有效融入城镇化进程的一种特定状态。从历史上来看，中国的城镇化进程开启时间较晚，真正的城镇化也较大程度地受到中国长期实施的城乡分割政策之影响，因此在2000年之前，农民工进城现象并不显著。2003年试点城乡统筹改革之后，农民工进城落户政策有所松动，中国的城镇化开启了长达21年的快速发展时期，城镇化率以年均1.5%~2%迅速提升，2013年城镇化率达到50%，2019年正式跨越60%界限，河南、四川、安徽、湖南、江西、湖北等劳务输出大省每年都有超过1000万农民工在广东、浙江、福建、江苏等沿海省份务工。[①] 由于中国大城市落户政策差异较大，一些一线或准一线城市依旧实施的是较为严格的居住证或积分落户政策，外来务工人员的城市融入进程较为缓慢，城镇化质量迟迟难以提升，加之经济快速发展背景下，大城市与中小城镇间的务工薪酬差距在逐步缩小，从而一定程度上催生了农民工回流的现象。这便是近些年出现在中国的逆城镇化潮流。

需要特别说明的是，西方发达资本主义国家的逆城镇化有一定的利益驱动性，在性质上更符合市场原则。而中国的逆城镇化则更加类似于政策驱动型，长期的城市保护型政策体制使得城乡二元结构不断固化，因此延缓了大城市病或城市阶层分化等问题的出现，21世纪后随着社会主义市场经济体制改革的不断推进，城乡一体化变革和城乡关系的调整才让市场原则得到一定发挥，但是城乡分割的历史事实在一定时期内仍难以改变，这让广大农民工群体有了返乡置业或创业的意愿，这是中西逆城镇化现象在阶级主体上的最大差异。

（二）动力归因性不同

除阶级主体性之外，中西方逆城镇化现象在生成动力上也有显著不同。对于西方而言，可以说不论是城镇化所形成的工业文明抑或逆城镇化

① 《城镇化水平不断提升 城市发展阔步前进——新中国成立70周年经济社会发展成就系列报告之十七》，中国政府网，2019年8月15日，https://www.gov.cn/xinwen/2019-08/15/content_5421382.htm。

所形成的乡村文明都是资本积累体制及资本主义私有制的必然产物，归根到底是为提高利润率或者巩固资本主义生产关系而服务的。在这一点上，马克思和恩格斯在其经典著作中早有论述，在马克思看来，虽然资本主义在工业化和城镇化进程中形成的大量产业后备军给自身持续性剩余价值生产创造了条件，但机器使用所引致的资本有机构成提高的趋势却必然会带来一般利润率下降的历史性后果。因此，资本家为了提高资本积累并阻止利润率的快速下降，必然千方百计地提高剥削程度或压低工资，但是在城市大工业中，工人阶级斗争意识的觉醒和对资本雇佣劳动的组织性对抗让资本家的行动面临阻力，这时候，农业和乡村天然地充当了资本主义积累“快速修复”的媒介和“缓冲垫”。

与城市不同的是，农村本身有潜在的过剩人口，因此“资本主义生产一旦占领农业，或者依照它占领农业的程度，对农业工人人口的需求就随着在农业中执行职能的资本的积累而绝对地减少”。[①] 随着工业资本的持续下乡，其发展会产生如下两大历史性后果，一是机器在农业中的使用在造成农业工人“过剩”方面会发生更为强烈的作用，且劳动过程的社会结合同时表现为对工人个人的活力、自由和独立的有组织的压制。[②] 二是农业工人在广大土地上的分散会进一步破坏对资本家的反抗力量，进而导致农业工人的工资不断下降。因此，资本主义的逆城镇化发展过程从来都不是偶然的，它势必遵从资本追求超额剩余价值和规避利润率下降的积累逻辑，只不过对于工人阶级来说，资本家所推动的“逆城镇化”趋势并没有改变其宿命和贫困处境，“在农业中，像在工场手工业中一样，生产过程的资本主义转化同时表现为生产者的殉难史，劳动资料同时表现为奴役工人的手段、剥削工人的手段和使工人贫困的手段”。[③] 因此，表面上来看，资本主义“逆城镇化”现象似乎只是资本家为躲避工业城市的拥挤、污染、恶劣的公共卫生条件而采取的分散化迁徙行为，实质上仍是资本家加快剩余价值生产和延续价值增值提高资本积累率的手段，在西方资本主义

---

① 《马克思恩格斯全集》第 42 卷，人民出版社，2016，第 661 页。
② 《马克思恩格斯文集》第 5 卷，人民出版社，2009，第 579 页。
③ 《马克思恩格斯全集》第 42 卷，人民出版社，2016，第 519 页。

国家，市场化条件下的逆城镇化演变为资本竞争的自然结果，是大资本吞并小资本带来的生产集中与分工协作不断细化带来的生产扩张规律协同作用的历史必然。一方面，以追逐利润为目标的资本间激烈竞争会促使利润下降，为大资本积累带来相对优势并逐步促进生产集中，生产集中又与资本集聚相伴，“资本家就有可能以更纷繁多样的方式来利用自己的积蓄，甚至还可以把积蓄同时用于农业、工业和商业”[①]，推动投资的地理分散化并形成逆城镇化趋势；另一方面，竞争又会促使资本家“竭力设法扩大分工和增加机器，并尽可能大规模地使用机器”[②]，从而引发生产规模的不断扩张，生产过剩和资本过剩必然会超过其地理界限，从城市扩展至小城镇乃至完全占领乡村。

与西方逆城镇化彻头彻尾地遵从市场化逻辑下资本积累的动因不同，中国的逆城镇化更具政府政策驱动性特征，其可以说是社会主义市场经济条件下经济发展战略所引致。具体来说包括如下几个方面。

一是区域协调发展下的新型城镇化战略。中国所走的新型城镇化是“以人的市民化”为核心、可进可退的保底型城镇化之路，它不仅强调传统城镇化中的人的城镇化，也注重人的城乡流动过程中的包容性、多样性和适应性，突出城镇化模式的多元、城镇空间体系的均衡和城镇发展的可持续。因此，单纯以发展大城市为特征的城镇化模式经过实践表明不符合中国国情需要，因此中国提出“加快构建大中小城市和小城镇协调发展的城镇化格局”[③] 的发展目标。有序推进逆城镇化恰好是上述新型城镇化战略实施中的重要驱动力。由于中国前期的城镇化实践促使大城市过快过密发展，小城市特别是小城镇发育相对不足，这进一步制约了中国新型城镇化空间格局的形成，为此需要有效疏散已形成的大城市功能，辐射带动周边小城市特别是小城镇发展，形成以城市群和大都市连绵带为核心的城市空间体系，对此，逆城镇化为其提供了助力。为了大力发展中小城镇，国家目前已全部放开除少数城市外的所有城镇落户政策并以县域为核心大力

---

① 《马克思恩格斯全集》第 3 卷，人民出版社，2002，第 250 页。
② 《马克思恩格斯选集》第 1 卷，人民出版社，1995，第 356 页。
③ 《十九大以来重要文献选编》（上），中央文献出版社，2019，第 695 页。

强化财税金融支持，在新一轮国土空间规划和城镇体系规划中要求各地重点发展大城市周边的卫星城和次级门户城市，鼓励大城市中的基础设施、住宅、产业、公共服务向郊区延伸。

二是共同富裕要求下的乡村振兴战略。实现农业农村优先发展，推动乡村产业、生态、文化、社会、治理全面振兴是中国打赢脱贫攻坚战之后党的“三农”工作的重大战略任务。实现乡村全面振兴，需要大量财力、人力、物力乃至技术的支持，对此逆城镇化为其提供了坚实保障。在当前城镇化进程尚未完成的现实情景下，仍有部分地区的农村剩余劳动力需要向城市有序迁徙，在有效推进城镇化稳步前进的条件下同步推进乡村振兴，必须注重逆城镇化的时机和实现方式，因势利导地服务于乡村振兴战略。经过20余年的城镇化快速发展，早期进城务工创业的农民工群体中已有不少成长为具有一定经济实力和国际视野的民营企业家或投资人，该群体有强烈意愿返乡投资和创业，为乡村振兴带来了新生力量，是新时代新乡贤的重要组成部分。此外还有大量农民工因落户限制或城乡务工收入差距的缩小、照顾老人等因素自愿返乡务工，成为新乡民或者农业工人的有机组成部分，这既有效解决了城乡二元经济结构状态下伪城镇化和半城镇化的现实阻隔，给无法融入城市生活的部分农民工群体一条出路，也为工商资本下乡、技术下乡助推乡村振兴提供了人力资本和劳动力增量，实现了逆城镇化与乡村振兴战略的有机融合，一起助力共同富裕的扎实推进。

三是新发展格局下的城乡融合发展战略。在国际形势不确定性陡增，逆全球化和贸易保护主义、霸权主义盛行的新形势下，着力构建以内循环为主、内循环与外循环相互促进的新发展格局是增强中国经济韧性、实现国民经济平稳可持续发展的必然选择。以逆城镇化和城镇化协同共进发展所形成的城乡融合发展战略成为我国主动应对国际政治经济风险、强化中国国民经济内循环、保障中国国民经济安全的关键一招。一方面，对于加快畅通中国内循环而言，在有序推进城镇化的同时借助逆城镇化引导过剩城市工商资本和创业者进入乡村，有利于实现建设城乡统一大市场之目标，在扩大有效消费的同时，激活乡村消费市场；另一方面，人才、技术、资金向农村流动有利于提高农业全要素生产率，创新农业经营方式和加快农业现代产业体系建设，从而破解农产品成本的天花板难题，助力农业供给侧结构性改革；此外，逆城镇化还有益于做大做强县域经济，着力构建以县域为核心，以重点集镇、场镇为支点的城乡融合空间格局，最大化发挥以城带乡、以工哺农、工农互惠的联动效应，形成城乡共荣的地域共同体。

综上所述，中国式逆城镇化现象在动力归因上显著有别于西方发达资本主义国家，中国所走的逆城镇化路径，是有效市场和有为政府的有机结合，不同于西方单一的市场调节模式，是以国家战略为指向，以以人为本、共富、现代化为目标的新模式。

（三）目标指向性不同

除阶级主体和动力归因之外，中西方逆城镇化的性质在目标指向性上也有较大不同。具体来说，欧美等西方国家的逆城镇化潮流主要旨在解决资本积累速度下降、产业结构固化和维持经济增长等问题。按照马克思的扩大再生产理论来看，西方资本主义国家的逆城镇化本质上是为解决国民经济部门内生产或流通不畅、化解单一工业化模式所引发的剩余价值率下降和相对生产过剩问题而出现的。按照马克思和恩格斯的话来说，一方面，逆城镇化让资产阶级所创造的工厂制度之害处，特别是在卫生方面的害处，部分地由于空气新鲜和四周的环境比较好而抵消了，并且更重要的是，“在那里（即农村）通常可以更廉价地雇到工人”①，这是应对城市劳资对立和生态灾难式积累体系的有效策略。另一方面，逆城镇化也表现为资本主义国家在适应社会化生产趋势中对资本积累体系进行的主动调整。因为“这样大工业在很大程度上使工业生产摆脱了地方的局限性”②，尤其是当这种能力与蒸汽力相结合时，大工业不再满足于资本主义将其限制在城市的状况，因为这种局限性将破坏其运作的基本条件。因此，“虽然向城市集中是资本主义生产的基本条件，但是每个工业资本家又

① 《马克思恩格斯全集》第2卷，人民出版社，1957，第301页。
② 《马克思恩格斯文集》第9卷，人民出版社，2009，第312页。

总是力图离开资本主义生产所必然造成的大城市，而迁移到农村地区去经营”。[①] 至于为何一定会出现这种逆城镇化发展趋势，是因为这“才能使工业在全国分布得最适合于它自身的发展和其他生产要素的保持或发展”。[②] 逆城镇化恰好满足了资本主义生产更加社会化的需要。

在中国，逆城镇化的发展目标在于解决如下三个问题。一是城镇化发展的不均衡和不充分；二是乡村振兴过程中的人、财、技术等生产要素的缺失；三是有效缩小城乡差距、扎实推动农业农村与城市共同富裕。从城镇化发展的空间格局及质量来看，高质量发展在城市领域的问题就是城镇化发展的不充分和不均衡，所谓城镇化发展不充分，是指中国的城镇化并没有真正实现所有乡村转移人口的市民化融入，城镇化迁移进程中社会排斥、身份限制以及进城务工人员的边缘化问题较为突出，城镇化在发展上具有轻质量而重速度、过分追求土地城镇化而忽视人口城镇化及公共服务城镇化问题，有学者将其称为“伪城镇化”或“半城镇化”。而城镇化发展的不均衡，是指中国的城镇化进程具有跨区域不均衡和城镇等级体系发育不均衡等现象，一方面，中国东部发达地区的城镇化速度显著快于中、西部地区，截至2021年底，东部地区的平均常住人口城镇化率已达72.3%，而中、西部平均常住人口城镇化率仅为60.9%和57.9%，东部地区常住人口城镇化率高于同期中、西部11.4个百分点和14.4个百分点。[③] 并且中国城镇化发展的典型实践样态——城市群或者城镇化地区，在东部地区的分布数量也显著多于中、西部地区，如当前中国在区域经济格局上重点发展的几个增长极——长三角、珠三角和京津冀地区均属于东部地带，而中、西部地区仅有武汉都市圈和成渝地区双城经济圈属于国家重点发展的区域增长极，且经济体量较为靠后（见表2-1）。

① 《马克思恩格斯文集》第9卷，人民出版社，2009，第313页。

② 《马克思恩格斯全集》第26卷，人民出版社，2014，第313页。

③ 《31省份城镇化率：北上广苏辽等8省份超70%，湖北提升明显》，《中国城市报》2022年5月23日。

表 2-1 “十四五”规划中明确重点发展的国家级城市群及分类

梯度	城市群名称	所在地区
1	京津冀、长三角、珠三角、成渝、长江中游等城市群	3 个位于东部、1 个位于西部，1 个位于中部
2	山东半岛、粤闽浙沿海、中原、关中平原、北部湾等城市群	2 个位于东部、1 个位于中部、2 个位于西部
3	哈长、辽中南、山西中部、黔中、滇中、呼包鄂榆、兰州—西宁、宁夏沿黄、天山北坡等城市群	2 个位于东部、1 个位于中部、6 个位于西部

另一方面，中国大中小城市和小城镇布局的空间等级体系也不够合理，其中大城市、特大城市与中小城市的数量、结构、内部协调度存在突出问题。从第七次全国人口普查分县市的最新统计数据来看，中国有统计的 686 个城市当中，城区常住人口超过 1000 万的超大城市有 7 座，城区人口在 500 万~1000 万的特大城市有 14 座，300 万~500 万的 I 型大城市有 14 座，超过 500 个城市都属于城区人口低于 100 万的中小城市①（见表 2-2），中小城市占比超过 80%。进一步分析小城镇，住建部的数据显示：目前在册的全国小城镇—建制镇共有 20654 个，去掉部分城关镇，真正属于小城镇的有 18099 个，从 2012 年起小城镇人口增长速度已逐步追上城市和县城的人口增速，且从 2013 年开始，其人口增长速度超过县城。从人口规模来看，在 18099 个小城镇中，有近 12000 个小城镇人口不足 5 万，有 1068 个小城镇人口规模超 3 万，其中 70 个小城镇人口规模超过 10 万，有 4 个小城镇人口规模超过了 100 万②。其中，10 万人以上的小城镇，85%以上分布在中部。从以上数据可以看出，中国城市等级体系的两极化趋势较为明显，要么人口过于集中在大城市和特大城市，要么人口则沉在末端的重点镇中，中等城市被大城市的虹吸效应拖累，以及小城市特别是县域的发育不足问题比较突出。

---

① 《“七人普”数据：我国超大城市共 7 个城区常住人口超千万》，人民网，2021 年 9 月 23 日，http://finance.people.com.cn/n1/2021/0923/c1004-32234160.html。

② 杨军：《近 10 年我国小城镇发展大数据分析》，中国经济网，2018 年 5 月 29 日，http://www.ce.cn/culture/gd/201805/29/t20180529_29276276.shtml。

表 2-2 第七次全国人口普查数据中中国城镇等级体系划分一览

单位：个

城镇层级	城区人口规模	数量	代表城市
超大城市	超过 1000 万	7	北京、上海、广州、深圳、重庆、天津、成都
特大城市	500 万~1000 万	14	武汉、东莞、西安、杭州、佛山、南京、沈阳、青岛、济南、长沙、哈尔滨、郑州、昆明、大连
Ⅰ型大城市	300 万~500 万	14	南宁、石家庄、厦门、太原、苏州、贵阳、合肥、乌鲁木齐、宁波、无锡、福州、长春、南昌、常州
Ⅱ型大城市	100 万~300 万	71	兰州、惠州、唐山、海口、徐州、烟台、洛阳、珠海、西宁、南通、银川、襄阳、昆山、泉州、芜湖等
中小城市	100 万以下	580	鄂尔多斯、韶关、阳江、阜阳、荆州、三亚、驻马店、内江等

首先，从乡村振兴的要素需求来看，逆城镇化恰好可以用来解决城镇化进程中农村农业发展的人、财、物、技术等生产要素缺失问题。众所周知，近些年中国的城镇化进程导致了乡村发展严重的“空心化、老龄化、非农化”弊病。乡村衰退已经成为党和国家必须致力于解决的重要发展难题，2006 年国家正式进行农业税费改革后，凭借大规模、全方位的工业反哺农业政策安排，农业基础地位和农村社会秩序在一定程度上得到了稳定，但是城镇化发展的拉力和城乡二元体制的存在导致农村农业的失血问题无法从根本上得到解决，乡村振兴战略因此而生。从实践中来看，乡村振兴的根本任务是“留住人、兴起业和引来资”，这在城乡差距过大且城镇化进程尚未完成之时是难以实现的，依靠传统西方市场化改革路径只能引发新一轮的城乡对立，重回资本掠夺农业的逻辑循环。幸运的是，逆城镇化浪潮从政策和市场结合的角度给解决上述难题提供了一条可行路径。其一，逆城镇化同步解决了以“代际分工”为特征的城乡双栖型社会难题[①]，让愿意回归乡村且投资服务于乡村的农民企业家和农民工重回故土，

① 贺雪峰：《关于实施乡村振兴战略的几个问题》，《南京农业大学学报》（社会科学版）2018 年第 3 期。

在一定程度上疏解了城市过剩资本投资的压力并消解了“半城镇化”问题，让城镇化恢复以人为本的本质。其二，逆城镇化进一步充实了“中坚”农民的队伍，有利于优化农业生产和经营的年龄与技能结构，为乡村产业振兴中新农人和新乡民的形成提供源泉。[①] 其三，逆城镇化带来了大量现代农业产业项目和经营技术创新，能够依托土地股份合作社和新型集体经济建构起小农户与现代农业有机衔接的新模式，促使乡村治理秩序的复归。

其次，从农业农村共同富裕的视野来看，逆城镇化还能够有效缩小城乡收入差距，充分利用资本的涓滴效应和技术扩散效应提高农业全要素生产率，一方面通过产业链和价值链扩张带动农民增收，提高农民的工资性和财产性收入，充实农民的社会保障福利；另一方面又通过规模经济和利益联结重建乡村景观和乡土秩序，推动美丽村庄和共享村庄的建设。[②]

（四）发展并联性不同

如果进一步考察中西方逆城镇化出现的时机和经济发展阶段，不难发现在发展的特性（如发展并联性和发展串联性）上中西方亦存在显著差别。所谓发展并联性是指一国的特定经济现象或经济规律是否要同时兼顾多个经济目标。[③] 在西方社会的经济发展历程中，串联式发展逻辑较为显著，这与中国发展的并联性特征有所不同。

在西方资本主义国家的城镇化发展史上，经验表明其逆城镇化浪潮的形成具有不可跨越和不可逆转的性质，即逆城镇化多出现在城镇化率60%~70%阶段，既不会提前也不会滞后，且逆城镇化一定会引发城镇化发展进程的停滞或者中断，让城市的空间集聚过程逆转为空间分散规律，最终形成衰退的市中心、繁荣的郊区和新兴的小城镇的差序格局，各社会

---

① 贺雪峰：《“老人农业+中坚农民”的结构 中西部农村社会结构发生了哪些变化》，《人民论坛》2019 年第 14 期。

② 贺雪峰：《半市场中心与农民收入区域差异》，《北京工业大学学报》（社会科学版）2020 年第 4 期。

③ 贺雪峰：《宅基地、乡村振兴与城市化》，《南京农业大学学报》（社会科学版）2021 年第 4 期。

阶层和群体按照经济实力和社会地位嵌入其中，形成特定社会空间结构。

与西方不同，中国逆城镇化的发展注重如下四个并联性，一是逆城镇化与城镇化相并联；二是逆城镇化与乡村振兴相并联；三是逆城镇化与信息化相并联；四是逆城镇化与市场化相并联。以上四个发展并联性让中国的逆城镇化浪潮更加纷繁复杂且富有挑战性，因此才在理论和实践中更有研究价值。

从逆城镇化与城镇化发展相并联来看，它特指中国的逆城镇化出现于城镇化发展尚未完成的加速期，因此特别需要妥善处理好逆城镇化与城镇化之间的关系，防止逆城镇化成为城镇化的阻碍因素或造成城镇化进程的中断乃至倒退。事实上在中国的改革实践中，理论界和决策层根据中国国情的特殊性与发展战略的目标指向性，发现逆城镇化现象并非与城镇化发展相悖，如果将城镇化视为一种人口在一定空间范围内选择性集聚或分散再集聚的动态演变过程的话，逆城镇化现象完全可以被归置为广义城镇化进程当中去，它相当于西方所谓的次城镇化或者再城镇化规律，因此，逆城镇化不仅可以在现实中促进城镇化进行的稳定有序，还可以成为调节城镇化速度和促使城镇化更加均衡、更加多样化发展的助推器。

从逆城镇化与乡村振兴相并联来看，其特别强调中国逆城镇化现象与乡村振兴战略同步出现的必然性。事实上，逆城镇化规律与乡村振兴战略两者相辅相成、互相促进。立足城市发展的角度，一方面，乡村振兴要解决好以城带乡、以工哺农之问题，仍需借助工业化发展成果和城市经济高速发展的辐射带动作用，逆城镇化促使城镇化发展更充分更均衡，并在一定程度上将城镇化发展之成果经过人口逆向迁徙和郊区化与郊区或者乡村地带相衔接，有效降低了乡村发展成本；另一方面，若立足乡村发展的角度，逆城镇化的结果导向与乡村振兴一脉相承，两者都为了从根本上解决乡村要素匮乏、城乡市场分割、乡村治理机制不畅等问题，是促进城乡共荣、城市与乡村协同共进同步实现现代化的两个抓手，因此两者不仅不是此消彼长的，而且还是可以兼容并进的。[①]

---

① 李培林：《乡村振兴和逆城镇化》，《中国乡村发现》2022 年第 2 期。

从逆城镇化与信息化相并联来看，中国的逆城镇化现象是与信息化并存共生的。从历史阶段来看，最早一批农民工进城务工的时期恰好是中国城镇化、工业化、信息化三化同步的起步发展期，这一趋势一直延续到21世纪后新生代农民工的身上并仍在不断加深，促使农民工群体的劳动熟练度、劳动效率和技术素养迅速提高。2010年后，随着数字经济技术的蓬勃发展，在逆城镇化浪潮中返乡创业就业的农民工，许多已具备较强的工匠精神和数字素养，这直接促进了农村数字化和整体村民数字技能的提升，在后续的涉农投资或者农业项目运营过程中，返乡群体也较少存在技能不适应或者数字藩篱问题，其劳动适配性大大提高，国家数字下乡战略的实施也更为通畅。[①]

从逆城镇化与市场化相并联来看，中国的逆城镇化又与持续深化市场经济体制改革和做大做强城乡统一大市场紧密相关。长期以来，中国农村地区的市场化发育与城镇相比较为落后，受到国家优先发展城市战略的影响，农村商品市场和要素市场改革也较为滞后，这为当前构建全国统一大市场和促进城乡深度融合留下了隐患。[②] 逆城镇化浪潮出现以后，国家可以充分利用逆城镇化的要素返乡流动属性构建城乡自由的、畅通的生产要素和商品市场，构建农产品、资金、技术、土地、劳动力双向流动的体制机制，从而形成同权、同价、同制度的市场机制和政策安排。

第二节　逆城镇化与城镇化之间的关系

不论是在理论界还是在决策层，对于城镇化规律的探讨已屡见不鲜，但对逆城镇化现象的关注却远远不够。2018年“两会”期间，习近平总书记在参加广东代表团审议时强调：“城镇化、逆城镇化两个方面都要致力

---

① 张元庆：《“逆城镇化”视阈下土地制度创新与乡村振兴》，《党政干部学刊》2022年第9期。

② 赵秋倩、夏显力、王进：《逆城镇化、乡贤回归与乡村振兴——基于浙中X村的田野调查》，《重庆大学学报》（社会科学版）2022年第1期。

推动。城镇化进程中农村也不能衰落，要相得益彰、相辅相成。”[①] 自此，对中国特色逆城镇化规律的研究才渐成热点。目前中国学术界在理解逆城镇化现象的本质时存在多种误解，一些学者否认逆城镇化规律的存在，将逆城镇化过程中的人口郊区化或城市中心的人口净流出视为一种“半城镇化”状态。还有些人将逆城镇化视为理论上的“禁区”，认为它是对城镇化进程的“完全中断”和“反抗”，因而选择回避，仅注重防范逆城镇化可能带来的风险。这些争议产生的根本原因在于未能正确理解逆城镇化和城镇化之间的相互作用，不承认逆城镇化可能带来的积极效应，同时过分强调其负面影响。

（一）分析逆城镇化与城镇化关系的代表性观点

总的来看，目前学术界对逆城镇化与城镇化之间关系的代表性观点主要有以下几类。

一是不兼容论。一些学者依据欧美的经验认为，逆城镇化代表了对城镇化过程的“背离”或“反抗”。他们认为，西方的逆城镇化现象大多数情况下导致了城市中心地带的衰落，并造成城市要素与资本的净流失，并以此作为二者难以兼容的直接证据。[②] 还有学者提出，所谓的“逆城镇化”实际上是一种伪逆城镇化或者半城镇化状态，是农村转移人口未能成功实现市民化融入而形成的一种停滞或非正式形态[③]，如中国国内很多地区发生的新乡贤返乡创业、资本技术下乡、新型职业农民回流等城乡迁徙趋势。上述观点认为，逆城镇化与城镇化不兼容，会引发一国或者一个地区城镇化进程的中断。

二是特殊阶段论。持该观点的学者认为逆城镇化可以被视为城镇化的

---

① 《加快新型城镇化与乡村振兴协同发展》，人民论坛网，2019 年 9 月 5 日，http://www.rmlt.com.cn/2019/0905/556236.shtml。

② 刘友富、李向平：《“逆城市化”还是“伪城市化”？——反思大学生、农民“离城返乡”问题兼与沈东商榷》，《中国青年研究》2017 年第 6 期。

③ 王兴周：《多重视角下的“逆城市化”概念》，《广西民族大学学报》（哲学社会科学版）2019 年第 4 期。

一个特定阶段。[①] 由于逆城镇化在特定阶段表现为大城市的“郊区化”、卫星城的发展或次中心的兴起，并可能进一步促进农村的城镇化。这类现象与城镇化高级阶段的空间过程极为相似，因此建议将逆城镇化视为城镇化进程的一个有机部分。同样，根据中国城镇化的具体经验，一些学者认为逆城镇化是城镇化达到中高级阶段的自然结果，属于城镇化过程的自然调整和多样化表现。[②]

三是协调互动论。还有学者认为：逆城镇化与城镇化是协调共生的城乡关系剧烈变动的产物，逆城镇化产生于城镇化进程，促使城镇化进程更加平衡有序，城镇化进程得益于逆城镇化的推动，是对主流单一增长极或摊大饼式外生型城镇化高质量充分平衡发展的重塑和再造。[③] 两者相互共生，相互促进。

（二）逆城镇化与城镇化关系的学理澄清

从学理上看，城镇化与逆城镇化所强调的人口迁徙方向及空间变化态势的确是相反的，因此逆城镇化规律常常被定义为城镇化规律的对立面，成为一些学者支持“逆城镇化”悖论或“逆城镇化”风险论的直接依据。但如果仔细考证不难发现：逆城镇化浪潮并不会中断人口城镇化或空间城镇化的进程。逆城镇化的核心要义是人口的就业、居住、消费以及投资从城市向郊区和农村地区扩展，那么广义的逆城镇化就不仅包括大城市的郊区化进程，也涵盖卫星城和周边中小城市的“次城镇化”进程和农村的“再城镇化”进程。同时作为一种渐进历史过程，逆城镇化可以被视为城镇化空间功能的再造和要素再配置，在这里，逆城镇化充当了快速城镇化过程中人口市民化、产业非农化转变的“缓冲垫”和“稳定器”，给予城镇化更为充分发展及均衡发展的高质量转型契机。如此一来，逆城镇化与

---

① 蒋长流、张松祺：《“逆城市化”：观察维度与反思制度》，《上海经济研究》2015 年第 7 期。

② 沈东：《当代中国逆城镇化研究的争鸣及展望》，《湖南科技大学学报》（社会科学版）2018 年第 2 期。

③ 张强、霍露萍、祝炜：《城乡融合发展、逆城镇化趋势与乡村功能演变——来自大城市郊区城乡关系变化的观察》，《经济纵横》2020 年第 9 期。

城镇化在促进以人为中心的市民化和构建高效合理的城镇空间体系层面的作用就殊途同归，也与中国正在实施的“新型城镇化”战略的“以城市群为主体构建大中小城市和小城镇协调发展的城镇格局”目标高度一致。因此可以说：城镇化与逆城镇化并不是所谓的“对立”或“此消彼长”关系，而是“相辅相成”的“兼容”关系，逆城镇化从本质上仍然属于城镇化的历史范畴，是城镇化迈入中高级阶段后城乡人口要素与空间功能市场化调整的特殊表现形式。

我们认为，要想正确全面理解逆城镇化和城镇化之间的关系，必须从城镇化的多样性、地区发展阶段性和城乡关系三重维度来考虑。

一是从城镇化的多样性视角来看，逆城镇化仅仅是农村剩余人口向城市转移的一种中间形态或者特例。它描述了一种在大城市或特大城市拥有高迁移成本和高市民化风险情境下的人口次优迁徙行为决策，是人口“半城镇化”和“候鸟式”流动的“再城镇化”的实现形式，本质上仍隶属城镇化范畴。

二是从地区发展阶段性来看，逆城镇化与城镇化的出现既可以有先后也可以并存，这在很大程度上取决于该地区城镇化进程的水平及其质量。当某一地区城镇化进程较为平稳有序，城市公共服务供给能力、产业结构和城镇空间体系发育较为合理时，逆城镇化现象会晚于城镇化出现。而当某一地区偏好于选择大城市优先发展战略，城市产业布局和公共服务水平难以适配转移人口市民化所需时，城镇化与逆城镇化现象将会并存。在这里，逆城镇化的出现并不会逆转城镇化总体进程，而是基于市场原则修复调适扭曲的“大城市偏向型”城镇化模式，使得空间城镇化更加合理高效。

三是从城乡关系视角来看，逆城镇化是城镇化迈向高级阶段后促使城镇化发展更为充分更为均衡的有益补充，是对县域城镇化、乡镇再造乃至农村城镇化的垂直下沉和有效延伸，成为充当乃至支撑新型城镇化高质量转型和城乡融合发展的重要中间衔接载体。是故，逆城镇化可以被理解为是当代中国城镇化发展不充分不平衡困境的系统性解决方案，其与新型城镇化的终极目标殊途同归，两者相辅相成、互为表里，共同为城乡共荣提供动力源泉。

第三节　西方逆城市化演变规律的实践模式

与中国城镇化演变规律相比较，西方的城市等级体系和城乡关系在演进过程中，更加强调的是城市化或逆城市化概念。作为人口空间迁徙的两种特定形式，西方的逆城市化现象大多出现在城市化高级阶段。总的来看，西方的主流逆城市化趋势从20世纪50年代逐步兴起，到20世纪70~80年代达到高峰，以人口空间分散化运动为典型规律的西方各国逆城市化运动虽然在本质上大同小异，但是不同国家还是在迁徙对象、迁徙动因、迁徙特征和后果上大相径庭，在实践中形成了英国模式、美国模式和德国模式三大模式。为了更好地对比分析中西方之间逆城镇化的本质区别，并重新认识城镇化与逆城镇化之间的关系，我们需要详细梳理并总结上述三类西方逆城市化演变规律的实践模式。

（一）英国的逆城市化历程及模式

1. 历史阶段

英国是西方发达资本主义国家中最早开启逆城市化发展阶段的国家，早在20世纪60年代英国国内就显著出现了逆城市化现象，随后美、德、日等国也陆续加入逆城市化进程。在20世纪60~90年代，英国国内大城市的人口空间分散化现象一直稳步加速，尤其以20世纪60年代中期到70年代初这一时期最为明显；70年代中期以后，英国主要城市的人口净流出规模已大幅度放缓，国内逆城市化进程步入一段相对稳定的平台期；80年代后期有研究发现，从伦敦到英国其余地区的迁徙率又开始上升，预示着逆城市化2.0阶段的形成，一直到21世纪初，这股迁徙到郊区或者乡村的逆城市化潮流才再度稳定下来。

2. 逆城市化的推动主体

从英国两个主要阶层群体角度分析，逆城市化最初是由富人阶层以及经济精英迁出城市为引领，中产阶级跟进而逐步形成的空间分散化趋势。

英国逆城市化规律充分反映了中上层阶层为追求更高质量的居住环境和有更大的物理居住空间而产生的逃避式迁移，当然也不乏底层阶层或者贫困人口因失业或战乱等从城镇被驱逐到郊区的个案；从年龄角度分析，在选择迁移出城市的逆城市化主体人群中，年轻人占据着相当大的比重，究其原因是为了寻求“更自然的生活方式”以及更便宜的居住场所，加之该群体中文化多元性融合现象的日益凸显，难以融入英国主流文化的亚文化群体越发希望找寻一片脱离主流文化壮大自身亚文化理念的实践区域，郊区和乡镇无疑成了不二之选。

3. 逆城市化的动因

梳理英国驱动逆城市化的诸多因素，不难发现经济因素、政策因素以及社会因素都在里面扮演着关键角色，具体来说，英国逆城市化现象形成的驱动因素，总结起来主要有以下几个方面。

一是英国大城市产业结构现状不足以容纳相当的劳动力。二战结束后，英国第三产业的发展日趋迅猛，甚至已达到过度膨胀的境地。国内迅猛成长的服务型经济主张“去制造业化”，认为制造业在国民经济中的地位无足轻重，此种理念的长期传播造成传统产业萎靡不振，而英国该时期新兴产业又缺乏足够的竞争力，使得服务部门无法依靠自身的增长来全部吸收工业衰退所释放的剩余劳动力，造成国内失业率提高和生活成本上升，促使主要城市居民向外迁徙。

二是英国城市地租高昂以及城市间地价差的出现。英国伦敦等大城市中心地带地价居高不下，部分城市间用地需求差异导致城市间地价差不断走高，进而产生城市间住房成本差异。城市周边地区尤其是郊区或乡村房屋价格相对低廉，房屋价格高企推动着城市居民向外谋求更低成本的住房；城市建设用地也因用地差别甚至出现供不应求的情况，导致企业选址成本提高，迫使其引导产业劳动力进行外迁调整。

三是国内产业结构调整需要。当时传统工业已不再是英国国内的主导产业，其产生的严重环境污染，包括废水、废气与废物的排放，对城市居民的身心健康造成了巨大伤害，加之传统工业占地面积大，不利于城市发展规划中其他建设用地的开发，阻滞了本地经济发展和城市更新体系构建。相比之下，第三产业具有占地面积小、工作效率高、经济效益好、环境影响小的比较优势，可以有效节约地租、工资和税收成本并形成规模效益，这种推力使得大量传统工厂外迁至大城市周边的中小城镇、乡村以及新开发区，而其中牵涉众多劳动者的工作和生存问题，为寻求更理想的工作或教育机会，劳动要素的流动性势必进一步增强，从而促成劳动力从城市迁往郊区或农村的趋势。

四是工业革命对城市化进程的驱动。当时英国的工业革命已经开始推动城乡基础设施的升级与城市交通网络的构建，现代化的交通运输体系配合公共产品与公共服务的持续供给，加之快速发展的通信技术的渗透，使得城乡间的差距逐渐缩小，居民的地理移动性持续增强，规模经济所引发的城市间规模差异迅速缩减。因为集约化效益在中小规模城市或农村也可获得，同时大量居民对于农村的向往与心理预期增强，人们更能够接受从城市迁移出来且更加将其视为对美好生活的追求。

五是制定新城镇规划指导逆城市化进程。这一点是政策因素驱动。英国于 1946 年在其颁布的《新城法》中计划修建 28 座卫星城以纾解中心城市压力，同时解决城乡二元结构的矛盾，这体现出国家经济和人口政策变集中为分散的方针。该法案旨在通过刺激小城镇振兴以带动周边农村发展，利用其特殊的行政地位和优越的地理位置，加速小城镇经济周转和原材料、产品等的补充贸易，有意识地扶助小城镇在中心城市的辐射下发展。

六是社会挤压及对传统文化的复兴。这一点是社会因素驱动。相比于过度开发的工业化城市中逐渐累积的压力以及伴随民众的内心迷惘，乡村无疑保留着更丰富更温和的童年回忆或怀旧思绪。城市化、工业化过快的步伐导致社会日新月异，但也因此抛下了许多难以追赶其步伐的人群，天翻地覆的变化直接或间接导致了城市居民对于内心返璞归真的期待和对乡村田园诗式生活的向往。而工业城市人口密度大、环境污染、交通堵塞、房价高昂、就业困难、治安混乱使居民生活的幸福感、获得感、归属感等不断递减，以交通拥堵为例，过长时间的等待会使得工厂货物运输时间变长，消耗在路上的时间成本和运输成本均增加了企业的成本投入，缩减了其利润空间，且进一步增加能源消耗，继而又使得空气遭到污染从而形成恶性循环；人群过于密集加剧了人与人之间社会关系的紧张程度，例如贫富差距增大引发的不平衡心理严重，继而影响社会稳定，以及大面积传染病的扩散等。

4. 逆城市化的特征

总的来看，英国的逆城市化特征可以总结为四个方面。

一是人口从城市向非城市环境进行逆向移动，即人口再分布模式的转变，这一特征的典型表现是人口迁往自然环境优美、人文生态良好的小城镇。“两极分化逆转”现象的产生源自中等城市与小城镇的吸引力逐渐增强。

二是大城市的边界与定义发生转变。英国的逆城市化超越了原有大城市边界的概念。过去城市布局紧凑，重要建筑物、公共服务以及公共产品等相对集中，围绕某一中心或某些中心呈现同心圆波浪式蔓延态势，且地理位置相对明确；目前城市边界不断外扩，对于周围地域的辐射带动效用使得卫星城无论是在生活便利度，还是在交通可达性等方面均与城市的差距逐渐缩小，所谓的城市与城郊城镇的区别，除了极少数元素和行政意义上的划分不同外，基本已无过多差异。就生活方式而言，距离城市中心百公里远的居民也属于城市人，充分表明城市生活确已超越地域界限，“城市—农村”对立失去了其原有意义；小城镇居民与城市的联系不断增强，其所从事的工作类型和工作组织方式逐渐贴近城市的要求，甚至本身就在城市就业，其社会关系也从有限社交圈的邻里相知向扩大社交圈的泛泛之交进行复杂转化，造就了小城镇居民适应改变能力的增强。

三是土地开发重心由城市中心逐渐且部分地转移到城市的外围或者乡村。由于城市人口向郊区转移，大城市外围分散布局卫星城镇，迁移的劳动力携带着资本、技术、知识等生产要素共同流动，随之而来的便是土地的流转、规划、开发等问题。因为只有统筹安排好土地这一生产要素，对郊区进行合理的资本投入与基础设施配套建设，才能综合发展各种业态，进而决定该城市的产业结构和经济前景，形成健康可持续的一体化发展。

四是新兴城市发展扩大了城市范围反作用于城市化。在逆城市化进程中，大量富裕人口带着资本和技术由中心城市来到乡村或小城镇，城市区域不断扩大，在一定范围内产生了经济拉动力，使大量人口汇集至乡村或小城镇甚至出现城市人口在总人口中比重的绝对下降，汇集的人口就地开发乡村或小城镇产生新兴城市，反过来促进逆城市化深入发展。

5. 逆城市化的结果

借助快速不可逆转的逆城市化浪潮，英国在 20 世纪 70 年代后城市空间形态及城乡关系发生了剧烈变化，总结起来造成了以下结果。

一是从居民角度分析，英国居民想要维持自身的生存或改变自己的生活方式，便用脚投票，用自身行动强调对于解决城市环境恶化、人口拥挤、医疗教育资源分配不均等问题的迫切需求。

二是从产业角度分析，产业需要对当前落后的劳动生产率水平进行调整，对冗杂的组织结构进行精简，对有限的管理水平进行提高。同时为实现可持续发展还需要引入或研发最新技术成果，以技术进步促进边际效益递增，例如如何在日益增强的环保意识下提高资源利用率、降低废物排放率或者通过回收再利用实现资源再生等，逆城市化便是一个促使产业结构升级、产生新业态的契机。

三是从城市发展的角度分析，逆城市化不仅不是城市化的反方向或者退化，恰恰相反，逆城市化是城市化发展的更高阶段，它能够使城市疏散其过度繁杂的职能，提高城市的管理水平，并能够促进城市组织结构的精简升级，推动城市功能结构和空间结构调整优化，突出产业优势，将不断提高的生产力发展水平作为城市化新阶段的动力引擎，还可以进一步吸纳周边生产要素向城市集中，同时向周边地区分享发展的红利。

（二）美国的逆城市化历程及模式

1. 历史阶段

与英国相比，美国的逆城市化兴起时间稍晚一些。根据史料和文献记载，美国大约于 20 世纪 60 年代开始步入逆城市化阶段。而在众多资本主义国家中美国的逆城市化最具代表性，统计数据表明：1950~1990 年美国城市人口总量下降超过 20%。美国逆城市化现象于 70 年代达到高潮，其发展速度、规模、范围及类型多样化已达到空前程度，80 年代逆城市化势头开始逐渐减弱，但居住在郊区的人口仍占总人口的 44%。这是一种非常明显的空间蔓延或去城市中心化现象。

2. 逆城市化的推动主体

美国在逆城市化推动主体上与英国类似，最先是富裕阶层和熟练工人选择迁出城市，其次是具备一定经济实力的中产阶级，只不过需要强调的是，这些迁移主体并未因为由大城市转移到小城镇或乡村而重新务农，相反，其就业情况、生活方式和价值标准等均与大城市居民一样。与英国不同的是，由于美国是一个典型的移民国家，国家文化多样性和包容性非常强，因此在逆城市化过程中没有产生明显的文化割裂或文化排斥现象。

3. 逆城市化的动因

梳理美国逆城市化的动机因素，经济因素仍然占据主流，但是社会因素比英国更为丰富，具体来看包括以下几个层面。

一是寻求乡村环境满足对经济适用房或较低的生活成本的需求。美国与英国稍有不同，经济上主要受到城市经济快速发展的影响，物价指数、居民消费指数等产生上浮趋势，进而带来居民生活成本的提高，尤其是在工资涨幅水平不敌物价涨幅水平时，居民所持有的货币购买力降低，继而生活水平下降。根据美国 1974 年的 CPI 数据，当年 CPI 达到峰值，其中食品及服装的价格竟上涨了 8%～12%，由此可见一斑。[①] 城市地价过高、用地减少、发展无弹性等问题频发，但同期针对郊区市民给予的房价优惠政策如低利息抵押贷款等恰好对深受高房价之苦的居民构成足够的吸引力，加之美国 1975 年刚从越战泥潭中抽身，相当一部分老兵从前线退役但是又没有相应的工作和收入，故而政府为其在城郊修建了大量住宅，使其在此成家立业，从而也加速了对于城郊的开发。

二是经济结构面临调整。这一点与英国类似。为获取更廉价的劳动力及原材料，20 世纪 70 年代美国发生了大量的产业转移，不论是从国内相

---

① 《美国通胀的前世今生：20 世纪 70 年代、80 年代和如今》，新浪财经，2021 年 5 月 30 日，https：//finance. sina. com. cn/money/bond/market/2021-05-31/doc-ikmxzfmm5561299. shtml。

对发达的地区转移至相对落后的地区还是进行国际产业转移，这种举措不仅对产业转出地区是一个契机，因其可以引入新业态提升产业竞争力，同时也是对落后地区不合理产业结构的升级。这种“滤下模型”最终使得不同地区经济发展间的鸿沟不断弥合，进一步模糊了它们之间的边界。大城市的去工业化一直伴随着非大城市中心第三产业就业的激增，以及资本主义企业的空间重组导致的区域部门专业化，由此引发的对劳动力的需求以及素质要求等变化无疑对劳动力的分布产生影响，职工跟随产业迁徙远离城市便可以解释。

三是城市的重税政策驱使富人和企业逃离城市。数据显示，美国 1970 年城市化率高达 73.5%[①]，高度城市化提高了城市为负担日益繁重的建设开发任务而支出的费用，而这部分费用基本来自税收收入，即城市的居民和企业等微观主体所负担的各种税费。美国超额累进税率对富人阶级和营收前景好的企业并不友好，故而导致这部分居民和企业的率先迁出。

四是政府鼓励大城市以外的乡村城镇发展。与英国类似，美国于 1972 年颁布的《农村发展法》开启了农村政策制度化的新时代，此后美国国会频频立法，从《农业与消费者保护法》到《住房与社区开发法》等，法律的相继出台在基础设施建设、农村信贷、农村供水等各个方面为乡村的建设发展提供了明确的目标。

五是优美的乡村环境成为逆城市化的拉力。在美国，真实的或想象的乡村图景包含诸多被认为大城市所缺乏的属性，例如开放的空间、安全的儿童环境、宁静的氛围、种族的同质性、理想的单户住宅、惬意闲散的小镇生活、富有吸引力的自然景观或人造景观、丰富的休闲娱乐机会、安抚人心的亲情或友情等，以上诸多属性成为许多潜在迁徙民众心目中的乡村特征。相比于继续承受大城市所带来的负外部性，搬迁到郊区被看作逃避来自现代性（即城市集中的负面效应）的不受欢迎的属性的一种有力手段，又可归因于环境主义对生产主义的重要性不断上升这种被广泛认可的社会性质的存在。

---

① 党国英、罗万纯：《发达国家乡村治理的不同模式》，《人民论坛》2016 年第 13 期。

六是成熟交通通信网络的搭建为逆城市化助力。快速扩张的城际高速公路系统使得城市的影响力范围延伸到更远的地区，加之私家车的迅速普及，更令有车家庭将自己的涉足半径继续扩大，距离限制消失，相同条件下对比起无车家庭，前者更有可能接受家庭住址的改换与工作职位的调动等。另外，随着通信技术的普及和信息经济的崛起，城市与乡村间的联系得以在越来越远的距离上维持（例如从加利福尼亚的城市中心到它的高山地区），小城镇的便利设施也因其与大城市的差距减小而越来越有吸引力，对应的乡镇的土地也面临大幅升值。

七是就业问题成为逆城市化的推力。20 世纪 70 年代初，所有经济部门均出现非都市就业机会，尤其是受到 1973 年石油危机的影响，美国国内特别是位于郊区的能源产业受到刺激而重新获得发展机会，加之城市内部岗位竞争激烈，升职加薪空间较小，如果此时有城市核心区以外的就业机会，同样也会促使部分城市居民向外迁移，只要工作获得的收入能够覆盖迁移的成本即可。

八是年龄结构老化。出生于 20 世纪 20 年代的人在 70~80 年代步入退休期，更希望寻求安静、环境优美的小城镇养老而躲避城市喧嚣，同时美国提供的退休福利足以使这部分老年人利用退休金先行进入乡镇带动部分养老公共事业发展起来，进而这些乡镇便可以进一步完善人口结构，为新一批退休人员提供配套设施，形成不断自我强化的效应。

4. 逆城市化的特征

从上述分析可以发现，英美的逆城市化进程有相似之处，但也在很多方面有明显差异，从主要特征来看，美国的逆城市化可以被总结为以下四个方面。

一是“钟摆式”的人口流动模式。全国范围内各大城市均出现城区人口减少、大量人口向郊区和乡村转移的趋势，以及人口指数出现实质性下降、城市空间规模紧张、中小城市及乡镇人口增加、城乡人口逐渐失衡等现象；尤其是大量中高收入者从城市迁出，使某些城市中心成为低收入者聚集地甚至沦为贫民窟，大量集中的贫民窟或棚户区对城市交通造成巨大压力，有时甚至超出城市道路承载能力，城市等级也相应受到影响，造成人口和产业空心化。

二是逆城市化建立在高城市化和高收入水平上。美国进入逆城市化阶段时城市化水平已经达到70%，且人均GDP已达到3000美元。根据诺瑟姆曲线，城市化率达到70%以后，城市发展速度将会减缓，美国的逆城市化模式表现为对于资源的高消耗以及高浪费，同时以美国为代表的一部分国家的逆城市化是在无组织状态下自发进行的，或者说这是经济作用下的一种自发式的道路，基本上遵循“先发展大城市后建设小城市”的原则。

三是迁移目的地通常为自然和人文生态优越的农村和城市远郊区。人口集中的大城市中心会向其城郊及周围中小卫星城镇提供源源不断的人口，将邻近的乡村地区一并拉进城市轨道，使其按照现代化标准迅速发展起来，实现乡村向城镇的转变；大城市的经济中心、政治中心角色可由某些发展相对迅速的新型城镇分担，公共基础设施、公共服务也进一步向郊区或农村逆向流动。

四是大城市衰退与地方财政结构变化。美国的产业及相关经济活动，资本、劳动力、技术等生产要素均出现逆城市化现象，行业部门的衰退使大城市的经济活动水平下降，进而导致大城市衰退，如美国曾经的工业城市底特律和凤凰城等；城市的财政收入类型也发生改变，如工业部门的大量迁出使其可征税值减少，但商业等第三部门的激增又使得其可征税值增加，进而一座城市的地方财政也面临转型。

5. 逆城市化的结果

美国逆城市化的结果和英国相类似，但是在具体实现上略有差异。

一是以中心城市为发展龙头带动周边形成涓滴效应。逆城市化可将中心城市的非核心功能进行疏解，中心城市得以减轻负担，消除困扰城市的顽疾，推动城市高质量发展，保留生产销售前景最好、环境污染最小、资源利用率最高、充分研发利用最新科研成果的企业，以及与其相适应的生产要素，提升城市化水平，强化辐射力。

二是乡镇与城市差距缩小，形成协同发展。美国在向乡镇转移产业及诸多生产要素后，可使乡镇在基础设施、综合规划等方面得到发展，进而城市行政等级可能会提高，更多新城市的形成使得原来的单中心城市不断转变为多中心的连绵城市带，相互间联动作用增强，通过城市间资源优势互补，提高原乡镇地区居民生活质量，缩小甚至消除与城市的差距，形成一体化发展新格局。

三是带动整个社会生活质量综合提升。逆城市化催生迁徙居民特有的生活方式，即居民从事非农工作，具有与城市居民相同的价值观但却生活于压力水平相对较低的环境优美的城郊，建立了除以城市为中心的主流文明外的其他分散文明，丰富了文明形式。

（三）德国的逆城市化历程及模式

1. 历史阶段

德国是开启逆城市化进程最晚的西欧发达国家①。二战结束后，大规模重建城市成为其主要发展任务，加之农业机械化转型使本国大量农业劳动力得以脱离乡村而解放出来从事城市的重建工作，致使乡村人口大量减少。针对此种情况，政府通过完善产业基础设施、强化功能区布局规划、完善与之配套的服务功能和提供税收优惠政策以吸引大企业前来投资甚至落地，才逐步形成了产业和人口的“逆城市化”发展趋势。事实上从 1971 年开始一直到 1981 年，德国反城市化模式尚不甚明显，直到 1982 年逆城市化现象才清晰起来，并一直持续到 1984 年。也即同时期英美等国逆城市化进程已经放缓时，德国却在不断加剧这种趋势，且在不久的将来其在德国境内也难以发生逆转。

2. 逆城市化的动因

与英美等国不同，德国的逆城市化进程主要受政府政策驱动影响，总结起来主要有以下三个方面内容。

一是德国政府颁布法律法规或行政措施实施振兴乡村计划。1954 年和 1955 年德国先后颁布《土地整治法》和《农业法》，致力于推动乡村基础设施建设，推动乡村闲置土地流转集中继而获取农业集约化生产的规模效

① 此处主要指的是联邦德国。

益；1965 年又颁布《联邦德国空间规划》，遵循“城乡等值化”理念，在国家层面上针对具有相同生活方式和理念的城乡居民进行统筹规划和目标建设；德国 60 年代还将人口密度低、工业企业数量和就业人口数量低的地区划分出若干发展行动区，由 300 多个小城市组成的“发展中心”可以有效吸引工业从大城市和传统经济发达地区向乡村扩散。

二是乡村环境保护成效显著吸引人口迁移。1969 年德国颁布《“改善农业结构和海岸保护”共同任务法》，通过补贴、贷款、担保等方式推动乡村基础设施建设，保护乡村景观、优化自然环境、建造美丽宜居乡村等，赋予乡村相比于德国工业城市更多的山清水秀的特征。大量城市人口开始向环境优越的乡村迁徙。

三是政府实施的大规模村庄更新计划提供了与城市同等的生活条件。1977 年德国国家土地整治管理局正式启动以“农业—结构更新”为重点的村庄更新计划，旨在确保乡村能够享受与城市同等的生活条件、交通条件和就业机会等。其中包括对于道路、房屋等基础设施的建设与更新，通过提高农业生产率、推动农产品直销、建设产业设施等促进农业发展，重新恢复乡村内陆水系自然生态循环、建立生态化的废物废水处理机制实现生态和环境优化，改造路边的纪念碑和历史遗迹、修复或重建乡村花园等实现社会和文化保护目标。

3. 逆城市化的特征

一是年长者有明显且长期的“逆城市化倾向”，逆城市化强度从老年梯队向青年梯队呈“过滤式”递减，但青年梯队的“逆城市化趋势”随时间不断增强。

二是低人口密度、景色优美的环境、价格适宜的住房和宅基地以及生活环境接近家庭成员、就业岗位等均是影响人口迁移的主要因素，其中年长者更看重人口少、环境优美且距离家人较近的居住因素，而就业问题通常是青壮年者首先考虑的问题，其次才是对于售价低廉房屋的需求。

笔者将以上三个国家的逆城市化模式进行了总结归纳和对比分析，结果如表 2-3 所示。

表 2-3　英、美、德三种逆城市化演变模式的对比分析

<table>
<tr><th></th><th>相同点</th><th>不同点</th></tr>
<tr><td>英国</td><td rowspan="3">①逆城市化开始时间近乎重叠，基本落在 20 世纪 60~90 年代，整体趋势主要表现为由强至弱再小幅度回弹
②迁移对象以富人与白领阶层以及一些发展前景良好或寻求更低成本的企业为“先驱”，中产阶级紧随其后；年轻人在迁移人口中占比较大
③迁移原因主要为以下几种：
（1）城市庞杂功能纾解与城市管理规划升级的需要；
（2）亟待解决的城市病降低城市生活幸福感；
（3）政府推行关于乡村的开发政策；
（4）城乡基础设施、通信技术、公共产品和服务差距不断缩小；
（5）对于乡村田园牧歌式生活的怀念和向往；
（6）产业、财政和经济等结构的优化升级；
（7）居民对稳定工作、廉价住房、优质资源等的需求
④迁移主要表现为以下几方面：
（1）人口由中心城市迁往周边小城镇或乡村；
（2）建立在高城市化与高收入水平之上；
（3）城市边界不断扩展甚至模糊；
（4）逆城市化反向促进城市化进程</td><td>①最先完成工业革命和城市化的国家，更高的城市化和收入水平促使英国最早进入逆城市化阶段
②二战后第三产业过度膨胀、传统产业萎靡不振、新兴产业缺乏竞争力致使产业结构升级迫在眉睫</td></tr>
<tr><td>美国</td><td>①逆城市化现象最显著的国家
②高资源消耗和高浪费率
③逆城市化属于无组织的自发性经济行为
④越南战争与石油危机在逆城市化的产业结构和人口分布上做出贡献</td></tr>
<tr><td>德国</td><td>①各城市发展水平差距不大，包括基础设施、通信、公共产品和服务等方面
②分散式发展且中小城市居多，提倡优先推动中小城镇发展，形成多中心格局</td></tr>
</table>

资料来源：作者总结。

第三章 中国逆城镇化现象的典型事实与实践反思

从前章的论述中我们不难认识到，逆城镇化作为一种经济现象，其演化趋势并不存在所谓“同一性”或者“阶段必然性”规律，发生时间、驱动机制或者说实践样态都与一国的制度安排、经济发展战略有紧密联系。从理论和实践的双重角度来看，中国现阶段的逆城镇化现象已经开始兴起，虽然广度、深度以及发展速度不如西方国家同时期那样剧烈，仅在空间上呈现出局部性、零散性、城市群偏向性特征，但是我们不可忽视当代中国逆城镇化现象演进的经济和社会后果。从现实中来看，新时代中国逆城镇化现象包含了农民工返乡和大城市郊区化两种典型事实，前者是逆城镇化概念的狭义表现，后者则是逆城镇化概念的广义印证。近些年，大量农民工返乡创业的不可逆性让学术界关注到了中国特色逆城镇化现象的真实存在，但是受到城镇化发展阶段的影响，农民工返乡并未成为西方所谓城镇化进程中断的核心证据，因为在农民工返乡之时农民工进城现象仍同步存在。同时中国也在空间上出现了类似于西方的大城市空间蔓延的郊区化现象，两者共同组成了当代中国逆城镇化现象演绎的典型事实。以下我们重点从这两种典型事实出发，来详尽剖析中国式逆城镇化现象的特殊性。

第一节 中国逆城镇化现象的典型事实之一：农民工返乡

新中国成立至今，国内曾发生过多次农民工返乡现象，学界对此进行了相关研究，并对农民工返乡现象的时间阶段进行了讨论。杨佳秀将农村劳动力转移划分为四个阶段，分别是 1979～1988 年的起始加速阶段，1989～1991 年的缓慢发展阶段，1992～1996 年的迅猛扩张阶段，1997 年至今的平稳发展阶段。[①] 学者孔喜梅认为中国存在三次较大规模的劳动力回流，第一次是 1989～1991 年的整顿治理阶段；第二次开始于 20 世纪 90 年代，由劳动力过剩与"一免三补"的农业支持政策引发；第三次是由 2008 年金融危机引发。[②] 学者张术环、张文萃将整个农民工回流分为三个过程：在 20 世纪 50～60 年代政府鼓励农村劳动者参与城市建设和发展政策下，大约有 4000 万名农村劳动者流入城市；20 世纪 70 年代末至 80 年代农业生产的非集体化和乡镇企业的兴起，促使每年约 1000 万名的农民回流；在建设社会主义新农村的大背景下，国家对农业的支持力度加大，农业产量大幅度提高，这进一步促进了农民工回流。[③]

（一）中国农民工返乡现象的阶段回顾

经过总结梳理，本书认为可以将农民工返乡现象划分为大致的几个时间点。

1. 20 世纪 60 年代"三年困难时期"的农民工返乡

这个时期由于受到自然和社会等多方面因素影响，国家粮食供应极度困难，产量急剧下降，在此种背景下，国家不得不出台相关政策来减少工业生产所占用的劳动力，推动城市人口返乡，将大量劳动力迁回农村，促进萎缩的农业重新发展。

2. 20 世纪 80 年代"三年整顿时期"的农民工返乡

在改革开放之后，中国经济迅速发展。家庭联产承包责任制的推广解放了农村生产力，大量剩余劳动力涌向城市。但经济的过快增长也导致了一系列问题的产生，如通货膨胀加剧、重复建设严重、消费与收入比例严

---

① 杨佳秀：《我国农村劳动力转移问题及机理研究》，硕士学位论文，中国海洋大学，2008。

② 孔喜梅：《我国劳动力回流问题研究述评》，《山西师大学报》（社会科学版）2010 年第 3 期。

③ 张术环、张文萃：《农民工回流问题研究综述》，《经济纵横》2009 年第 2 期。

重失调，经济增长进入过热阶段。为将经济恢复到正常状态，国家开展了为期三年的治理整顿，叫停城市中部分建设项目，缩减社会需求，减少就业供给，清理过多劳动力，导致大量进城劳动力返回农村。

3. 2008 年国际金融危机之后的农民工短暂返乡

2008 年国际金融危机对中国的金融市场造成冲击。这种冲击导致了城市中众多中小企业的经营出现问题，不少濒临破产倒闭。而在这些企业中从事相关工作的农民工也被迫失业，从而回流至农村。

4. 新时代农业农村现代化推动下的农民工返乡

“十四五”时期，中国开启全面建设社会主义现代化国家新征程，乡村振兴战略的全面实施为解决“三农”问题注入了新的动力。近年来，相关政策提出要大力加强现代农业经营体系建设，指出要培育新型农业经营主体和提供社会化服务，发展农业适度规模经营。相关政策的倾斜既为农业发展提供了新的机遇，也吸引了进城农民工的回流。大量农民工选择返乡发展新型农业，从事新型农业主体经营。

（二）2012 年以来农民工返乡的国内趋势

对于返乡农民工这一概念，本书将其定义为曾离开过户籍所在地，后又回到家乡居住半年及以上，且近期没有离乡就业或创业打算的 16~64 岁农村户籍劳动力。为研究近年来返乡农民工的总体情况，本书基于国家统计局 2012~2021 年发布的《农民工监测调查报告》，对于该时段内农民工流动情况做出大致分析。

由图 3-1 分析可知，2012~2021 年，农民工总量、外出农民工与本地农民工数量整体保持增加态势；除 2020 年受疫情影响出现下降外，其他年份的本地农民工增速都呈现正增长。10 年内的较多年份中，本地农民工增长速度显著快于农民工总量增速与外出农民工增速，呈现高速增长态势，以 2021 年为例：2021 年全国农民工总量 29251 万人，比上年增加 691 万人，增长 2.4%。其中，外出农民工 17172 万人，比上年增加 213 万人，增长 1.3%；本地农民工 12079 万人，比上年增加 478 万人，增长 4.1%，呈现显著增长；同时，10 年内本地农民工占农民工总量的比重由 37%持续上

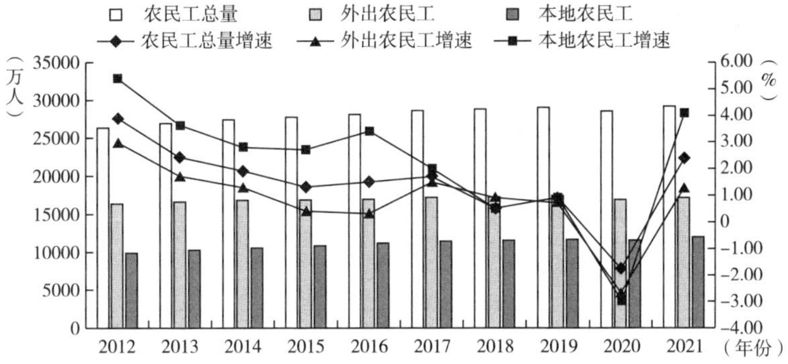

图 3-1　2012~2021 年中国农民工流动状况

资料来源：国家统计局《农民工监测调查报告》（2012~2021 年）。

升至 41%；而外出农民工增速多数年份则低于总量增速。这说明，随着经济社会发展，越来越多的农民工选择在本地发展，而同时每年也有相当规模的外出农民工选择从城市返回户籍地，在村镇继续谋求生计。

而对于外出农民工中的省际（包括省区市之间）流动农民工，数据统计也呈现出了明显下降趋势。2017~2021 年的 5 年间，省外就业农民工人数呈现出明显的下降趋势。而省内就业人数有所上升。2017 年，外出就业农民工中有 7675 万人选择省外就业，而至 2021 年，这一数字下降至 7130 万人，下降率超过 7%（见图 3-2）。在农民工人数上涨的大前提下，省际流动的农民工人数却呈现出持续下降态势，这表明有越来越多的农民工不愿再外出他省就业，而是选择留在家乡或是回流至离家近的县城就业。

对于分析现阶段影响农民工返乡的因素的理论工具，学界多采用唐纳德·博格于 20 世纪 50 年代提出的“人口转移推拉理论”。该理论认为，在市场经济和人口自由流动的情况下，人口迁移的原因是人们可以通过搬迁改善生活条件。于是，在流入地中那些使迁徙民众生活条件改善的因素就成为拉力，而流出地中那些不利的社会经济条件就成为推力。

针对影响农民工返乡的因素。在推力方面，一是城市就业压力的上升以及薪资待遇的减少。随着机械化程度不断提高，城市建设日趋完善，城市中建设型企业对于劳动力这一生产要素的需求越来越少，取而代之的是

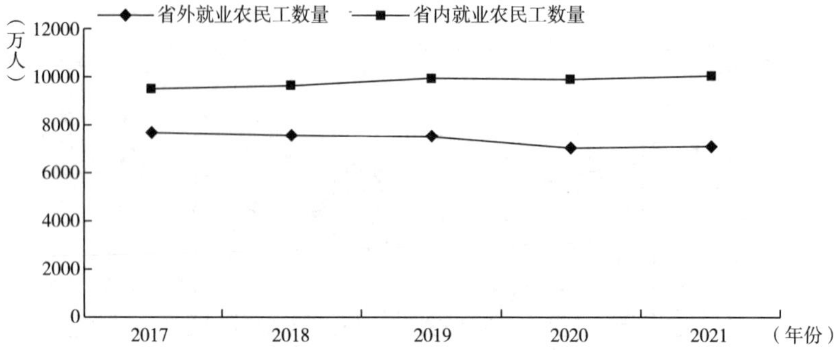

图 3-2 两类就业农民工数量变动趋势(2017~2021 年)

资料来源:国家统计局《农民工监测调查报告》(2017~2021 年)。

机械化作业。而同时,城市相关岗位面对的又是越来越多新涌入的农民工。越来越激烈的竞争,使得先进入的农民工在年龄上失去优势,大部分人的阅历又不足以在城市中谋求一份达到目标薪资的工作。因此这部分人选择回乡谋求更好发展。

二是城市生活成本以及消费水平的提高。相较于农村,城市中的衣、食、住、行等各方面消费水平较高,然而随着中国经济社会发展,农村的配套基础设施正日趋完善,各项服务与城市并无太大差距,但费用却并不高。而在城市中只能挣得低薪的农民工,难以持续承担高昂的消费,最终大部分选择回到户籍地发展。

在拉力方面,一是家庭约束。在外务工的年轻人以夫妻一方或双方在外、父母及子女留在乡镇的形式居多。随着年龄增长,子女上学以及父母养老等问题日趋凸显。作为中青年,来自家庭的压力迫使他们认真思考自己将何去何从。除少部分在城市中发展较好的农村进城者有能力将子女以及家人安置在城市中接受较高质量的公共服务,其余人只能依靠薪资支持子女在户籍地办理入学。来自家庭的压力使得他们有迫切回到农村的意愿。因此这成为吸引进城农民工返乡的动力。

二是政策支持。自党的十八大以来,每年的中央"一号文件"对于农业发展都有着新的优惠政策。而推动农业农村现代化成为近年来农村发展的首要目标。国务院印发的《“十四五”推进农业农村现代化规划》提到，实现农业农村现代化，要从保障粮食供给，提升农业生产效率，增加居民收入等多方面展开。受积极政策影响，农民收入水平实现了大幅提升，相关农业企业的融资约束大大降低，企业融资难、融资贵等问题得到一定程度解决，帮助它们实现快速发展。一系列优惠措施吸引进城农民工回乡发展，让他们不必进城务工，也能得到丰厚的收入。

三是个人发展。随着农村现代化进程的推进，越来越多的就业机会被创造出来，同时需要一些掌握新技术或新思想的人来填补。外出返乡的农民工有着更多的经历与见识，视野更广，相比起从未离开过农村的农民工有更好的头脑与理念。他们在从事农村相关产业活动时，有着更先进的思维模式以及更优秀的能力。同时，发展较好的农民工返乡，还可能带来大批投资，利用投资抢先创办企业使得他们能够占据优势。在外打拼多年的农民工期待用自身所积累的资源建设家乡，实现自我价值，这成为他们返乡的一大拉力。

综合以上信息以及现有因素来看，未来农民工返乡人数仍将增长，越来越多的农民工将会选择本地就业，这也顺应了中国现阶段发展形势。

（三）2012 年以来农民工返乡的群体特征解析

从 2012 年到 2021 年这 10 年间，中国农民工返乡的群体特征发生了较大的变化，这些变化主要体现在地域、年龄、行业和再就业状况等维度上，下面我们逐一进行解析。

1. 地域特征

返乡农民工在流动地域上呈现出鲜明特征。图 3-3 显示的是 2012～2021 年 10 年内农民工的地域分布及变动情况。横向比较可得，东部地区返乡农民工增速曾一度超过 20%。而同期中部地区返乡农民工增速却一直处于较低水平。自 2012 年以来，中部有超过一半的年份返乡农民工增速为负，而正增长年份的增长率也仅维持在 1%左右。

图 3-4 展示了 2012 年以来各地区农民工占农民工总量的比重。由图 3-4 可知，东部地区是农民工的主要输入地。但从不同年份来看，尽管东

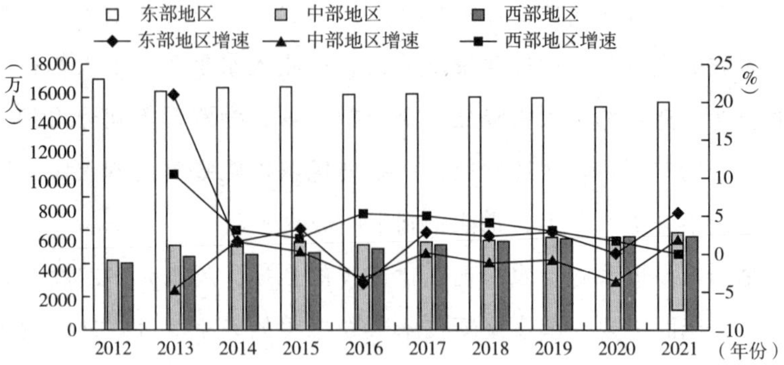

图 3-3　不同地域农民工返乡数量及增速变化（2012~2021 年）

资料来源：国家统计局《农民工监测调查报告》（2012~2021 年）。

部地区农民工人数占比依然最高，却呈现逐年持续稳定下降趋势。2012 年，东部地区农民工在农民工总量中占比 64.9%。然而这一指标在 2021 年已经跌落至 52.78%。这同时也表明，随着社会经济发展，选择中部与西部地区就业的农民工比重在逐步提升。

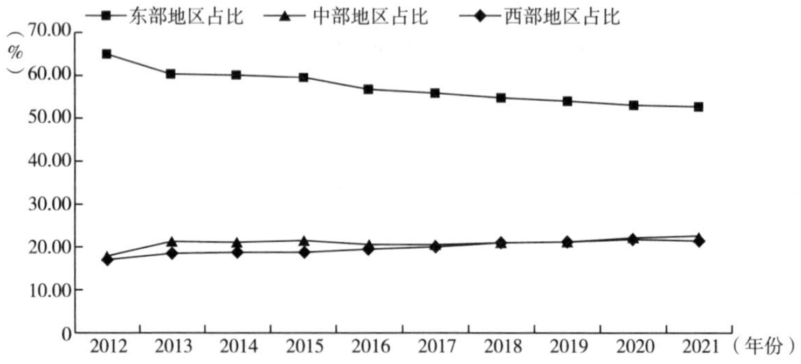

图 3-4　不同地域农民工返乡数量比重结构（2012~2021 年）

资料来源：国家统计局《农民工监测调查报告》（2012~2021 年）。

对这一指标的分析能够反映出农民工返乡的趋势情况。相较于中、西部内陆地区，东部沿海地区发展水平高，就业机会多样，薪资较高。因此，来自中部与西部的农民工往往选择到东部地区务工，以谋求更高收入。2021 年，全国农民工总量为 29251 万人，较 2012 年的 26261 万人增加 2990 万人；在东部地区就业的农民工为 15438 万人，较 2016 年的 15960 万人减少 522 万人。在全国农民工总量持续增加的前提下，东部农民工数量不增反降，反映出东部农民工的返乡态势。东部地区由于城市拥挤、就业紧张等一系列原因变得不再那么具有吸引力；同时，国家近些年来对中、西部地区的政策倾斜导致内陆地区的发展逐渐加速，经济发展水平越来越高与就业机会越来越多，逐步迎头赶上东部地区。这使得原本在东部地区务工的农民工产生了返乡意图。而以上数据也充分表明了这一点。

2020 年，《21 世纪经济报道》的一份关于农民工的采访调查显示，广西、重庆等地区的农民工回流趋势明显，省会（首府）成重要“吸纳器”。记者采访了一名在广东打工近 10 年的女性农民工，她表示“工作的地方并不能称为家”。由于二孩政策与疫情的双重影响，她选择返回广西老家，并打算不再外出打工。而她的丈夫也打算回乡做一些小本生意。调查数据显示，以重庆为例，2019 年全市农民工总量 758.6 万人，比上年下降 1.0%。其中，外出农民工 541.9 万人，下降 2.2%；本地农民工 216.7 万人，增长 2.2%。其中农民工既有“主动回流”的，也有“被动回流”的，尤其对于新生代农民工来说，选择去本省（自治区）的省会（首府）城市占了更大的比重。

2. 年龄特征

从年龄结构来看，返乡农民工也呈现一定特点。图 3-5 显示在 2017~2021 年，本地农民工中 50 岁以下人群占比呈现持续增长态势，由 2017 年的 32.7%增长至 2021 年的 38.2%。同时，从图 3-5 中可以看出，外出农民工 50 岁以下占比显著低于本地农民工 50 岁以下占比。2021 年，本地农民工 50 岁以下占比 38.2%，而外出农民工 50 岁以下占比为 15.2%。

从图 3-6 可以看出，高龄农民工在整个农民工群体中占据越来越大的比重。50 岁及以上的农民工从 2012 年的 15.1%提升至 2021 年的 27.3%。尽管人口老龄化在其中占据了很大一部分因素，但在农民工总量增速下降的前提下，结合历年来本地务工人数的增加，可以认为高龄农民工的增加

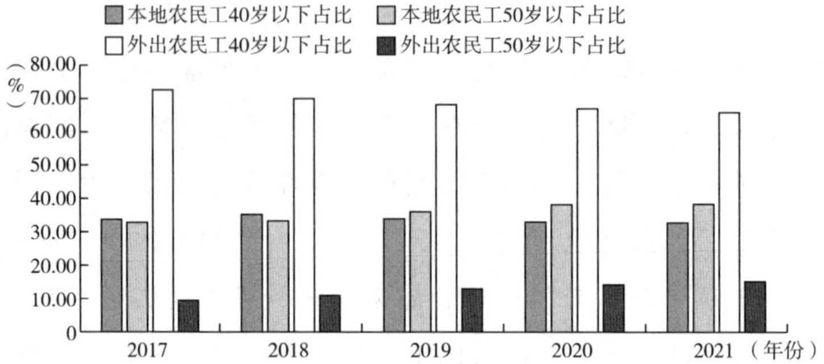

图 3-5　不同年龄阶段返乡农民工变化趋势（2017~2021 年）

资料来源：国家统计局《农民工监测调查报告》（2017~2021 年）。

与本地务工人数的增加及省内务工人数的增加几乎是同步进行的，表明随着务工年限的增长，农民工的流动范围在不断缩小，他们会优先选择本地务工，甚至回流返乡重新回归农业。

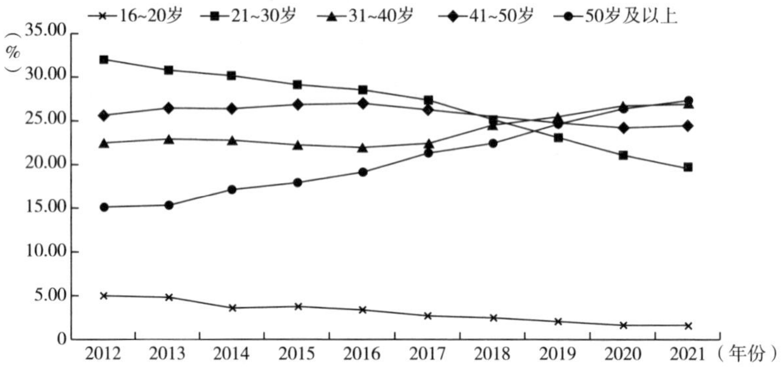

图 3-6　农民工返乡的具体年龄阶段占比构成（2012~2021 年）

资料来源：国家统计局《农民工监测调查报告》（2012~2021 年）。

而另一组针对农村流动人口的调查也从侧面反映了这一事实。国家卫生健康委流动人口服务中心在 2020 年发布的《吉鄂湘粤基层调查联系点基线调查》中，关于农村流动人口年龄的统计显示，在所调查的三个农村地区中，依然在城乡间流动的人口以 25~39 岁居多，占到 40%以上（见图 3-7）。这些人群依然进行着外出务工等行为，而年龄较高者并没有出现过多的流动。这表明，高龄劳动力大多选择了回乡后在本地务工，不再在城乡之间反复流动。

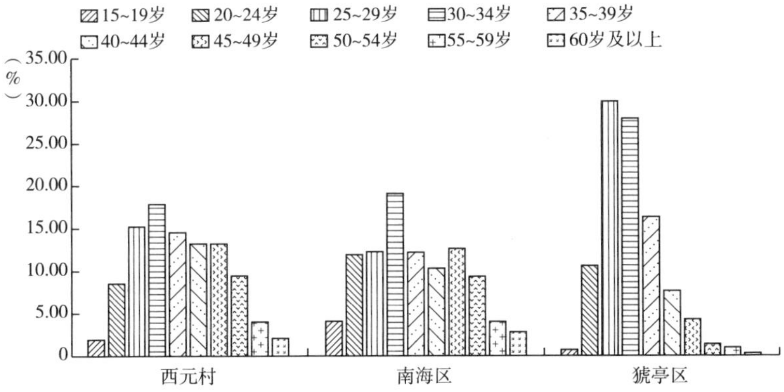

图 3-7　吉鄂湘粤基层调查部分联系点返乡农民工年龄状况分布

资料来源：国家卫生健康委流动人口服务中心《吉鄂湘粤基层调查联系点基线调查》。

此外，国务院发展研究中心卓贤和中国发展研究基金会杨修娜在署名文章中对于农民工返乡的年龄问题同样做了调查。根据他们在河北和山东等地的调研，进城农民工返乡主要存在两个年龄拐点。第一个年龄拐点是农民工婚育高峰期。处于适婚年龄的青年男性农民工需要准备高额的彩礼，而在一二线城市购房成家对绝大多数农民工而言则十分困难。处于30~34岁婚育高峰期的农民工，跨县外出打工的比重比年龄在30岁以下的农民工垂直下滑了18.3个百分点。对于年龄大于30岁的女性农民工，其外出打工的比重相比30岁以前更是下滑了25.4个百分点，其背后的逻辑是回乡生育和照看子女的家庭分工。第二个年龄拐点出现在农民工父母高龄失能期。调研发现，在55岁以上的农民工群体中，只有43%在本县之外就业，比30~54岁群体又明显下降了8.7个百分点。通过访谈了解到，当在农村的高龄父母出现失能情况时，外出农民工夫妇中收入较低的一方往往会返乡，在县域范围内就近就业，以方便照料老人。[①] 根据58同城的

① 卓贤、杨修娜：《关注农民工就业本地化新趋势》，国务院发展研究中心调查研究报告，2021年第47号。

数据，2020 年计划在疫情后调整工作状态的职场人中，36.5%选择在家乡发展，主要就是为了方便照顾父母。

3. 行业特征

对于返乡农民工的行业分布情况，本书根据不同产业与行业的划分，做出近十年来的数据统计。农民工所从事的工作以第二产业与第三产业为主。其中第二产业包括制造业与建筑业等，第三产业包括批发和零售业、交通运输仓储和邮政业、住宿餐饮业、居民服务修理和其他服务业等。从图 3-8 所揭示的变化趋势可以看出，在 2013~2021 年的 9 年中，农民工从事第二产业的比重呈明显下降态势，由 2013 年的 56.8%下降至 2021 年的 48.6%；而第三产业呈现上升趋势，由 42.6%上升至 50.9%。在现阶段农民工数量持续增多的背景下，农民工在第二产业就业的比重依然呈现出持续下降趋势，除去存在农民工由第二产业向第三产业转移的可能性，从事第二产业的农民工返乡也是重要影响因素。这些行业的操作技术性较低，以体力劳动为主。而现阶段，随着机械化水平的提升，此类工作逐渐由机器代替完成，需要的人力资源越来越少。因此，进城农民工的回流以第二产业工人居多。

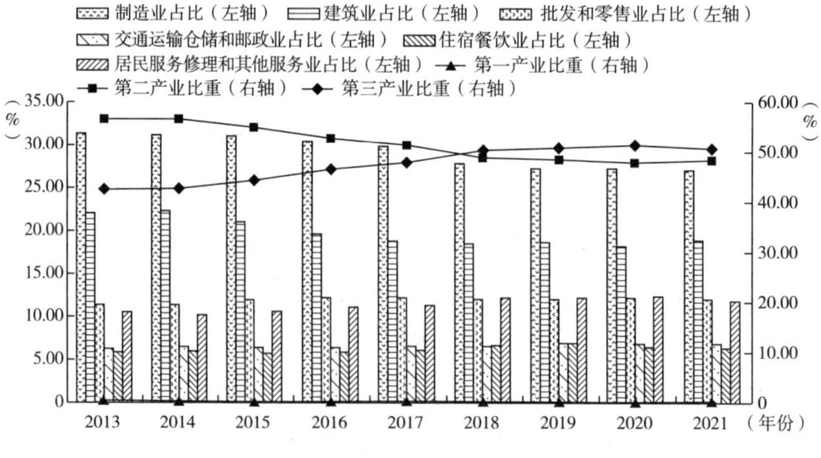

图 3-8 返乡农民工从事行业状况（2013~2021 年）

资料来源：国家统计局《农民工监测调查报告》（2013~2021 年）。

有经济学家认为，在疫情的大背景下，进城农民工中受冲击最大的是从事服务业的农民工。由于严格防疫措施的施行，城市中的服务业受到一定程度的影响，经营状况不甚乐观，因此，大批从事服务工作的农民工出现失业的情况，不得已返回家乡；而同时，有些农民工也由于城市中人群的高流动性，出于对疫情的恐惧，而选择回到家乡躲避风险。另外，沿海制造业面临大规模的产业升级，劳动力成本增加，对劳动力需求结构的变化将是长期的。在此影响下，制造业工人也将面临规模性返乡的局面。

4. 再就业状况

在另一份针对全国 25 省（区、市）1279 位农民工的调查报告中，显示了关于农民工返乡再就业的问题。农民工返乡再就业分为返乡就业与返乡创业。从返乡就业地点看，选择在县城、乡镇和本村范围内工作的农民工占比分别为 36.97%、15.84%和 16.87%，三者累计占比为 69.68%。而从返乡创业地点去看，选择在县城、乡镇和本村范围内创业的农民工占比分别为 36.92%、16.92%和 32.31%，累计占比为 86.15%。综上可见，当前大部分返乡农民工以县域为就业创业地点。而在返乡的农民工中，以从事制造业与建筑业为主。考察返乡农民工的就业行业发现，在 598 个有效样本中，从事建筑业和制造业的农民工占比分别为 23.91%和 18.06%，累计占比为 41.97%；而选择以农业为就业行业的占比为 12.71%，仅一成左右。此外，在调研过程中，调研组发现正处于待业状态的返乡农民工占比为 8.53%。同时不难看出，返乡农民工的就业结构仍需转型优化。

针对以上现象分析总结可以得出，农民工返乡是在近几年有所展现，受多重因素影响并有着诸多鲜明特点的现象。历史上曾分多个阶段出现过农民工返乡现象，并且受到当时时代背景的影响。近年来的农民工返乡与城市产业发展、农业农村现代化等因素有关。

综合多重数据来看，农民工返乡现象近年来呈现加剧态势。这集中表现为外出农民工增速显著低于农民工总量增速，跨省流动农民工数量锐减。出现这一现象的原因可以用“人口转移推拉理论”来解释。农民工返乡的推力主要为城市生活成本与薪资等因素，拉力主要为家庭约束与农业政策支持。

而农民工返乡现象也呈现出鲜明特征。在地域方面，东部地区农民工数量逐渐减少，大量农民工由东部沿海地区回流至中、西部家乡；在年龄方面，返乡农民工以高龄者为多数；在行业方面，从事制造业、建筑业等行业的农民工回流加速，而从事服务业等行业的农民工也有所回流；在再就业方面，返乡农民工依然选择从事第二产业的居多，也有选择返乡自主创业的群体。

因此，动态地理解农民工流动的趋势及其可能蕴含的社会结构变化，持续跟进返乡农民工的行为模式，有利于对逆城镇化现象做出更进一步的研究。

第二节　中国逆城镇化现象的典型事实之二：大城市郊区化

除了农民工返乡回流现象之外，中国逆城镇化进程实践样态还存在另一典型事实：大城市郊区化。大城市郊区化是城镇化发展进程中的一类特殊现象，是指大城市或者大都市区演变过程中城市中心地带居民逐步向外围迁徙的空间分散化运动，其会导致大城市周边小城镇或者卫星城的复兴或空间再造，从空间形态上来看，表现为中心城区或大城市核心圈层居住人口的流失，是选择性城镇化的一种新型表现形式。

目前，中国大城市郊区化演变正在经历一轮从东向西、从超大城市到大城市的推进历程，但是由于城市发展阶段和区域差异，我们对大城市郊区化的识别需要更加科学精确的测度方法，为了证实该现象在中国的真实存在性，我们需要借助 ROXY 指数模型加以测度。该模型可以详细考察目前各大城市所处城市发展阶段及其人口空间流动速度，因此笔者以 2012~2020 年全国各省会（首府）城市及直辖市和五个计划单列市为例，测度了这些城市年末常住人口的 ROXY 指数及指数变化量来揭示中国不同类型城市和不同地区郊区化发展演变态势。

（一）ROXY 模型构建说明

根据诺瑟姆的城镇化发展阶段论和城镇化发展的多样性理论，ROXY 指数可以用来描述城镇化过程空间循环运动基本特性和行为，以区域中心和腹地之间人口增长互动关系来判断人口流动趋势，通过人口是空间集聚还是空间扩散来判断城市发展处于何种阶段，具体的分类标准如表 3-1 所示。

表 3-1　城镇化的多样化路径及人口相对变化

城镇化路径	所处阶段	人口变化	
		城市中心	城市外围
城镇化	绝对集中	++	--
	相对集中		
郊区化	相对分散	+	++
	绝对分散		
逆城镇化	绝对扩散	--	+
	相对扩散		
再城镇化	相对集中	+	-
	绝对集中		

资料来源：作者绘制。

ROXY 指数为正表示加权增长率大于算术平均增长率，说明权重高的地区增长率偏大，资源向权重高的地区集中，最终将导致该区域的发展不断极化；指数为负表示加权增长率小于算术平均增长率，说明权重高的地区增长率偏小，资源向权重低的地区分散。ROXY 指数的数学表达式为：

$$Rt = \left[\frac{WAGR_i^t}{SAGR_i^t} - 1.0\right] \times S_c = \left[\frac{\sum_{i=1}^{n}(w_i \times r_i^t)}{\sum_{i=1}^{n} w_i^t} \times \frac{n}{\sum_{i=1}^{n} r_i^t} - 1.0\right] \times S_c$$

Rt 表示 t 年的 ROXY 值；

$WAGR_i^t$ 为 t 年空间单元 i（中心或外围）每年人口增长率的加权平

均数；

$SAGR_i^t$ 为 t 年空间单元 i 每年人口增长率的算术平均数；

S_c 为换算因子（即 10^4）；

r_i^t 为 t 年空间单元 i 每年的人口增长率；

ω_i^t 为空间单元 i 在 t 年的加权因子；

n 为空间单元的数量。空间单元 i 的加权因子（w_i）若为中心区，则 $w=1$，若为外围区，则 $w=0$。

根据 ROXY 指数的计算和增加量情况，可以确定城市发展的具体阶段类型（见表 3-2）。

表 3-2　ROXY 指数含义及城镇发展阶段划分

ROXY	ΔROXY	人口空间流动路径	人口空间流动速度	城市发展阶段
正	正	集聚	加速集聚	城镇化或再城镇化
	零		匀速集聚	
	负		减速集聚	
负	正	扩散	减速扩散	郊区化或逆城镇化
	零		匀速扩散	
	负		加速扩散	
零	—	平衡状态	平衡状态	平衡状态

（二）数据说明

我们根据经济建设发展状况和距离城市中心的远近等因素，划分出各城市的中心区和外围区。用于计算 ROXY 指数的年末常住人口数据来源于各城市统计年鉴，时间范围限定在 2013~2020 年。人口数据均以“万人”为单位统计。

我们对每个城市的数据进行了整理，因部分城市在此期间进行了行政区划改革，对城区和郊区的划分影响较大，所以去除了杭州市临安区、成都市简阳市、长春市公主岭市、南昌市新建区、哈尔滨市双城区、沈阳市辽中区、西宁市湟中区、西安市高陵区、西安市鄠邑区的人口数据。部分县（市、区）的数据缺失严重或所辖范围变动较大，这部分人口数据也不纳入研究范围。

2013 年南京区划调整过大，故不计算其 2013 年数据；2013 年石家庄行政区划改革导致县区变动较大，故不计算其 2012 年、2013 年数据。乌鲁木齐的统计年鉴中，缺失了 2017 年、2019 年、2020 年的各县（市、区）的人口数据，拉萨市数据缺失严重，因此不纳入本次研究范围。

（三）测度结果分析

据统计，本节共测算出 30 个省会（首府）城市及直辖市和 5 个计划单列市的年度 ROXY 指数及其变化量，判断出其在 2013~2020 年城市发展所处阶段和人口空间流动速度（部分见表 3-3~表 3-6）。

表 3-3　部分城市 ROXY 指数计算结果（一）

年份	深圳		广州		杭州		武汉		重庆		成都	
	ROXY	ΔROXY	ROXY	ΔROXY	ROXY	ΔROXY	ROXY	ΔROXY	ROXY	ΔROXY	ROXY	ΔROXY
2013	—	—	-1362	—	1060	—	-1335	—	11303	—	—	—
2014	—	—	-1706	-343	3333	2272	-1657	-321	12842	1539	4754	—
2015	—	—	-2316	-610	3333	0	-2520	-863	11224	-1617	3039	-1715
2016	-3918	—	340	2657	3108	-224	-2949	-429	13051	1826	5289	2250
2017	-5240	-1322	-2745	-3086	8605	5497	-6566	-3616	11326	-1724	5622	332
2018	-5754	-514	-1294	1451	-37059	-45665	-5807	759	14685	3359	3543	-2078
2019	-6748	-993	-2230	-936	3308	40367	-5692	114	10282	-4402	3898	355
2020	-3789	2959	-1583	647	3627	318	-8797	-3104	7064	-3218	5241	1342

表 3-4　部分城市 ROXY 指数计算结果（二）

年份	北京		上海		天津		长沙		南京		福州	
	ROXY	ΔROXY	ROXY	ΔROXY	ROXY	ΔROXY	ROXY	ΔROXY	ROXY	ΔROXY	ROXY	ΔROXY
2013	-683	—	-6681	—	-5261	—	2094	—	—	—	-4616	—

续表

年份	北京		上海		天津		长沙		南京		福州	
	ROXY	ΔROXY	ROXY	ΔROXY	ROXY	ΔROXY	ROXY	ΔROXY	ROXY	ΔROXY	ROXY	ΔROXY
2014	534	1217	-23944	-17263	-13465	-8204	1720	-374	-10567	—	-4632	-17
2015	-5913	-6447	8572	32516	-35931	-22466	12643	10923	-9692	876	-7185	-2552
2016	-33435	-27522	-50456	-59028	-20164	15767	2935	-9707	-13110	-3418	-6235	950
2017	-37870	-4435	-15967	34489	-608	19556	373	-2562	-11728	1382	-3836	2399
2018	-137944	-100074	-22597	-6630	4201	4809	-184	-558	-8525	3203	-3480	355
2019	-48965	88979	-27405	-4808	-35967	-40169	-461	-276	-22922	-14397	-8573	-5093
2020	-23978	24988	-24631	2774	-2447	33521	805	1265	-4227	18695	-8708	-134

表 3-5 部分城市 ROXY 指数计算结果（三）

年份	长春		合肥		昆明		济南		郑州		南宁	
	ROXY	ΔROXY	ROXY	ΔROXY	ROXY	ΔROXY	ROXY	ΔROXY	ROXY	ΔROXY	ROXY	ΔROXY
2013	-23489	—	14128	—	-2666	—	3149	—	13063	—	7097	—
2014	9856	33345	25990	11862	-3607	-941	1419	-1730	5868	-7195	7672	575
2015	27892	18037	9998	-15992	-3186	421	5468	4050	5385	-483	4252	-3420
2016	31462	3570	4893	-5105	-2594	592	2860	-2608	6885	1500	5621	1369
2017	-26987	-58450	6710	1817	-1100	1494	5396	2537	3743	-3142	9618	3998
2018	13197	40185	5690	-1020	2041	3141	3916	-1481	3512	-231	7153	-2466
2019	14581	1384	6021	331	2835	795	5766	1850	-338	-3850	9147	1994
2020	9197	-5384	7415	1395	18051	15216	7004	1238	1914	2253	12406	3258

表 3-6 部分城市 ROXY 指数计算结果（四）

年份	兰州		西安		呼和浩特		银川		太原		海口	
	ROXY	ΔROXY	ROXY	ΔROXY	ROXY	ΔROXY	ROXY	ΔROXY	ROXY	ΔROXY	ROXY	ΔROXY
2013	5986	—	6221	—	3763	—	-3629	—	7753	—	-9995	—
2014	-2059	-8045	1286	-4935	7272	3509	942	4571	9095	1342	-10693	-698
2015	-10237	-8178	2163	876	-42062	-49334	-1633	-2575	7332	-1764	1907	12600

续表

年份	兰州		西安		呼和浩特		银川		太原		海口	
	ROXY	ΔROXY	ROXY	ΔROXY	ROXY	ΔROXY	ROXY	ΔROXY	ROXY	ΔROXY	ROXY	ΔROXY
2016	-2140	8098	1161	-1002	6265	48327	-879	754	6682	-650	-9415	-11322
2017	442	2582	3450	2290	33224	26959	3028	3907	7154	472	-12371	-2957
2018	-1195	-1637	1777	-1673	12368	-20856	5699	2671	7354	199	4411	16782
2019	2426	3621	2417	640	19332	6964	6806	1107	7630	276	-2	-4413
2020	5962	3536	2927	509	30417	11085	2751	-4055	9058	1429	6380	6381

1. 按照城市级别划分

根据第一财经、新一线城市研究所发布的《2020 城市商业魅力排行榜》，笔者对一线城市、新一线城市①、二线城市、三线城市和其他城市实施了划分。

一线城市包括北京、上海、广州、深圳、天津，均处于郊区化或逆城镇化阶段，其中北京和上海的人口流动主要由城区向郊区加速扩散，天津、广州和深圳的人口流动主要由城区向郊区减速扩散。

新一线城市包括重庆、西安、南京、武汉、成都、沈阳、大连、杭州、青岛、济南、厦门、福州、长沙。其中重庆、西安、成都、大连、杭州、青岛、济南、长沙处于城镇化或再城镇化阶段，除重庆的人口流动由郊区向城区减速聚集外，其余城市人口流动由郊区向城区加速聚集；南京、武汉、沈阳、厦门、福州处于郊区化或逆城镇化阶段，其中南京和沈阳的人口流动由城区向郊区减速扩散，武汉和厦门的人口流动由城区向郊区加速扩散，福州的人口流动由城区向郊区匀速扩散。

二线城市包括哈尔滨、长春、宁波、昆明、合肥、郑州、南昌、贵阳、南宁、石家庄、太原、呼和浩特。除南昌处于郊区化或逆城镇化发展阶段，人口流动由城区向郊区加速扩散外，其余城市均处于城镇化或再城镇化阶段，其中石家庄、郑州、哈尔滨的人口流动由郊区向城区减速聚

① 新一线城市是第一财经与新一线城市研究所依据品牌商业数据、互联网公司的用户行为数据及数据机构的城市大数据对中国 337 个地级以上城市进行排名而做出的划分。

集，长春、宁波、昆明、合肥、贵阳、南宁、太原、呼和浩特的人口流动由郊区向城区加速聚集。

三线城市包括乌鲁木齐、海口、兰州、西宁、银川，除海口处于郊区化或逆城镇化发展阶段，人口流动由城区向郊区减速扩散外，其余城市均处于城镇化或再城镇化阶段，其中乌鲁木齐、银川、西宁的人口流动由郊区向城区加速聚集，兰州的人口流动由郊区向城区匀速聚集。

综上，目前所有的一线城市均处于郊区化或逆城镇化发展阶段，新一线城市中南京、武汉、沈阳、厦门和福州均处于郊区化或逆城镇化发展阶段，二线城市中只有南昌处于郊区化或逆城镇化发展阶段，三线城市中只有海口处于郊区化或逆城镇化发展阶段，其余城市均处于城镇化或再城镇化阶段（见表 3-7）。

表 3-7　不同等级城市城镇化发展阶段和人口空间集中状况（2020 年底）

城市分级	城市发展阶段	人口空间流动速度
一线城市		
北京	郊区化或逆城镇化	加速扩散
上海	郊区化或逆城镇化	加速扩散
天津	郊区化或逆城镇化	减速扩散
广州	郊区化或逆城镇化	减速扩散
深圳	郊区化或逆城镇化	减速扩散
新一线城市（不包含港澳台）		
重庆	城镇化或再城镇化	减速聚集
西安	城镇化或再城镇化	加速聚集
南京	郊区化或逆城镇化	减速扩散
武汉	郊区化或逆城镇化	加速扩散
成都	城镇化或再城镇化	加速聚集
沈阳	郊区化或逆城镇化	减速扩散

续表

城市分级	城市发展阶段	人口空间流动速度
大连	城镇化或再城镇化	加速聚集
杭州	城镇化或再城镇化	加速聚集
青岛	城镇化或再城镇化	加速聚集
济南	城镇化或再城镇化	加速聚集
厦门	郊区化或逆城镇化	加速扩散
福州	郊区化或逆城镇化	匀速扩散
长沙	城镇化或再城镇化	加速聚集
二线城市		
哈尔滨	城镇化或再城镇化	减速聚集
长春	城镇化或再城镇化	加速聚集
宁波	城镇化或再城镇化	加速聚集
昆明	城镇化或再城镇化	加速聚集
合肥	城镇化或再城镇化	加速聚集
郑州	城镇化或再城镇化	减速聚集
南昌	郊区化或逆城镇化	加速扩散
贵阳	城镇化或再城镇化	加速聚集
南宁	城镇化或再城镇化	加速聚集
石家庄	城镇化或再城镇化	减速聚集
太原	城镇化或再城镇化	加速聚集
呼和浩特	城镇化或再城镇化	加速聚集
三线城市		
乌鲁木齐	城镇化或再城镇化	加速聚集
海口	郊区化或逆城镇化	减速扩散
兰州	城镇化或再城镇化	匀速聚集
西宁	城镇化或再城镇化	加速聚集
银川	城镇化或再城镇化	加速聚集

资料来源：作者自制。

2. 按照经济区域划分

按照经济区域发展状况，参考全国人大八届五次会议的提法，可以将中国划分为东部地区、中部地区和西部地区。

东部地区包含的城市有沈阳、北京、天津、石家庄、济南、南京、上海、杭州、福州、广州、海口。其中北京、沈阳、天津、南京、上海、福州、广州、海口处于郊区化或逆城镇化发展阶段，其余城市处于城镇化或再城镇化阶段，东部地区城市的郊区化或逆城镇化率达 72.73%。

中部地区包含的城市有哈尔滨、长春、太原、郑州、合肥、武汉、长沙、南昌，其中武汉和南昌处于郊区化或逆城镇化发展阶段，其余城市处于城镇化或再城镇化阶段，中部地区城市的郊区化或逆城镇化率为 25%。

西部地区包含的城市有兰州、乌鲁木齐、西宁、成都、重庆、贵阳、昆明、银川、南宁、呼和浩特、西安，所有城市均处于城镇化或再城镇化阶段（见表 3-8）。

综上，东部地区的城镇化进程明显高于中、西部地区，并且已经优先进入郊区化或逆城镇化的发展进程，其中北京和上海的人口空间流动由城区向郊区加速扩散。

表 3-8 不同区域城市城镇化发展阶段和人口空间集中状况（2020 年底）

城市	城市发展阶段	人口空间流动速度
东部地区		
沈阳	郊区化或逆城镇化	减速扩散
北京	郊区化或逆城镇化	加速扩散
天津	郊区化或逆城镇化	减速扩散
石家庄	城镇化或再城镇化	减速聚集
济南	城镇化或再城镇化	加速聚集
南京	郊区化或逆城镇化	减速扩散
上海	郊区化或逆城镇化	加速扩散
杭州	城镇化或再城镇化	加速聚集
福州	郊区化或逆城镇化	匀速扩散
广州	郊区化或逆城镇化	减速扩散
海口	郊区化或逆城镇化	减速扩散

续表

城市	城市发展阶段	人口空间流动速度
中部地区		
哈尔滨	城镇化或再城镇化	减速聚集
长春	城镇化或再城镇化	加速聚集
太原	城镇化或再城镇化	加速聚集
郑州	城镇化或再城镇化	减速聚集
合肥	城镇化或再城镇化	加速聚集
武汉	郊区化或逆城镇化	加速扩散
长沙	城镇化或再城镇化	加速聚集
南昌	郊区化或逆城镇化	加速扩散
西部地区		
兰州	城镇化或再城镇化	匀速聚集
乌鲁木齐	城镇化或再城镇化	加速聚集
西宁	城镇化或再城镇化	加速聚集
成都	城镇化或再城镇化	加速聚集
重庆	城镇化或再城镇化	减速聚集
贵阳	城镇化或再城镇化	加速聚集
昆明	城镇化或再城镇化	加速聚集
银川	城镇化或再城镇化	加速聚集
南宁	城镇化或再城镇化	加速聚集
呼和浩特	城镇化或再城镇化	加速聚集
西安	城镇化或再城镇化	加速聚集

资料来源：作者自制。

第三节　中国逆城镇化现象的本土实践省思

从前文可以看出，中国的逆城镇化现象不论是从历史起点还是从实践演进上都具有显著的本土化特征，它既与西方逆城镇化现象有一定的关联性，但是也在实现形式和演化动力上存在巨大的分野，因此有必要从理论上再次澄清中国逆城镇化现象的本质内涵。延续唯物史观的逻辑传统，事物的形成演进规律必然与一国的制度变迁和生产关系变化紧密相关，因此逆城镇化也不例外，对于中国来说，逆城镇化种种现象的形成及实践表现与特定经济发展时期、社会阶层结构变化和政策安排有一定关联，从马克思主义政治经济学的立场来看，阶级主体、政府与市场的关系及非均衡发展的经济发展战略是三个最为关键的驱动因素。

（一）中国逆城镇化现象本土实践的典型表现

与西方国家所类似的是，中国也是在城镇化发展进入中期以后才逐步出现了“逆城镇化”现象的，但中国的“逆城镇化”进展更迅速，表现形式及空间特征与西方先发国家有较大差别。总结起来，中国特色逆城镇化规律在当代主要有以下典型表现。

1. 以农民工为逆城镇化主导群体

中国的逆城镇化的引领群体主要由农村外出务工人员构成，而非西方的富人及中产阶级。众所周知，经济特区的设立和从沿海到内陆的梯度开放性政策促使中国在20世纪90年代伊始形成了持续不断的“民工潮”现象。大量农村剩余劳动力以“农转非”和“市民化”为目标开启了中国特色城镇化进程。进入21世纪特别是“十二五”时期以来，工农部门工资率差异的不断缩小和大城市“落户制度”的层层加码开始让农村进城务工人员迁徙意愿出现逆转，逐步出现了“就地转移”“以代际分工为基础的兼业转移”“返乡置业”等新特征，以农民工回流为趋势的中国式“逆城镇化”现象得以兴起。在这一现象的背后，一部分外出务工人员重新回归乡村，通过定居置业成为“中坚农民”；另一部分则试图完成“离土不离乡”式的身份转变，回流至县城或乡镇，成为“郊区化”和“次城镇化”的有机组成部分。

2. 以政策主导为核心驱动机制

中国的逆城镇化趋势拥有明显的政策引导特质，而非西方的市场自发调节规律。欧美等西方发达国家所出现的逆城镇化进程，都是在自由放任的市场竞争机制下出现的。其逆城镇化本质是为了解决资源要素的城市空间集聚低效难题。中国则与之不同，逆城镇化目标更加侧重于破解城乡要素集聚的不公平问题，由于特殊国情和城乡制度变迁史的多重原因，中国的逆城镇化发展规律不能也无法照搬西方的基本经验，必须发挥强有力的政策工具予以保障。新时代背景下，中国的逆城镇化发展愿景既要着力于推动城镇化发展的空间正义，有序壮大中小城镇规模，促使城镇化发展更加充分，空间布局更为合理；又要致力于扭转“积重难返”的乡村衰退局面，通过人口、技术、资本等要素回流来活化乡土治理秩序，因此其制度供给就必须从约束大城市人口流入和拓宽乡村人口回流通道两方面同时发力，一方面完善新型城镇体系，倒逼大城市、特大城市流动人口持续向中小城镇疏散，另一方面则加大支农惠农力度，通过乡村振兴重铸农业农村人口承载高地。

3. 逆城镇化呈现零散局部地域差别性

中国的逆城镇化现象存在显著的地域异质性，不同于西方的“后城镇化”发展特点。相较于西方的城镇化发展水平，中国不论是城镇化抑或逆城镇化进程都远远滞后，因此，西方发达国家的逆城镇化普遍出现于“后城镇化时代”，表现为对人口城市集中状态的“背离”或者“反叛”。中国则并非如此，由于中国区域间经济发展阶段的差异性和城市空间布局的非均衡性特征，中国的逆城镇化现象与城镇化规律往往是并存的，大城市中心城区规模持续扩张与城市去中心化、次中心不断发育交互相伴。同时，中国东中西部城镇化进程不一，北上广深等东部一线城市城镇化进程早已迈入高级阶段，逆城镇化现象较为普遍，中小城镇、集镇乃至乡村发育图景欣欣向荣。而在中、西部特别是西部欠发达地区，由于城镇化进程尚未完成，逆城镇化仍处于萌芽状态，不宜过早提及逆城镇化规律的影响。中国在 2019 年底全国常住人口城镇化率首次突破 60%，但同期全国户籍人口城镇化率仍不足 45%，从全局来看仍未真正进入诺瑟姆城镇化阶段划分中的中后期阶段，加之中国城镇化发展不平衡，2019 年年末 31 个省、区、市中（不含台湾省）仍有贵州、云南、西藏、甘肃四省（自治区）的常住人口城镇化率不满 50%，故而并未达到逆城镇化规律发挥主导作用的阶段。欧美等西方发达国家逆城镇化发展的经验表明：逆城镇化浪潮会引发城乡关系的深度变革，它不仅表现为城市中心人口的大量有序性外流，还会推动农业和乡村产业结构高级化转型，催生根植于乡村的诸多新业态。中国当前出现的逆城镇化典型事实远未达到西方发达国家的状态。因此我们认为：现阶段出现的诸如返乡创业、资本技术下乡、新型职业农民回流等趋势最多只能作为真实的逆城镇化现象而存在，与理论上所谓的逆城镇化规律、逆城镇化浪潮相去甚远，尽管当前中国的逆城镇化现象呈现局部、零散特点，但其发展速度却非常迅猛，仍然有必要从理论和实践中给予关注，及时总结并研判其潜在的经济社会影响，以为逆城镇化现象转化为逆城镇化规律进行政策储备（见表 3-9）。

表 3-9　中西方逆城镇化本土实践的特点差异比较

	西方	中国
主导阶层	中产阶级和富人阶级	农民工群体
驱动机制	市场化机制、相对生活成本变化	政府主导+市场为辅
空间特征	大规模普遍郊区化、中小城镇快速发育、农村城镇化	局部、零散化、区域非均衡的郊区化和小城镇再发育

资料来源：作者绘制。

（二）中国逆城镇化现象本土实践的终极目标

1. 重构以“融合”为本底的新型城乡关系

马克思曾在《德意志意识形态》中对生产力发展到高级阶段的城乡关系特征做出过预言，他认为：“消灭城乡之间的对立，是共同体的首要条件之一，这个条件又取决于许多物质前提。”① 而恩格斯也在《反杜林论》中对城乡关系的最终发展方向做了深入的探讨，提出了“大工业在全国的尽可能平衡的分布，是消灭城市和乡村的分离的条件”② 的著名论断。新中国成立之后，出于快速完成社会主义改造和建成较为完备的国防工业体系的现实需要，中国利用“城乡差别化户籍”和“农产品统购统销制”所形成的“工农剪刀差”迅速完成了重工业优先发展所需的资本积累，因此

① 《马克思恩格斯文集》第 1 卷，人民出版社，2009，第 557 页。
② 《马克思恩格斯全集》第 20 卷，人民出版社，1971，第 321 页。

也顺势建立起了分化明显的城乡二元结构。改革开放后，中国在农村地权改革和区域非均衡发展战略的激励下，逐步形成了“以农转非为主体，优先发展大城市的城乡中心—外围形态”，城乡关系处于以城带乡、城主乡辅的差序格局之中。[①] 进入21世纪之后，随着“四化”同步发展战略的提出，中国的城乡关系又逐步进入城乡一体化发展阶段，其重点任务是持续巩固以城带乡、以工补农的成效并更加注重城乡功能的一盘棋发挥，旨在消弭不断扩大的城乡差距。直到2017年党的十九大报告提出建立健全城乡融合发展体制机制和政策体系，中国的城乡关系才正式宣告进入“融合”发展新阶段。

从理论上来看，城乡融合描述的是城市和乡村的生产、生活以及生态等功能在空间层面的叠加及重构，以形成资源要素自由流动、优化配置、相辅相成的利益共同体。[②] 而基于“融合”理念的新型城乡关系的内核，重点体现为“以更加均衡发展”为目的的工农互促、城乡互补机制的构建。中国“融合型”城乡关系在演进历程中，已然经历了“先城后乡—城为重点兼顾乡村—城乡一体乡村优先—城乡共同体”的多重转变。到了重构以“融合”为本底的新型城乡关系新时代，应更加重视新型城镇化与逆城镇化协同并举的重大作用，通过打通城镇化和逆城镇化双向流动障碍，进而推动城市和农业农村现代化目标的同步实现。

2. 推动高质量城镇化进程

到2021年底，中国常住人口城镇化率已经突破65%，若按照诺瑟姆城镇化发展阶段划分标准，中国的城镇化已迈入中后期阶段。虽然全国整体的城镇化进程较为迅速，但中国的城镇化发育仍存在明显的不平衡不充分现象。一方面，从区域间城镇化发展的典型事实来看，东部地区城镇化率普遍高于全国平均水平，珠三角、京津冀和长三角地区全部跨入城镇化高级阶段。而仍有18个省份城镇化率低于全国平均水平，这些省份大部分

---

① 苏小庆、王颂吉、白永秀：《新型城镇化与乡村振兴联动：现实背景、理论逻辑与实现路径》，《天津社会科学》2020年第3期。

② 卓玛草：《新时代乡村振兴与新型城镇化融合发展的理论依据与实现路径》，《经济学家》2019年第1期。

集中在中、西部地区，其中少数民族较为集中的贵州、云南、甘肃、西藏等省区常住人口城镇化率均不足50%。另一方面，从区域内部城镇化发展的空间特征来看，中国当前的城镇化正处于大城市过快发展而中小城市发育滞后的特殊阶段。根据2014年修订的《国务院关于调整城市规模划分标准的通知》中的数据，到2019年底，中国超大城市有6座，特大城市9座，在287个建制地级以上城市当中，按照市辖区常住人口低于百万的中小城市界定标准，有162个属于中小城市，占比达到56%，若再考虑368个县级建制市，则80.9%以上的均为中小城市。据中小城市发展战略研究院等发布的《中国中小城市发展报告（2019）》统计：中国中小城市的户籍城镇化率仅为30.1%，远落后于全国整体户籍城镇化率的46.6%水平。“十三五”时期前半段，特大城市和超大城市的年均人口增长率均超过了20%，但中小城市人口增长较为缓慢，其中东北地区一些中小城市已经出现明显的人口负增长现象。另外，中国的城镇化还呈现出明显的重速度轻质量，对绿色、集约、以人为本的城镇化转型回应不足的特点。在改革实践中多表现为：土地城镇化“至上”、“撤县设区”一哄而上、扭曲的“人才争夺大战”和城市基本公共服务供给短缺等问题。[①] 这些发展梗阻都必须通过城镇化与逆城镇化协同发展来加以解决。

3. 实现城市与农业农村现代化建设的相对均衡

抓好城市发展，稳步推进城镇化建设是实现社会主义工业现代化和农业现代化的必由之路，也是应对经济持续下行，积极扩大内需，推进产业结构转型的核心载体。但在中国推进城市超前发展特别是大城市优先发展的过程中，极易出现城市与乡村发展脱节、工业快速壮大对农业带动作用减弱、农业转移人口净流出、乡村治理机制涣散等风险。因此快速城镇化的消极后果是：城乡关系失衡且农村现代化进程停滞。习近平总书记在2015年的中央城市工作会议上专门强调：“我国城镇化必须同农业现代化同步发展，城市工作必须同‘三农’工作一起推动。形成城乡发展一体化

① 王春雷：《新中国建立后我国“逆城镇化”现象及其城乡均衡效应》，《湖南科技大学学报》（社会科学版）2018年第2期。

的新格局。”[①] 当前，中国仍处于并将长期处于社会主义初级阶段的特征很大程度上表现在乡村，乡村也是中国人民日益增长的美好生活需要和不平衡不充分的发展之间的矛盾最为集中的区域。为此，推进新型城镇化与逆城镇化协同发展的一个重要目标是扭转中国现代化建设总体布局中对农村现代化的长期忽视，并试图从根本上破解发展失衡的城乡关系问题。如此一来，促进城市与农业农村现代化建设的相对均衡的战略意义就体现为乡村建设和农村现代化发展制度供给的“后发追赶”，不仅要致力于补齐农村发展的“短板”，还要将农业和农村现代化重新放置在与新型城镇化、工业现代化、信息化协同并举的位置上，进一步凸显农村现代化在新时代中国特色社会主义现代化建设体系中的不可或缺作用。

① 《习近平著作选读》第1卷，人民出版社，2023，第410页。

第四章　中国城镇化与逆城镇化协调发展的动力机制

既然中国的逆城镇化规律完全不同于西方传统的逆城镇化模式，那么逆城镇化作为新型城镇化的重要组成部分和新时代的实现形式就可以同城镇化进程协同共进发展，两者形成相辅相成、互促共生之格局。当前中国的逆城镇化现象刚刚兴起，要灵活用好逆城镇化规律引导其与城镇化协调发展，还需要构建一系列动力机制加以配合，从而同步实现新型城镇化战略与乡村振兴战略的统筹兼顾，并举推进。

系统归纳新发展阶段中国潜在的逆城镇化与城镇化协调发展的动力机制，可以从城镇体系建构、城乡关系调整、城乡融合形成、扎实推进共同富裕四个维度来考虑。一是大中小城市和小城镇协调发展的新型城镇体系的形成，有助于实现城镇间合理分工和发挥各自优势，促进逆城镇化与城镇化疏密有致、分工协作、功能完善新格局的搭建。二是以工促农、工农互惠的新型城乡关系的强化。可以从工农产业联系角度将城乡打造成一个有机互补的产业联合体，使得工业和农业互惠互利，逆城镇化与城镇化协调发展统合了工农、城乡资源，助推工农产业的深度衔接。三是城乡深度融合与平等交换统一市场的建立，以城乡空间功能相统一的方式构建城乡地域共同体，以此打破抑制要素自由流动和优化配置的制度壁垒，为逆城镇化与城镇化的协调发展提供了市场循环机制和要素支撑。四是扎实推进城乡居民共同富裕的政策激励，从以人民为中心的角度化解新条件下中国逆城镇化和城镇化发展面临的潜在风险，从而真正缩小城乡居民收入差距，实现发展成果在城乡居民之间共享，以回应社会主义现代化强国建设新阶段和城乡同步实现现代化的终极诉求。

第一节　大中小城市和小城镇协调发展的新型城镇体系的形成

长期以来，中国的城镇化道路一直存在优先发展大城市还是重点发展小城镇的理论分歧，形成了“小城镇中心论”、“中等城市重点论”和“大城市优先论”等不同观点。然而，绝对的单一发展某一类型城市的战略思路并不符合中国现实国情，协调发展各种类型的城市才有利于推进以人为本的新型城镇化。在“十五”时期，党的十六大报告首次有了“坚持大中小城市和小城镇协调发展”[①] 之提法，这一新型城镇化道路在之后的深化改革中得到了贯彻落实。2022 年的《“十四五”新型城镇化实施方案》对于合理布局城镇化空间和形态，再次明确了要“促进大中小城市和小城镇协调发展，形成疏密有致、分工协作、功能完善的城镇化空间格局”。强调了协调发展是新型城镇体系形成的重要前提，新发展阶段必须坚持新型城镇化发展战略加快新型城镇体系建设，才能促使城镇间合理分工和发挥各自优势，推进城镇化高质量发展转型，其中促进逆城镇化与城镇化有机协调是最为关键的环节，两者必须统筹兼顾，协同并举。

（一）中国城镇体系建设的理论争论

“小城镇中心论”的提出可以追溯到 1982 年的“中国城镇化道路学术讨论会”，当时与会人员指出农业剩余劳动力只能就地转非，实现“离土不离乡”要大力发展小城镇。随后费孝通先生在 1984 年提出“小城镇、大问题”的观点，“小城镇中心论”也在学术界和政策层面得到了广泛的支持，一直延续到 90 年代中后期。进入 21 世纪后，有学者认为协调发展的城镇体系在现实中已然出现追求大城市扩张的倾向，农村的衰弱与空心化成为当时城镇化发展的新难题，因此，在打破城乡二元结构、走城乡一

① 《十六大以来重要文献选编》（上），中央文献出版社，2005，第 18 页。

体化发展道路的背景下，小城镇定位依然是一个大问题[①]；因此也有观点从中国大城市数量过多的角度，提出应当严格控制特大城市的盲目扩张，发展小城镇和县域经济。[②]

与“小城镇中心论”所不同，持“中等城市重点论”的学者认为与大城市、小城市相比，中等城市在城乡融合、一体发展方面具有特别的优势，因此主张构建以中等城市为中心、以小城镇为纽带的网络型经济发展模式[③]；而“中等城市重点论”将中等城市定义为一种集散结合的新型社会结构，它的发展既为大城市产业减负，又承载了转移的农村剩余劳动力[④]，因此在理论界逐步占有一席之地。

“大城市优先论”是另外一种观点。其在1986年被提出，它强调大城市发展有其自身规律，控制大城市发展的对策必须遵循大城市发展规律，使其朝着有利于社会的方向发展。[⑤] 针对“小城镇中心论”，有观点认为小城镇由于缺乏集聚效应和投资、人口的吸引力，政策倾斜会造成资金、土地资源的浪费，因此，应该发展以特大或超大城市为核心的城市群[⑥]；当然也有学者主张在中国进入工业化进程的中后期，应逐步以“大城市优先发展战略”取代“大中小城市和小城镇协调发展”的思路。[⑦]

在城镇体系建设的理论争议中，中国逐步形成了大中小城市和小城镇协调发展的新型城镇体系。之所以在实践中摒弃了长久以来的“小城镇中心论”、“中等城市重点论”和“大城市优先论”，转而选择一条协调发展的道路，是出于以下几点考虑。一是城镇化客观规律的必然要求。城镇化客观规律表明，大中小城市和小城镇在城镇化进程中扮演着不同角色，且

---

① 李培林：《小城镇依然是大问题》，《甘肃社会科学》2013年第3期。

② 徐匡迪：《新时期中国城镇化研究》，《全球化》2015年第9期。

③ 吕先声：《中等城市与城乡一体化 中等城市要在城乡一体发展中显示优势兼论新乡市市带县体制的完善》，《决策探索》1987年第4期。

④ 宋书伟：《新型中等城市中心论——科技文明时代新型的社会结构》，《城市问题》1990年第1期。

⑤ 胡兆量：《大城市的超前发展及其对策》，《北京大学学报》（哲学社会科学版）1986年第5期。

⑥ 王小鲁：《中国城市化路径与城市规模的经济学分析》，《经济研究》2010年第10期。

⑦ 蔡继明：《切勿重蹈小城镇遍地开花的覆辙》，《经济纵横》2010年第7期。

功能互补、必不可少，其规模结构受自身发展规律和市场选择影响。二是中国国情的内在要求。中国的基本国情是人口多、地域广、内部区域间差距大，特别是地区间工业化的差距较大，不适合形成全国统一的城镇体系。第三，是对城镇化发展经验的总结。以往以单个城市为主的城镇体系，无论是提倡发展小城镇还是发展大城市，都会面临一定的限制。如果只把重点放在中小城镇，会导致资源配置不合理，但放任大城市人口随意扩张，又有可能导致“大城市病”以及地区发展不平衡，陷入与拉美地区类似的城市发展窘境。

（二）新时代中国新型城镇体系的形成

著名学者费孝通先生早在其《小城镇　大问题》一书中就提出“中国现代化的起步和发展是一个从‘乡土中国’向现代化都市逐步发展的过程。鉴于中国的历史、人口、城镇规模、发展速度等因素和条件，我们不得不走从农村小城镇开始，逐步发展城市化的过程，必须自下而上地发展起多层次的犹如金字塔型的经济中心，以此来最大限度减低高速现代化和都市化对整个社会的冲击和震荡，保证中国改革开放这一人类历史上最大规模的社会变迁平稳进行”。[①] 新型城镇体系的形成也与此观点非常契合，具体表现在大城市功能之疏解、中小城市持续发展和小城镇空间连接三个方面。

1. 大城市功能之疏解

在城镇化发展的进程中，一个突出的特征是人口向就业机会多的大城市快速集聚。根据第七次全国人口普查数据，中国共有 106 个大城市，包括 7 个超大城市、14 个特大城市、14 个Ⅰ型大城市和 71 个Ⅱ型大城市。[②]“十三五”期间，7 座超大城市中的深圳、成都、广州人口分别增长了 268 万、236. 5 万、195. 6 万。人口向大城市集聚与中国的城市管理体制有关，行政等级高的城市往往能获得更多来自上级政府的资源，因而规模一般较

① 转引自沈关宝《〈小城镇 大问题〉与当前的城镇化发展》，《社会学研究》2014 年第 1 期。

② 国务院第七次全国人口普查领导小组办公室编《中国人口普查分县资料-2020》，中国统计出版社，2022。

大且发展较快。[①] 大城市因有更大规模的产业园区、更好的基础设施和公共服务，吸引了更多的投资和就业人口，导致集聚效应进一步增强，拉大了与中小城市的发展差距。

然而，城市的人口承载能力是有限的，当城市的公共服务水平、环境承载能力无法匹配上快速的城镇化发展现况时，高房价、交通拥堵、环境污染等“大城市病”就不可避免地产生了，城市宜居水平降低，也难以充分带动农村人口向城镇转移。农业转移人口跨省流动比重下降，在一定程度上反映出大城市（特别是超大城市、特大城市）的吸引力在减弱。全国外出农民工跨省流动的数量从 2017 年的 7675 万人下降到 2021 年的 7130 万人，占比从 44.7%下降到 41.5%，五年来跨省流动比例呈逐年下降趋势（见图 4-1）。受此影响，超大城市和一些特大城市常住人口增速显著放缓，2021 年上海、重庆人口增量分别只有 1 万人、3 万人，北京和天津两座一线城市的人口甚至出现了零增长和负增长。

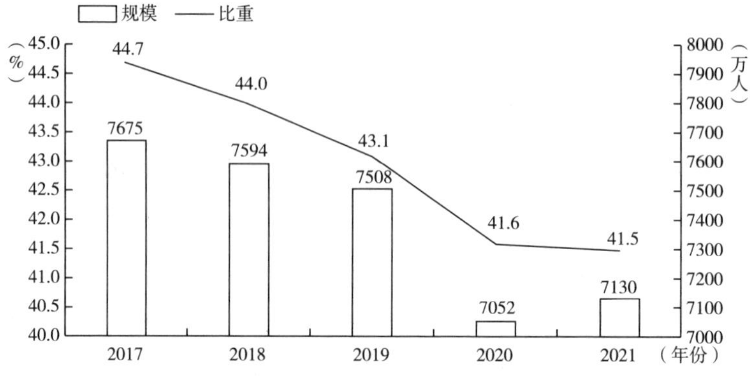

图 4-1　2017~2021 年外出农民工跨省流动规模和比重

资料来源：根据国家统计局《农民工监测调查报告》相关年份数据整理。

对于中国来说，对大城市，特别是对超大、特大城市进行功能疏解，非常有利于城市“瘦身健体”，缓解大城市人口过度集中的压力。将大城

① 金三林等：《大力推动县域城镇化进程助力大中小城市和小城镇协调发展》，《农业经济问题》2022 年第 10 期。

市的非核心功能疏解到周边中小城市和小城镇，配套提供教育、医疗、文化、体育等公共服务，能够弱化部分人群基于大城市病的焦躁情绪，促使其重新选择宜居的生活环境，迁出大城市流向周边重新定居。

2. 中小城市持续发展

中小城市是新型城镇体系形成中的重要环节，起着连接大城市与小城镇的骨干支撑作用。之所以要推进中小城市持续发展，原因在于以下几方面。第一，中小城市已成为新时代国民经济发展的重要区域力量。截至2020年底，中国中小城市及其影响和辐射区域所涉及的国土面积占比、人口总量占比分别为91.60%和84.47%，经济总量达75.79万亿元，占全国经济总量的74.77%。[①] 过去十年，中小城市经济总量占比平均每年提高2.2个百分点，截至2021年底，中国共有中小城市2634个，其中百强县市的经济总量达到10.67万亿元，平均GDP增速达到8.63%，超过国内平均GDP增速（8.10%）0.53个百分点，常住人口达到9288.70万人，人均GDP为11.48万元，是全国平均水平的1.42倍。2021年百强县市以占全国6.58%的人口，贡献了全国9.33%的GDP和3.78%的一般公共预算收入（见表4-1）。[②] 因此，加快中小城市的发展，有利于进一步释放其经济发展支撑潜力，促进国民经济均衡高质量发展。

表4-1　2021年百强县市GDP增速、人均GDP等指标情况

指标	全国	百强县市
地区生产总值（亿元）	1143670	106651
平均GDP增速（%）	8.10	8.63
一般公共预算收入（亿元）	202539	7654
常住人口数（万人）	141178.87	9288.70
人均GDP（元）	80976	114818

① 《中国中小城市发展报告》编撰委员会、国信中小城市指数研究院编《中国中小城市发展报告（2022）——共同富裕目标下的中小城市发展》，社会科学文献出版社，2022。

② 《中国中小城市发展报告》编撰委员会、国信中小城市指数研究院编《中国中小城市发展报告（2022）——共同富裕目标下的中小城市发展》，社会科学文献出版社，2022。

第二，中小城市是城市空间布局优化的关键环节。中小城市的形成蕴含了城市兴衰规律，越来越多人口定居生活于小城镇，促使小城镇快速发展成为中小城市，与此同时也就存在发展跟不上的小城镇；另外由于人口流出地区未能及时调整模式，城市提供的公共服务不足，以及城市功能萎缩、产业升级慢等“落后病”显现，从而无法吸纳过多人口、缺乏承接大城市相关产业的能力。① 加快中小城市发展，有助于解决大城市人口过度集中导致的“大城市病”和小城镇质量偏低的问题，也有助于增强中小城市的竞争力。中小城市应评估自身区位条件、资源禀赋和比较优势，打造特色优势产业，找准自身功能定位，相应承接大城市转移的产业，这既疏解了大城市的功能，同时又解决了农业人口的就业问题，有利于推进人口市民化，实现产业与人口的双转移。这契合了推动新型城镇化和逆城镇化协调发展的主旨。因此，从系统角度看，中小城市是新型城镇体系中的节点，其发展不仅要考虑自身的产业转型升级，实现特色发展，也要考虑不同规模的中小城市之间的平衡，形成辐射与支持的功能互补格局，还要考虑在城镇体系中与大城市和小城镇的协调，发挥好节点作用。

3. 小城镇空间连接

小城镇作为连接城乡的关键节点，在推进新型城镇化的过程中具有重要的纽带作用。2012~2021 年全国建制镇从 19881 个增至 21322 个，已成为中国新型城镇化的重要空间载体，其连接城乡、承载疏解城市人口、发展特色产业的功能不断增强。② 当前，在很大程度上，小城镇还是一种“半城镇、半乡村”的城乡过渡区域，是城市之尾、乡村之首。③ 一方面，与大中小城市相比，农业人口向小城镇聚集的成本较低，且大部分小城镇是农民家乡附近的乡镇，是农民文化习俗、生活习惯认同的重要地域单位，更易于农民融入，对农民定居的吸引力也较强。④ 基于全国层面的相

① 刘秉镰、朱俊丰：《新中国 70 年城镇化发展：历程、问题与展望》，《经济与管理研究》2019 年第 11 期。

② 刘秉镰、朱俊丰：《新中国 70 年城镇化发展：历程、问题与展望》，《经济与管理研究》2019 年第 11 期。

③ 樊正强、谭华云：《加快小城镇建设助力乡村振兴》，《光明日报》2018 年 4 月 3 日。

④ 李强、陈振华、张莹：《就近城镇化模式研究》，《广东社会科学》2017 年第 4 期。

关研究发现，在有意愿进城定居的农民中，超过50%的农民倾向于选择县城和小城镇。[①] 另一方面，小城镇相较于乡村功能设施完善，既可以为乡村提供基本的公共服务，也能够辐射带动一定范围内的乡村发展，成为农业人口就地就近实现非农就业的重要依托，有利于推进城镇化进一步发展。2021年，有17172万农村人口外出务工，而本地农民工有12079万人，外出务工和本地务工的人口分别比上年增加213万人、478万人，同比增长率分别是1.3%、4.1%，本地农民工增速高于外出农民工。[②]

小城镇的纽带作用不仅体现在城乡联系上，更从小城镇的不同类型中具体表现出来。根据《"十四五"新型城镇化实施方案》，以规模、特色、功能等考量因素，可以将小城镇分为卫星镇、专业功能镇和综合性小镇。第一，卫星镇连接了大城市。将大城市周边小城镇打造成为卫星镇，能够对接大城市的需求，实现功能衔接和设施配套，缓解大城市的人口、就业、住房、交通等压力。第二，专业功能镇连接了要素。专业功能镇往往是具有区位优势或独特资源的小城镇，通过优化要素资源配置，专业功能镇能够在先进制造、交通枢纽、商贸流通、文化旅游等领域展现其专业功能。例如，高铁作为重要的交通枢纽，联动了广阔地域的资源，而高铁站带动的产业区，又成为新兴产业和现代服务业的载体，促进了城镇化的发展；文化旅游特色小镇拥有悠久的历史文化、特色的民俗风情、宜人的自然风光、优质的生态资源等，这些往往具有不可复制性，恰好能成为小城镇发展的特色所在。第三，综合性小镇连接了乡村。有的小城镇远离城市，可以发展成为具有完善基础设施和公共服务的综合性小城镇，具有服务乡村、带动周边的功能，成为区域性的社会经济中心。

（三）基础设施保障不断加强

基础设施的网络化建设是新型城镇体系形成的重要桥梁和保障。完善

① 杨传开等：《中国农民进城定居的意愿与影响因素——基于CGSS2010的分析》，《地理研究》2017年第12期。

② 《2021年农民工监测调查报告》，国家统计局网站，2022年4月29日，https://www.stats.gov.cn/xxgk/sjfb/zxfb2020/202204/t20220429_1830139.html。

的基础设施是吸纳人口和就业的硬性条件，也是城镇化建设的基本组成部分。大部分中小城市和小城镇由于缺乏充足的资金、合理的规划、高效的管理等，基础设施相对薄弱，整体承载力不强。因此，基础设施的网络化建设是实现大中小城市和小城镇协调发展的重要支撑，应以交通运输网络和信息服务体系为中心，完善基础设施，逐渐缩小城乡间的差距，使城乡居民都能得到生产生活保障。以交通运输网络为例，2012~2021 年，中国铁路营业里程从 9.76 万公里增至 15.07 万公里，对 20 万以上人口城市覆盖率达到 99.1%；等级公路里程从 360.96 万公里增至 506.19 万公里，普通国道基本覆盖县城；高速公路从 9.62 万公里增至 16.91 万公里，基本覆盖 20 万以上人口城市。2012~2020 年中国定期航班航线里程从 3280114 公里增至 9426313 公里，覆盖了全国 92%的地级行政区和 88%的人口。[①] 交通运输网络的完善，促进了城乡之间的联系，为城乡之间的产业发展和人口转移搭建了桥梁，为新型城镇体系的形成提供了支撑。

此外，信息化数字化的发展也为新型城镇体系的形成提供了基础保障。信息领域的技术创新是信息化发展的主要表现。从数据上看，2021 年中国集成电路全行业销售额首次突破万亿元。2018~2021 年复合增长率为 17%，为同期全球增速的 3 倍；数据库、工业软件取得明显进步，为基础软件领域的发展再添一笔；在电子信息制造领域，以计算机、服务器、移动终端为代表的整机产能位居世界前列，产业规模全球第一。2012~2022 年，中国网民规模从 5.64 亿增长到 10.51 亿，互联网普及率从 42.1%提升到 74.4%。与此同时，中国已建成全球规模最大、技术领先的数字基础设施网络：全球规模最大的光纤网络随“宽带中国”战略的推进而形成，全国行政村通宽带率达 100%，实现“村村通宽带”，所有地级市全面建成光网城市，千兆用户超过 7055 万；移动通信技术实现从“3G 突破”、“4G 同步”到“5G 引领”，建成 210 多万个 5G 基站，5G 用户超 4.9 亿人；“东数西算”工程深入实施，数据中心机架总规模超过 590 万标准机架，

---

① 刘秉镰、朱俊丰：《新中国 70 年城镇化发展：历程、问题与展望》，《经济与管理研究》2019 年第 11 期。

服务器规模近2000万台，全国算力总规模快速增长，超过150EFlops，位列全球第二。信息技术创新与数字基础设施的建成，一方面，增强了中心城市的辐射作用，提升了中心城市影响力，有利于培育城市群，促进大中小城市与小城镇之间的要素合理流动和信息资源共享，实现城镇空间的合理布局；另一方面，满足了企业数字化转型的要求，特别是中小城市企业信息产业的发展推动其他产业的优化升级，为居民提供了更便捷、均等的信息网络服务，缩小了不同城市之间、城乡之间的数字鸿沟，促进了大中小城市和小城镇协调发展。

第二节　以工促农、工农互惠的新型城乡关系的强化

城市和乡村由于资源禀赋差异导致了不同的产业分工，在此基础上形成了相互依赖、相互作用的城乡关系。依靠技术、资金和人才优势，城市成为工业发展的主体；农村的土地和劳动力资源构成了农业生产活动的环境，自然而然地成为农业发展的主体。城乡之间的工农产业关系反映出了城镇化的发展程度，逆城镇化与城镇化的协调发展需要新型城乡关系的强化。

（一）传统城乡关系的弊端与城乡关系的政策演进

新中国成立以来，工农城乡关系经历了分离对立—关系缓和—转型发展—融合促进的深刻历史变迁。[①] 在计划经济时代，重工业优先发展战略下“工业优先、城市偏向”的工农城乡关系选择，是基于落后生产力条件下的发展方案，虽然造成工农城乡关系的不协调，但也在一定程度上为后续新型城乡关系的构建与强化积蓄了力量。

在传统城乡关系的历史发展中，城市拥有资本优势，而乡村拥有劳动

---

① 中国宏观经济研究院产业所课题组：《改革开放40年中国工农关系演变：从缓和走向融合》，《改革》2018年第10期。

力优势，两者的非协调发展使彼此割裂为二元对立的社会结构。[①] 二元对立的城乡关系阻碍了城乡两种资源的有机结合，导致了城乡的不协调发展和资源向城镇的单向流动。传统城乡关系的弊端体现在以下方面。第一，工农产业关联存在“断点”。城乡二元矛盾使更多资源流向工业领域和城市地区，工农价格“剪刀差”也使工业和城市在相当长的一段时间内处于要素流入的领域和地区，城市的带动和辐射作用不明显，造成农业相关产业发展不足。并且，长期以来“工业优先、城市偏向”的发展策略导致工农产业的关联迟滞，产业内部结构缺乏整合，制约着“工农互促”的新型城乡关系的形成。

第二，工业化与城镇化脱节。工业化与城镇化并存是工业社会发展的一般规律，具体表现为工业生产在整个社会生产中所占比重的不断上升，而城市人口也在持续增长。然而，在城乡二元结构背景下，国家在加速发展城市工业，特别是在发展重工业的同时，限制了农村人口向城市的有效流动，阻碍了城镇化的进程，制约了农村经济结构的转型与发展，也影响了中国农业现代化进程的推进和农业生产率的快速提高，使得城镇化滞后于工业化，形成了“工业国家农业社会”的局面。

第三，农村转移人口市民化及其配套服务滞后。以户籍制度为核心的城乡二元体制是农民工进城的主要制度障碍，主要体现在劳动力要素由乡入城的过程中，农村转移人口在实现市民化上存在阻力。在这种二元户籍制度下，大量进城务工农民，虽然已经不再从事农业生产，也大部分时间不在农村居住，却无法真正成为市民，难以享受与城市居民同等的基本公共服务，无法在城市定居、融入城市，无法在就业、子女教育、医疗、社会保障、住房等方面获得与城市居民相同的待遇。同时，城市承接农村转移人口的压力，又转化为农村人口市民化的阻力。

第四，农业农村人才匮乏。一方面，城市对人才的“吸引力”较强。高层次的人力资本倾向于向城市迁移或聚集，导致乡村人力资本水平较

---

① 张曼、邓谨：《构建新型工农城乡关系的历史演进、价值旨归和逻辑内蕴》，《西北农林科技大学学报》（社会科学版）2023 年第 1 期。

低。由于城乡间教育资源不平衡，农村向城市输送的不仅是适应高劳动强度、能够产生高劳动生产率的劳动力，也包括进城接受高等教育、具备优秀学习能力的人才。很明显，无论是体力劳动者还是智力劳动者，他们在生产力最旺盛的生命周期阶段返回乡村、服务农业的可能性微乎其微。另一方面，农村对城市人才的“拉力”不足。由于农村产业基础及定位使然，城市人才难有用武之地，可能获得的收入也存在较大城乡差距。同时，农村公共资源配置与城市存在明显差异，居民生活便捷度、多元性较低。虽然随着新农村建设的推进和城乡融合发展力度的加大，农村基础设施建设和公共服务水平有所提高，但城乡之间的差距仍然不小。

站在新的历史方位上，梳理新型城乡关系的政策演进历程，探寻城乡之间、工农产业之间相互影响、相互作用的关系，有利于发现新型城乡关系的强化对中国逆城镇化与城镇化协调的动力机制。自 2002 年党的十六大首次提出统筹城乡经济社会发展以来，“以农支工、以乡支城”的不均衡城乡结构被打破，逐渐建立和强化了新型城乡关系格局。2007～2013 年，城乡关系被更多地总结为“以工促农”“工农互惠”；2018 年以来，工农业发展迈上了新台阶，以工促农、工农互惠的新型城乡关系得到强化，并进一步演变为“工农互促”“城乡互补”，这也是实现逆城镇化与城镇化协调发展的必然选择（见表 4-2）。

表 4-2　党的十六大以来国家对工农城乡关系的相关论述

时间	会议/文件	工农城乡关系的相关论述
2002 年	党的十六大	首次提出“统筹城乡经济社会发展，建设现代农业，发展农村经济，增加农民收入，是全面建设小康社会的重大任务”
2004 年	党的十六届四中全会	“两个趋向”：工业化初始时期，以农支工的趋向；工业化发展到一定水平以后，以工哺农、以城支乡、城乡协调的趋向
2007 年	党的十七大	正式提出“以工促农、以城带乡”的长效机制，形成城乡经济社会发展一体化新格局
2012 年	党的十八大	提出“推动城乡发展一体化，形成以工促农、以城带乡、工农互惠、城乡一体的新型工农、城乡关系”

续表

时间	会议/文件	工农城乡关系的相关论述
2013 年	党的十八届三中全会	进一步提出“健全体制机制，形成以工促农、以城带乡、工农互惠、城乡一体的新型工农城乡关系”
2017 年	党的十九大	首次将“城乡融合发展”写入党的文献，标志着中国特色社会主义工农城乡关系进入新的历史阶段
2018 年	《乡村振兴战略规划（2018—2022 年）》	提出“推动新型工业化、信息化、城镇化、农业现代化同步发展，加快形成工农互促、城乡互补、全面融合、共同繁荣的新型工农城乡关系”
2020 年	党的十九届五中全会	提出“推动形成工农互促、城乡互补、协调发展、共同繁荣的新型工农城乡关系”
2021 年	《中共中央 国务院关于全面推进乡村振兴加快农业农村现代化的意见》	提出“加快形成工农互促、城乡互补、协调发展、共同繁荣的新型工农城乡关系。促进农业高质高效、乡村宜居宜业、农民富裕富足”

（二）工农产业结构的嬗变与以工促农关系的形成

根据 2000 年至 2021 年第一产业和第二产业占 GDP 比重和增加值比重情况（见图 4-2），可以看出工农产业结构的演进历程，结合其他相关数据则可以发现工农产业结构存在的问题。

第一，农业发挥着对经济的“压舱石”作用，但仍有优化的空间。长期以来，中国第一产业发展相对平稳，占 GDP 的比重近年来呈稳步下降趋势，对经济增长贡献率则在 4%~5%波动。2020 年，中国各行业均受到新冠疫情的不同程度影响，但第一产业增加值比重却上升至 10.4%，相比 2019 年增加了 6.5 个百分点；2021 年第一产业增加值的比重虽稍微下降至 6.7%，但仍高于往年水平。这表明在重大突发事件下，农业对经济的“压舱石”作用更加凸显。然而，农业发展仍有优化的空间。在中国农业—食物系统中，2021 年农业及其相关产业增加值为 184419 亿元，比上年增长 10.5%。与农业相关的农产品加工业、商业和运输服务业、住宿和餐饮业等做出了 15.4%的经济贡献，而就业占比仅为 9.17%；农业生产对 GDP 有 7.9%的贡献却消耗了 26.9%的从业人口，农业生产质量、效率不高等问题凸显。

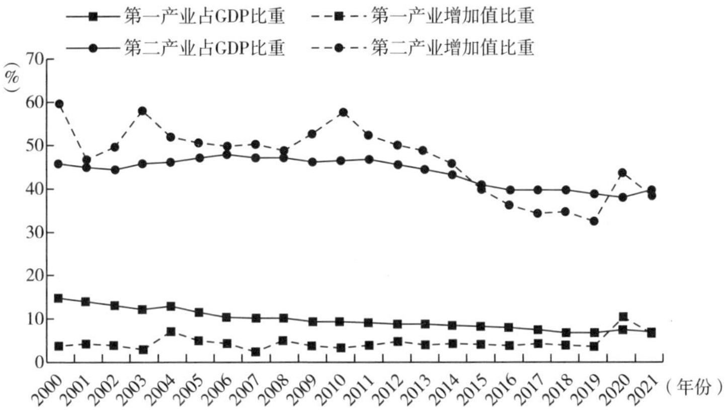

图 4-2 工农产业结构演进情况（2000~2021 年）

资料来源：《中国统计年鉴》相关年份数据。

第二，城镇化滞后于工业化，但逐渐呈现出协同推进的趋势。长期以来，第二产业占 GDP 比重长期徘徊在 40%~50%，自 2016 年起在 40%上下波动，第二产业对经济增长的贡献率呈现出波动下降的趋势。国际经验表明，城镇化率与工业化率之比在 1.4~2.5 较为合理。当工业化率为 30%时，城镇化率应达到 60%，当工业化率达 40%时，城镇化率应达到 75%。中国长久以来的发展都呈现出工业化在先、城镇化在后的情况，虽然城镇化率表现出稳步提高的态势，自 2008 年起城镇化率开始高于工业化率，但仍然没有改变“城镇化滞后于工业化”的发展格局。2021 年中国按照国内生产总值计算的工业化率为 38.4%，按照常住人口计算的城镇化率为 64.72%，二者之比约为 1.69，落在城镇化率与工业化率的合理比值区间内，相较于 2014 年 1.22，2021 年则更为合理，“城镇化滞后于工业化”的状况得到了明显改善。并且，随着城镇化率的继续提高和工业化率的逐渐下降，城镇化率与工业化率的比值将更加趋向合理，工业化与城镇化也将呈现出协同推进的趋势。

第三，工农关系不断优化，但产业关联度仍然不高。进入 21 世纪以来第二产业占 GDP 比重持续降低，从 2000 年的 45.5%下降至 2021 年的 39.4%，第二产业就业比重从 22.5%稳步提升至 29.1%；同期，第一产业占 GDP 比重由 14.7% 下降至 7.3%，但就业比重从 50% 快速下降至 22.9%。经济结构和就业结构出现了大幅变化，工业和农业之间的就业比重差距逐渐缩小，工农关系不断优化。然而，中国工农业的产业关联度仍然不高。一方面，长期以来“工业优先、城市偏向”的发展思路忽视了工农业间的产业关联，导致工农产业的关联迟滞；另一方面，农业关联产业发展程度不高，城乡工农产业的投入回报比差异使得资源更多地流向了城市和工业。[①] 因此，在逆城镇化与城镇化协调发展的目标下，需要进一步强化以工促农、工农互惠的新型城乡关系，实现工农产业联动发展。

（三）新型城乡关系的强化

在市场配置资源条件下，“以工促农”中工农产业的联动对农业产生了一系列正面影响，从而使工农产业发展取得进步。[②]“以工促农”的难点在于“农”，需要工业联系农业。“工农互惠”要求将城乡打造成一个有机互补的整体，通过城市工业向城镇和乡村转移、零星的乡村工业向城市整合的双向迁徙，工农业实现了互惠互利。“工农互惠”的关键则在于打破要素流动的壁垒，促进各生产要素在城市和乡村之间双向流动，统合城乡两种资源。以工促农、工农互惠的新型城乡关系的强化，在多方面促进了逆城镇化与城镇化协调发展。

第一，新型城乡关系的强化便利了城乡劳动力的流动。以工促农在劳动力流动上表现为工业通过吸纳农业剩余劳动力促进农业规模化。农业现代化对经营规模有要求，农业生产效率的提升需要在相对集中大片的土地上应用先进农业生产技术，获得规模产量。大量农业的剩余劳动力从土地中转移、流入工业部门中，维持了农业的适度规模，便于更好地进行规模化经营。与此同时，工业由于劳动力的补充增加了其发展需要的劳动力要素投入，在一定程度上促进了工业发展，由此实现了工农互惠互利。在以

① 张小瑛、赖海榕：《新型工农城乡关系：从“以工促农”到“工农互促”的战略转变与动力机制》，《经济社会体制比较》2022 年第 1 期。

② 杨国才、潘锦云：《“以工哺农”、“以工促农”与我国传统农业现代化》，《经济学家》2008 年第 3 期。

往的发展模式中，工业往往集中在城市，使得农业人口外出务工进入城市的工业生产部门。新型城乡关系的强化要求提高工农产业的关联度，工业逐渐从大城市中转移出来，开始了“下乡路”，在地域上更近地与农业结合，农业劳动力的流动也因此便利了许多。由于当地形成了工业产业，农业剩余劳动力可以就地就近参与工业生产，实现了就地城镇化。同时，随着工业向城市周边的城镇、乡村转移，原本从事生产的工业就业人口，也一并流向了城镇、乡村，促进了逆城镇化的发展。

第二，新型城乡关系的强化促进了工农生产技术的运用。以工促农在生产技术方面表现为工业通过增加新要素促进农业工业化。农业生产受自然因素的影响较大，既需要及时响应气候变化，又受制于动植物周期性成长规律，因而很难保证持续大量的农业产出。新生产要素投入的增加，促进了农业现代化。具有现代性的新生产要素是由工业部门提供的：机械工业进步为农业提供了更高效的生产器具，如排灌机械，而农业化学工业的发展为农业提供了化肥和农药等。随着工业发展成果向农业部门转移，传统农业生产方式得到改造，农业得以实现工业化发展。同时，为了农业工业化继续发展，工业部门在一定程度上需要不断创新生产技术并将其运用于农业，在这个过程中工业也实现进步，形成了工农互惠互利的局面。受乡村实力不足的限制和城市利益目标的驱动，城市企业成了技术研发的重要主体。在新型城乡关系的强化过程中，为了便利工农产业的生产技术联系，工农产业之间的物理距离缩小，并形成相应的工农产业联系地区、地带，便于人员、材料、资源在工农产业之间流动，也由此促进了逆城镇化与城镇化的协调。

第三，新型城乡关系的强化延伸了城乡产业链。以工促农在产业链方面表现为工业通过产业链延伸促进农业产业化和专业化。工业企业为了获得稳定的农业原料，选择自己开办农场或者与现有农场结合成工商综合体。由此，农业成为工业产业链的一个环节，原本分散的农业被统合到产业经营体制中，农业生产获得了先进的技术、高效的管理、持续的产品需求，农业的产业化水平大大提高。同时，伴随城镇化进程，城市人口大量增长，由此带来了农产品及相关加工品消费需求的增长，同时市场需求的扩大也将促进农业产业内部细分，向专业化方向发展。在此过程中，工业企业利用农村土地资源优势，保证了农业原料的供给，畅通了产业链，并且工业的产业需求将更快更及时地反映到农业生产上，有利于工业发展。新型城乡关系的强化，使得工农产业链相连通，打破了城市、乡村之间工农产业的分割状态，在延伸城乡产业链的同时协调了逆城镇化与城镇化。

第三节　城乡深度融合与平等交换统一市场的建立

2019年4月，中共中央、国务院发布了《关于建立健全城乡融合发展体制机制和政策体系的意见》，该意见明确指出中国在统筹城乡融合发展方面仍然存在城乡要素流动不畅、公共资源配置不均等问题，提出要从根本上消除影响城乡融合发展的体制机制障碍，走城乡融合发展之路。城乡深度融合以城乡空间功能互补的方式，重构了城乡空间关系，是城乡融合发展的更深层次；而平等交换统一市场的建立打破了抑制要素自由流动和优化配置的壁垒，促进了城乡要素双向自由流动。二者使城乡间的空间联系和要素联系更加紧密，为逆城镇化与城镇化的协调发展提供了空间保障和要素支撑。

（一）城乡深度融合的内涵要义

城乡融合程度是衡量城镇化水平的重要标志，城镇化的发展带来了中国经济、社会、空间结构的变迁。从空间关系看，城乡深度融合就是要让城市与乡村这两个相对独立的空间实体，融合成相互影响、相互渗透的地域共同体，使城乡空间关系更合理、空间联系更紧密。[①] 城市和乡村在生产、生活及生态等多方面的差异，构成了城乡深度融合的基础，在空间层面上将城乡各功能进行叠加和重构，有利于要素自由流动、资源优化配

① 刘彦随：《中国新时代城乡融合与乡村振兴》，《地理学报》2018年第4期。

置，形成平等交换的统一市场。[①] 一方面，城市因具有资本、产业发展、公共服务等资源聚集优势，成为给乡村发展供给产品和服务的主体；另一方面，农村在自然风光、自然资源和乡村文化特色方面，既能为农业生产提供物质资料，也能通过发展休闲旅游、生态养老、工艺传承等新产业推动城乡融合。

然而，城乡空间布局的失衡阻碍了城乡深度融合。城乡空间因为资源禀赋的异质性，表现出不同的分工和功能承担。城市空间在辐射带动农村发展的同时，也可能由于城乡不对等的关系对农村造成负面影响，使得城乡空间布局的失衡。在城镇化过程中，城市一直被当作城乡发展的主体，而把农村放在辅助城市的定位上，因此农村在更多的时候成了为城市发展提供助力的空间。农村的丰富土地、劳动力、自然资源等，在城乡不对等的关系中，以低廉的价格单向流入城市，城乡空间关系成为生产者和供应商的简单分工关系。这不仅没有消解城乡二元结构，反而使得城市发展成果更少惠及农村人口。同时，农村对城市的资源提供本身是有代价的，加之缺乏对城乡生产、生活、生态空间的全局统筹，农村在一定程度上沦为了城镇化发展的“牺牲品”。矿产资源的开采冶炼所产生的有害物质会破坏农村环境，水力资源的运用由于水库蓄洪泄洪会打破附近甚至河流沿岸的生态平衡，农村原有的农业生产活动也会受到影响。城乡之间在资源流动和分配的过程中，偏向城市主体的模式不利于城乡空间的平衡布局，阻碍了城乡深度融合。

城乡空间功能互补是实现城乡深度融合的重要方面。从理论上来看，判断城乡融合发展水平的一个依据是城乡空间功能发挥的完备性和有效性，城市和农村功能叠加互动的好坏是评估城乡空间融合程度的关键标准。中国城乡二元结构的长期存在反映出人们对城乡功能的互补性认识不足。一方面，以土地城镇化为中心的发展方式，忽视了对农村空间功能的保护。过快的土地城镇化挤压了农村的生产、生活、生态空间，影响了农

① 卓玛草：《新时代乡村振兴与新型城镇化融合发展的理论依据与实现路径》，《经济学家》2019 年第 1 期。

村多种功能的保存和延续，动摇了城乡融合的空间基础。[①] 另一方面，由于环境污染、药物滥用等原因，中国农产品质量还有很大提升空间，不能有效向人们供给绿色健康的农产品。受产业发展影响，中国农业生产成本持续提升，相较于质优价廉的外国农产品，竞争力减弱。因此，城市对国内农产品的选择意愿下降，农民收入的增长受阻；同时，农村市场需求的不足降低了对城市产品的消耗能力，以至于难以构建城乡互补互促的空间格局。[②]

城乡深度融合的实现，关键是实现城乡空间功能互补。第一，科学的城乡空间规划十分重要。城乡融合需要遵循城乡空间发展规律，城乡空间规划要统筹兼顾对生态环境的保护，对生态脆弱地区资源的开采利用要尽量避免产生不良生态影响。城乡空间产业布局规划，要善于挖掘城乡发展优势，与经济环境协同，科学配套相关基础设施，促进城乡空间均衡提升各方面的效益。[③] 第二，定位城乡互补功能区势在必行。城乡深度融合需要城乡双向协同推进，城乡空间功能互补是在城市和乡村各自功能强化的基础上的互惠共荣。一方面，通过提升城市功能品质，发挥城市对乡村的带动作用。经济上需要建立完整开放的产业体系，保障城市发展对经济的贡献；公共基础设施建设上要完备功能，构建城市交通联运网，增强对周边地区的联动辐射；空间布局上要合理进行功能分区，保障工作生活空间相互独立却又不割裂，使消费、学习、娱乐等需求得到较为便利的满足；城市环境上要倡导绿色环保生活，改善城市卫生状况和提升生态质量，打造宜居城市环境。另一方面，增强和扩大农业的功能是中心任务，使其更好地为城市发展发挥补充作用。要推动农业供给侧结构性改革，改善农村现代生活条件，扩大种植规模，规范农业生产，强化农产品认证，发展无公害、绿色和有机农产品。要充分挖掘农村生态、文化、社会等特色资

① 段龙龙：《新型城镇化与乡村振兴协同发展路径：逆城镇化视角》，《现代经济探讨》2021年第5期。

② 许彩玲、李建建：《城乡融合发展的科学内涵与实现路径——基于马克思主义城乡关系理论的思考》，《经济学家》2019年第1期。

③ 李宁：《城乡融合发展驱动共同富裕的内在机理与实现路径》，《农林经济管理学报》2022年第4期。

源，深入挖掘休闲旅游、养老健康、教育文化等非农业功能，积极探索新技术、新产业、新模式在农村的应用，为农村建设注入新的动力。通过对农村环境的综合整治，水土环境和人居环境得到优化，实现了乡村生态的修复。

（二）平等交换统一市场建立的必然性

众所周知，农村生产经营具有自给自足的特点，能够直接生产生活资料，而城市更加依靠市场交换，城市的“市”强调的是市场经济活动。从这个特点出发，城镇化和逆城镇化的协调应当发挥市场机制的作用，建立城乡之间的平等交换统一市场。

平等交换统一市场的建立是发挥市场决定作用的基础，是城乡融合发展的重要安排。其合理性在于以下几方面。第一，农村市场规模扩大，但市场建设滞后。中国的绝对贫困人口在完成脱贫这一目标之后，实现了全面的小康，同时也将使中国的居民消费能力和消费水平得到极大的提高，从而成为一个具有巨大潜力的大型市场。根据商务部统计，2021 年乡镇和村两级消费市场占全国总体消费市场的 38%。20 世纪 90 年代以后，中国农村市场逐步形成了覆盖城乡的格局，农村市场的交易规模也在逐步扩大，但是农村要素市场和资本市场建设相对滞后。[①] 没有城乡一体化的市场，就很难形成要素的有效流动，也就不能实现城乡要素的公平交换与优化配置。第二，城乡双向流动的格局尚未充分形成，要素市场交换存在不对等问题。由于农村经济发展水平有限，资金、土地、人才、技术、数据等一系列要素的自由、平等流动很困难，存在巨大的风险和不确定因素，且缺少政策兜底和制度保障，城市要素入乡积极性不高。具体到各要素上：中国城乡土地所有权存在差异，统一的土地交易市场尚未建立，限制了农村土地的自由流动，同时城市土地价格持续上涨，城乡土地增值收益差异较大；劳动力流动障碍减少，但居民在城乡之间自由流动的顾虑较多，与城市工人相比，农村居民的工资与社会保险水平较低；城乡金融制

① 涂圣伟：《城乡融合发展的战略导向与实现路径》，《宏观经济研究》2020 年第 4 期。

度构建存在显著差异，资本涌入城市的规模远远高于农村，资本下乡的不确定性大。城乡之间的要素流动不均衡，使得农村的优势资源被转移到了城市，而城市利用新的“剪刀差”剥夺了农民的经济利益，导致农村经济发展的滞后。

建立平等交换统一市场，关键在于破除抑制要素自由流动的壁垒。衡量平等交换统一市场建立与否取决于要素能否自由进入市场、市场价格是否公平、收益分配是否合理。要素要想顺利自由进入市场，离不开完善的市场体系和明晰的产权制度。在重视土地城镇化的情况下，土地要素参与产业转移承接，带动了就业率提升和公共设施建设，因此还要考虑将土地要素的附加功能进行置换，让要素无后顾之忧地进入市场展开交换。同时，市场公平价格的形成与市场功能息息相关。由于政府对生产要素的交易对象和范围进行了过多的限制，要素在市场上难以形成公平的价格，从而使要素的价值无法完全发挥出来。在城乡要素偏向市场流动的情况下，要吸引城市要素下乡，就要依靠政府的帮助健全农村市场功能，形成政策激励和制度兜底保障，让要素下乡有利可图、减少顾虑。此外，要素收益的合理分配，与城乡利益关系直接相关。合理的收益分配制度，有利于打破城乡利益固化的藩篱，重构城乡利益关系，以公平合理的收益分配逆向促进社会市场平等交换。平等交换统一市场的建立，需要促进要素的双向流动，即劳动力、土地要素由乡到城，资本、技术、人才由城到乡。具体可以从土地、劳动力、资本三个要素展开。

第一，土地配置是基础。城乡二元土地制度是城乡要素流动受阻的症结所在。土地是农民生产生活、获益增收的载体，是农村发展的核心要素。农村土地进入市场交换，与其他生产要素相结合，才能实现土地要素的价值叠加。其中，最主要的就是土地为承接逆城镇化的产业转移提供了空间，在实现城乡产业融合的同时，也增加了就业岗位，为农村剩余劳动力提供了获得劳动报酬的机会，进一步促进了农民就地就近城镇化。推进土地配置制度改革，一是要落实土地承包经营权登记制度，保证土地承包经营权市场交换的安全；二是要统一城乡建设用地市场，实现农村集体经营性建设用地与国有土地同权，使城乡建设用地的市场竞争力相对平等；

三是要深化宅基地“三权分置”改革，充分利用闲置土地；四是要健全土地流转制度，提高农村土地价值，为农业规模化经营创造条件。[①]

第二，劳动力流动的激励机制是核心。逆城镇化的进程缓解了人口城镇化滞后于土地城镇化的状况，人口城镇化直接表现为劳动力的流动与定居。在城镇化达到一定水平后，劳动力的流动不再是单向的由乡入城，而是农民工市民化、农民工返乡和人才下乡的双向流动，打造劳动力流动的激励机制，有利于为逆城镇化与城镇化的协调发展提供人口动力。构建劳动力流动的激励机制，一是继续推进户籍制度改革，减少农民工在城市落户的户籍约束；鼓励农民工在中小城市落户，降低市民化成本；健全收入分配公平制度，保障城乡居民同工同酬，缩小城乡居民收入差距。二是引导人才下乡发展，通过薪资待遇、晋升渠道等激励城市科教文卫等人才投身乡村建设，为乡村经济、社会、文化、生态功能的拓展与强化贡献专业力量。三是促进返乡农民工创业就业，加大政策扶持力度，给予创业优惠政策，鼓励返乡人员依托乡村特色发展新产业；打造良好就业环境，提供就业指导与培训，使返乡农民工尽快融入农村发展。

第三，资本回流的引导机制是关键。城乡发展中资本要素解决的是钱的问题，然而，由于城乡资本要素投入回报差异，农村资本市场长期处于入不敷出的困境。建立平等交换统一市场要求资本要素实现平等流动，引导资本回流到乡村，用以盘活农村农业资源，从而促进农村经济发展，推动逆城镇化与城镇化的协调发展。制定资本回流的引导机制，应当利用好市场经济进行金融创新，拓宽资金来源，鼓励和支持金融机构提高对农村地区信贷投放的比例和扩大其规模，规范金融机构的激励机制，推进城乡金融市场一体化建设。[②] 加大财政资金引导力度，在宏观统筹城乡一体化发展战略框架下，发挥财政运作机制的导向功能，有意识地以财政资金参与，激发社会资本进入乡村，形成促进农村发展的资本长效支持机制。同时工商资本必须注重风险，重点考虑让工商资本参与农业生产、农村新产

---

① 陈丹、张越：《乡村振兴战略下城乡融合的逻辑、关键与路径》，《宏观经济管理》2019年第1期。

② 陈昕昕：《农村内生发展动力与城乡融合发展》，《农业经济》2018年第12期。

业，完善农业发展的配套设施，并在有效监管的基础上开展农业现代化项目，促进农业进入产业链，形成农村产业融合发展。

第四节 扎实推进城乡居民共同富裕的政策激励

共同富裕是中国式现代化的本质要求之一，旨在解决中国新发展阶段面临的社会主要矛盾，缩小城乡、区域、收入分配差距。促进城乡居民共同富裕是实现中国逆城镇化与城镇化协调发展的必经之路，是从人民角度应对新的条件下中国城镇化发展面临的问题和挑战。扎实推进城乡居民共同富裕的政策激励，缩小城乡居民的差距，实现发展成果在城乡居民之间共享，是逆城镇化与城镇化协调发展的动力源泉。促进逆城镇化与城镇化协调发展是一个长期过程。在中国已经迈向“共同富裕”新征程的同时，部分区域仍存在发展“不平衡、不充分”的情况，在城镇化进程中表现为城乡居民之间的差距。在推进逆城镇化与城镇化协调发展的过程中，面临的问题和挑战也构成促进逆城镇化与城镇化协调发展的起始条件，而理性地认清这些现实问题，扎实推进相关政策激励，对于实现逆城镇化与城镇化协调发展的目标具有重要意义。

（一）城乡居民收入分配结构与推进共同富裕的必然性

基于发展经济学理论，城乡之间的差距最根本最本质地表现为城乡居民的收入差距。随着乡村振兴战略和城镇化进程的不断推进，城乡居民的收入差距持续缩小，城市居民与农村居民人均可支配收入比从 2011 年的 3.13∶1 稳步下降到 2021 年的 2.5∶1（见图 4-3），全国基尼系数从 2011 年的 0.48 下降至 2021 年的 0.47，城市居民和农村居民恩格尔系数分别从 2000 年的 38.6%、48.3% 下降至 2021 年的 28.6%、32.7%。同时，自 2017 年起农村居民的人均可支配收入每年增加超过千元，2021 年比上一年更是增加了 1799.4 元。从增速看，城乡居民人均可支配收入增速与 GDP 增速大体呈现出放缓趋势，农村居民人均可支配收入增速长期保持“两个高于”，即高于 GDP 增速和城镇居民人均可支配收入增速。这表明一系列的乡村振兴惠民政策取得了实际成果。

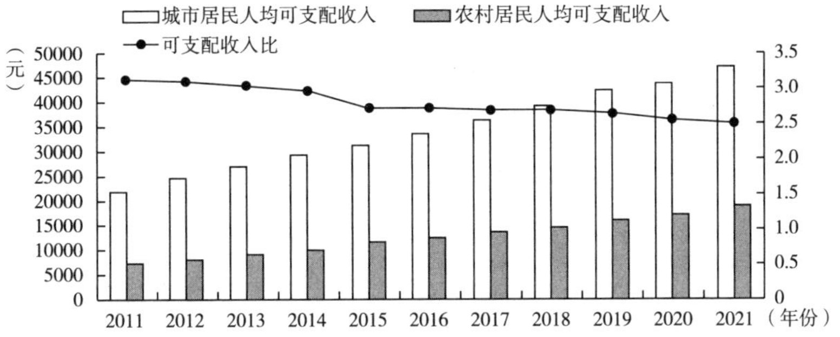

图 4-3　2011~2021 年城乡居民收入水平及变动情况

资料来源：根据《中国统计年鉴》相关年份数据计算和整理而得。

然而，从绝对差距看，城乡居民的收入差距绝对值仍然很大。数据显示：2021 年，城市、农村居民的人均可支配收入分别为 47411.9 元、18930.9 元，二者之间的绝对差距达到 28481 元。从收入结构看，城乡居民人均可支配收入中工资性收入贡献最大。2021 年城乡居民工资性收入占可支配收入的比重分别为 60.1%、42%，二者比重差异主要在于城乡居民收入渠道的不同；农村居民工资性收入与城市居民差距过大，2021 年农村居民工资性收入为 7958.1 元，与城市居民的 28480.8 元相差超两万元。对于农村居民来说，农业经营的增收功能较小，农民收入来源以就近或外出打工为主。从 2012~2021 年，相较于城市居民工资性收入占可支配收入的比重下降了 3.1%，农村居民工资性收入占可支配收入的比重反而由 37.2%增至 42%，增加了 4.8 个百分点，农村居民就近或外出务工的情况更为明显。

实践中，城乡居民的收入差距是阻碍中国逆城镇化与城镇化协调发展的关键因素之一。城市以更高的收入水平吸引着农村人口离乡务工获取更高的劳动报酬，这也是农村人口向城市聚集的其中一个动因。然而，随着逆城镇化的发展，人口逆向流动到城郊的小城镇和乡村，而城乡收入的巨大差距可能会使城市人口不愿意随产业、工作转移，导致逆城镇化与城镇化不匹配。因此，构建收入分配公平制度，不断调节城乡居民收入，有利于逆城镇化与城镇化的协调发展。

正如习近平总书记在党的二十大报告中强调的："分配制度是促进共同富裕的基础性制度。"① 实现共同富裕，最基本的目标是实现城乡人民共享社会经济发展的成果，而城乡收入分配的公平是实现这一目标的关键所在。是故，在目标上一是要拓展农民增收渠道，通过新增农村产业发展就业岗位，使更多的农村剩余劳动力在当地就近就业，通过产业发展还扩大了市场主体对农村土地的需求，农民通过土地要素参与产业生产经营，可以获得分红、租金等收益，增加自身财产性收入。二是要鼓励农村居民依靠乡村特色产业，发展工艺制作、旅游休闲等项目，这有利于增加农民收入。三是要保证逆城镇化中居民的工资收入。城市经济建设方式决定了工资是城市居民的主要收入来源。随着逆城镇化过程中的产业转移，相关人员随产业回流到城郊、乡村，这就需要保证他们的工资收入水平不会有较大的下降。特别是与农业生产活动脱离的人员，与原本的农村居民相比他们没有农业经营收入，工资性收入对他们的重要性更为明显。

从时代逻辑上看，新时代推进共同富裕有其历史必然性。这种必然性表现在，第一，共同富裕是继承和发展新中国成立以来社会主义建设实践经验的应有之义。中国共产党在新中国成立之初，就提出了社会主义建设总路线，实行"一化三改造"、按劳分配，为新时代实现共同富裕创造了一个重要的制度条件。邓小平明确指出了共同富裕是社会主义的本质，并提出先富带动后富，最终达到共同富裕的具体路径和方法。自改革开放以来，中国在经济、科技、医疗、文化、教育、对外交往等领域，以及促进某些地区和人民的率先致富方面，取得了举世瞩目的成绩，为新时代的共同富裕打下了坚实的物质基础。党的十八大以来，党中央深入贯彻以人民为中心的发展思想，强调消除贫困、改善民生、逐步实现共同富裕是我们党的重大历史任务。新时代的共同富裕，是对中国过去的社会主义建设理论和实践经验的总结、继承、创新和发展。第二，共同富裕是应对中国发

---

① 习近平：《高举中国特色社会主义伟大旗帜 为全面建设社会主义现代化国家而团结奋斗——在中国共产党第二十次全国代表大会上的报告》，人民出版社，2022，第46~47页。

展不平衡问题的方案选择。改革开放40多年来，中国的经济发展迅速，人民的生活质量得到了显著提高，但发展不平衡的问题仍然没有得到很好的解决。发展不平衡，表现在许多方面，包括收入差距过大和收入分配不合理、区域发展不均、城乡发展不平衡、基本公共服务均等化程度不高等。这些问题严重制约了中国的经济和社会发展，需要我们在实现共同富裕的进程中逐步解决。以收入分配为例，居民收入增速较慢和收入分配差距较大导致消费需求不足，使得国内大循环受阻。第三，共同富裕是社会主义市场经济条件下实现效率与公平、增长与共享的应然要求。共同富裕体现了社会主义市场经济的包容性和韧性，促进了公平与效率、增长与共享之间的均衡。受资本主义基本矛盾的制约，资本主义市场经济中财富积累和贫困积累并存，即使通过政府的宏观调控，也很难解决效率与公平的冲突问题。中国的共同富裕进程，是在社会主义市场经济中实现效率和公平的辩证统一，这超越了资本主义市场经济的局限。中国的市场经济基于中国特色社会主义所有制和分配制度，将有效市场和有为政府结合起来，既体现效率又促进公平，在经济增长的过程中让全体人民共享发展成果。

（二）基本公共服务均等化促进城乡共同富裕

获得基本公共服务是实现共同富裕过程中公民的发展权和生存权的体现，是实现共同富裕的必然要求。21世纪以来，中国的基本公共服务供给能力已经有了一定提升，但从共同富裕的视角来看，离基本公共服务均等化建设目标还存在较大差距，尤其是在城乡基本公共服务水平方面，城乡基本公共服务的差距更多表现为种类和质量上的差距。[①] 具体可以从以下领域分析。

首先，在公共就业服务领域，由于城乡劳动力、人才市场分割，城乡之间在就业服务的投入、能力方面存在明显差异。相较而言，农村的就业服务供给较少，专业化程度不高，缺乏就业服务有效性的评估机制，监管与激励制度不完善。

---

① 李实：《共同富裕的目标和实现路径选择》，《经济研究》2021年第11期。

其次，在基础教育领域，城乡教育资源分布不均导致城乡之间学生受教育机会的不平等。从教育经费支出看，2020 年农村小学、初中生均一般公共预算教育事业费支出分别为 11178.71 元、15112.10 元，较 2012 年增长了 85.77%、91.13%，而对应指标的全国平均增速分别是 90.15%、104.42%，这反映出农村义务教育经费投入增速低于全国平均水平。[①] 从师资配置看，随着农村人口向城市流动，农村学龄儿童数量下降，农村师资配置不稳定，农村中小学学生享受到的教师资源仍远低于城市，乡村小学师班比只有 1.88∶1，低于全国平均水平的 2.02∶1，乡村小学专任教师配置明显不足；而乡村初中师班比虽高于全国，但又存在相对超员情况。农村义务教育办学条件明显改善，但城乡差距总体依然较大。

再次，在社会保障与养老领域，存在巨大的城乡差别。农村地区的弱势群体、老人群体在获得社会救济、综合服务等方面相对滞后。近年来，中国农村最低生活保障水平不断提高，人均可领取的最低生活保障费从 2020 年的 5842 元提高到 2022 年的 6848 元，但距离城镇最低生活保障费还有 2104 元的绝对差距。乡村相对弱势群体和老年人群体享受到的社会救助和综合服务落后于城市。养老服务发展滞后于人口老龄化，农村地区供给严重不足。截至 2021 年底，全国共有社区综合服务设施（其中包括全托服务养老、日间照料养老、互助养老）56.7 万个，城市社区该设施覆盖率达 100%，而农村该指标仅为 79.5%。[②]

最后，在基本医疗卫生领域，城乡之间医疗卫生服务供给的差异仍比较突出。长期以来中国城市卫生费用投入和支出都远远超过农村。2016 年城、乡人均卫生费用分别为 4471.5 元、1846.1 元，城市居民人均卫生费用是乡村居民的 2.42 倍。[③] 医疗卫生资源配置差异加剧了城乡医疗卫生服务不均等。2021 年，全国城、乡每千人拥有卫生技术人员数分别为 9.87 人、6.27 人，城市是农村的 1.57 倍；城、乡每千人口医疗机构床位数分

① 邬志辉、秦玉友等：《中国农村教育发展报告 2020—2022》，科学出版社，2022。

② 《2021 年民政事业发展统计公报》，https://www.mca.gov.cn/images3/www2017/file/202208/2021mzsyfztjgb.pdf。

③ 《2022 年中国卫生健康统计年鉴》，中国协和医科大学出版社，2022。

别为7.47张、6.01张，城市是农村的1.24倍（见表4-3）。[①] 相较于2017年，城乡卫生技术人员和医疗机构床位配置差距缩小，但乡村医疗卫生资源仍低于全国总体水平。

表4-3 城乡医疗卫生资源配置情况（2017年和2021年）

	每千人口卫生技术人员（人）		每千人口医疗卫生机构床位（张）	
	2017年	2021年	2017年	2021年
总体	6.47	7.97	5.72	6.70
城市	10.87	9.87	8.75	7.47
乡村	4.28	6.27	4.19	6.01
比值	2.54	1.57	2.09	1.24

资料来源：《中国统计年鉴—2022》。

从理论上说，基本公共服务均等化是逆城镇化与城镇化协调发展的重要动力之一。城镇化的关键是解决好人的问题，解决好民生问题。基本公共服务作为满足人民日益增长美好生活需要的必然要素，可以通过保障生活需要、改善生活条件、提高生活质量等方式推动城镇化。基本公共服务均等化是解决收入分配不公、实现社会公平的一种再分配方式。推进基本公共服务均等化，加强农村基本公共服务建设，有利于推动基本公共服务普惠共享，保障城乡居民获得基本公共服务的机会均等与内容平等。在基本公共服务均等化的过程中，医疗、教育、养老等公共服务的经费投入和设施建设，也引导了相关的人才、技术、资金等要素流动，推进了逆城镇化的发展。同时，均等化将城乡基本公共服务的空间布局统一起来，连接了城市与农村基本公共服务之间的“断点”，使城乡公共服务的一体化发展更加顺畅，促进了逆城镇化与城镇化的协调发展。

扎实推进城乡基本公共服务均等化，需要围绕各领域提供政策激励。围绕公共就业服务领域，要完善农村就业服务供给，提升就业服务专业化程度和评估监管效果；围绕基础教育领域，要加强农村地区教育经费保

① 《中国统计年鉴—2022》，https://www.stats.gov.cn/sj/ndsj/2022/indexch.htm? eqid=aacc28ae0002b56900000006643e5f6c。

障，支持优质农村教师队伍的建设，加快补齐农村教学在资源、硬件方面的短板，特别是数字化教育时代要扩大教育信息资源的覆盖面，完善进城务工人员随迁子女在城市接受平等教育的政策措施，推动城乡教育的一体化发展[①]；围绕社会保障与养老领域，要提高农村居民的低保标准，做好城乡居民的住房保障，增加农村养老设施供给，提升养老服务人才队伍的专业能力和服务水平，构建城乡一体的多层次养老体系；围绕基本医疗卫生领域，要加大农村地区的医疗卫生硬件、软件的资源投入力度，通过薪资待遇、上升通道等形式鼓励相关人才前往农村地区提供医疗服务，适当提高城乡居民基本医疗保险的补助比例。

（三）精神文化建设促进城乡共同富裕

在推进城乡居民共同富裕过程中，精神文化建设也是不可缺少的一环。从共同富裕的内涵看，共同富裕不仅是人民群众物质层面的富裕，而且还包括精神生活的富裕，只有将物质文明建设与精神文化建设结合起来，才能实现人的全面发展。

在城镇化和逆城镇化的协同发展过程中，自然而然会出现城乡居民文化交流融合的变迁。城镇化和逆城镇化进程中出现的新的居民聚集区、农民新村，不仅成为城乡居民的生活区域，也构成了公共文化空间。城乡文化碰撞交流、融合发展，有利于在精神文化层面促进城镇化和逆城镇化的协调发展。长久以来，文化资源存在城乡配置不平衡的问题，农村文化队伍与设施相对不足，城乡文化服务一体化建设不足、资源共享度不高，导致农村的精神文化建设远远落后于城市。如乡村数字图书馆、乡村远程教育中心、乡村网络服务中心、乡村旅游网上展馆、乡村文化网上展馆等基层公共文化网络基础设施建设不足；文化产业发展配套政策、民俗文化产业和乡村文化产业精品工程严重不足；农村文化市场规模小、规范化经营户少，农村文化市场经营欠规范问题突出。近年来，为了解决长期出现的城乡精神文化建设不均衡矛盾，中国加大了农村精神文化建设的投入力

① 张来明、李建伟：《促进共同富裕的内涵、战略目标与政策措施》，《改革》2021 年第 9 期。

度，农村精神文化建设取得了长足进步。从实践上来看，第一，以村规民约树立乡村新风。截至 2020 年，全国形成村规民约的村落占比达到 96.8%，各地积极推进移风易俗，形成了一批村级“乡风文明建设”优秀典型案例，积累了丰富的经验。[①] 第二，农村文化服务人才和设施增加。截至 2021 年，全国成立了乡镇文化站 32524 个，形成了特定的文化空间，保障了农村居民的文化生活。在文化演出方面，农村居民对演出活动的兴趣提升。2021 年农村演出达到 109.8 万场次，占全国演出活动场次的 47.3%；国内演出活动中农村观众有 32769 万人次，占比为 35.3%。[②] 第三，农村互联网的发展，为城市和乡村之间的文化交流提供了便利。新媒体尤其是短视频的迅速发展，使得城乡居民的文化交流不再受制于地理空间，为城乡居民的文化交流融合提供了重要平台。

① 《农业农村部办公厅关于推介首批全国村级“乡风文明建设”优秀典型案例的通知》，农业农村部网站，2020 年 6 月 8 日，http：//www.moa.gov.cn/nybgb/2020/202005/202006/t20200608_6346047.htm。

② 《中国统计年鉴—2022》，https：//www.stats.gov.cn/sj/ndsj/2022/indexch.htm？eqid = aacc28ae0002b56900000006643e5f6c。

第五章　中国城镇化与逆城镇化协调发展的地方探索

由前文可知，中国逆城镇化现象已经在“十三五”时期呈现出局部、零散性特征，且在“十四五”时期更加明显，而分析逆城镇化的本质及其演化规律，无疑对新型城镇化高质量发展和乡村振兴均有良好的推动作用。一些地区超前看到了逆城镇化在上述两个领域的积极影响，围绕新时期扎实推进城乡深度融合的现实需要，在属地范围内开展了大胆的本土化探索和试验，形成了逆城镇化与城镇化协调互动发展的样板模式。总结这些地方的实践探索和机制创新经验，有利于在中国式现代化新征程上，更好地做好新时代农业农村工作，推动中国以城乡融合发展为目标的新型城镇化和乡村振兴协同共进，彻底打破城乡二元结构，实现农村农民共同富裕。

第一节　许昌市建安区：“一规三融合两提升”模式

河南省许昌市作为中国中部地区逆城镇化与城镇化协调发展的代表，背靠国家城乡融合发展试验区建设的政策利好，在大力推动城乡双向要素流动、探索城乡要素资源合理化配置、实现城乡体制机制一体化方面做了大胆探索。建安区作为许昌市城乡发展基础最为雄厚、前期创新改革力度最大的区县之一，在促进逆城镇化与城镇化协调发展层面探索出了“一规三融合两提升”模式，不仅很好地解决了人才—土地—资金—技术等要素返乡流动问题，也在空间、产业、公共服务和组织建设上体现出特色。

（一）以新发展理念为指引，编制全域规划

首先在国土空间规划上，建安区按照城乡融合、规划先行的思路，立足全区发展实际，对区域发展进行全面规划、系统设计，科学制定了“一心两轴三带四区五支点”总体发展布局。“一心”即以城区为中心；“两轴”即新元大道发展轴和许鄢—许禹快速通道发展轴；“三带”即东部生态旅游养生产业带、西部都市农业产业带、南部颍河湿地产业带；“四区”即新城区、老城区、东部新城、西部新城；“五支点”即五女店、张潘、灵井、桂村、陈曹新镇区五个支撑点。并在此基础上坚持以城乡融合、产城融合为导向，以推动城镇与乡村贯通为路径，编制完成了乡村振兴战略规划、村庄全域布局规划，谋划了“一心两轴两翼三带五支点+X”的城乡融合、乡村振兴发展布局。具体来看，“一心”就是做大做强中心城区；“两轴”则是依托新元大道和311国道两条主干道，打造两条生态、生产、生活“三生共美”的城乡带、景观带和产业带；“两翼”是东部高铁组团综合试验区和西部产业新城，推动东西两翼协同发展；“三带”则围绕东部生态旅游养生产业带、西部都市农业产业带和南部颍河湿地产业带，发展生态休闲、健康养生、文化娱乐、都市体验等现代都市农业；“五支点”即大力发展“两轴”沿线的五个支点镇，以点带面，促进全域发展；“X”即以38个中心村为重点，打造一批乡村振兴示范村，发挥示范引领带动作用，有序推动城乡融合、一体发展。在全域规划编制完成之后，全区不论是新型城镇化还是乡村振兴，其工作均有章可循、有据可依。

（二）探索城乡产业、功能、文化三融合路径

逆城镇化与城镇化协调发展的关键之一在于城乡产业的协同融合，建安区创新地将设施农业、绿色农业、特色农业、休闲观光农业，与城乡产业融合发展，推动农业向高质高效的现代农业转型。在具体做法上，借助本地农业发展的雄厚基础，完善农田水利设施，持续提升农业技术水平，促进农业生产向集约化、机械化、智能化转变，着力稳定粮食产能。目前

建安全区坚持高标准农田、高效节水灌溉系统和农业机械化建设，使得机耕、机耙、机播水平全部达到100%，有效提升了粮食产能，大幅度增加了群众收益，成为河南全省乃至全国现代农业发展的标杆。同时，建安区注重品牌强农，积极认证绿色产品，打造出小麦、蔬菜、花生、林果四大优质农产品种植基地，培育世纪香食用菌、质源豆制品、恒天然肉牛、农科种业等农业产业化集群，打造郁金香、河西德欣、金卡特、果牧缘等一批农业品牌，其中，世纪香食用菌产业已被认定为省级农业产业化集群，带动农户2万多户；榆林花生获得国家农业博览会金奖，“许昌腐竹”获得国家地理标志认证。另外，做强乡村特色产业。建安区强调“一村一品”发展，支持发展乡村特色产业，打造了榆林贾庄美丽梨乡、桂村王门绿色农牧、五女店老庄陈葫芦文化、灵井霍庄社火传承、苏桥丈地清真饮食等40个“一村一品”专业村，“建安草莓”“建安芦笋”“建安灵芝菇”等新入选为全国名特优新农产品；灵井镇霍庄村入选全国乡村特色产业十亿镇亿元村名单。最后，积极探索三产融合发展。建安区在全国首创提出“社区工厂+现代农场”产业振兴模式，即在村内大力培育一二三产业融合项目，积极发展休闲观光、康养旅游等都市生态农业，并制定出台相关政策，对现代农场进行星级管理，按照星级标准给予奖励支持，鼓励现代农场加快发展壮大，拉动农业规模化、组织化、产业化、集约化水平大幅提升。在村外，鼓励龙头企业下沉到乡村开办社区工厂，推动城市产业向农村下沉，方便不能出远门的群众在家门口就业，促其持续增收。

此外，建安区还以乡村建设行动、农村人居环境整治为抓手，探索城乡功能融合新路径，通过加强基础设施建设，美化亮化乡村环境，融入现代元素、彰显特色风貌、完善服务功能，实现了城乡功能融合。大力推动农村向宜居宜业的美丽乡村转型。在具体做法上，建安区提出“城镇和乡村有机整体观”，持续加大投入力度，突出林水生态特色，完善提升基础设施，改善农村人居环境。首先，应强化环境整治。坚持开展农村人居环境综合整治、“清脏治乱拆违增绿”集中攻坚，以农村生活垃圾处理、污水治理、户厕改造、村容村貌提升为主攻方向，全域实现垃圾处理市场化、户厕改造应改尽改，全区所有镇村达到了“三无一规范一眼净”标准，荣获河南省农村人居环境整治先进区、农村生活垃圾分类和资源化利用示范区、“四美乡村”建设示范区。其次，厚植林水生态，大力实施“绿满建安”行动，扎实推进城郊森林体系建设，搞好北部林海与西北林海连通工程、万亩精品林海建设；积极做好农村道路、镇村绿化工作，推进果树进村、青藤上房。再次，全面提升基础设施。借助全域纳入文明城市创建契机，加快推动乡村基础设施提档升级，实现城乡基础设施统一规划、统一建设、统一管护。同时，构建了以新城区为中心、以乡镇为节点、以建制村为末梢的三级城乡公交客运网络，全区383个行政村（社区）实现公交全覆盖。最后，探索服务功能创新。在教育、医疗、养老方面持续发力，积极推进覆盖全民、普惠共享、城乡一体的基本公共服务体系。目前，全区已超额完成各项教育指标，正在积极实施农村中小学布局新一轮调整，不断优化配置教育资源；改善了基层医疗卫生条件，完善了基层卫生机构功能，推进城乡医疗资源共享；探索建立城乡统一的居民养老保险制度，“新农保”和“城居保”两项制度实现合并，全区综合养老服务中心实现全覆盖。

另外，结合本土化优势，建安区尝试探索了文创产业融合路径，推进文化振兴新模式形成。如尝试开展乡风文明行动，充分发挥区、乡、村三级文化阵地作用，开展“文明风尚、文明创建、文化惠民、道德典型、移风易俗”活动。同步打造文化精品，丰富群众生活。搭建“北海大舞台”“灯节民俗文化活动展演”“三国文化旅游节”“民间戏曲展演”“广场舞大赛”“杜寨书会——北海分场”等平台，打造文化精品，激发文化发展活力。开展了“书香建安”阅读推广、文艺巡演和送戏下乡等文化惠民活动，持续开展农村数字公益电影放映，群众文化活动丰富多彩。依托文化特色优势，推动文旅融合。以三国文化为依托，打造东部线路；以红色文化为脉络，打造西部线路；以孝善养生文化为主题，打造南部线路；以北海风景为特色，打造北部线路，设计“正月十三杜寨书会”“铜器舞春耕文化节”等16个年度节庆活动，以点连线、以线织面、辐射全域，串起了一批集休闲娱乐、度假养生、文化体验、农事体验等功能于一体的乡村文化旅游项目，拉动文旅产业发展，激发文化发展活力。

（三）建强乡土人才和基层组织两支队伍

在人才和组织方面，建安区进行了两点创新探索。

一是创新性探索了乡土人才培育路径。首先，实施本土化“三力工程”，即“大力制定政策、大力引进乡村创新创业人才（团队）项目、大力出台乡村人才振兴五年行动计划”。依托“许昌英才计划”“建安人才四大工程”，围绕乡村特色产业发展，积极引进农业方面带技术、带项目的创新创业人才（团队）。其次，开展创业孵化示范基地、农民工返乡创业示范园区等平台创建及树立创业典型活动，引导更多返乡农民工和返乡大学生创业，实现“大众创业，万众创新”。积极引导青年人才返乡创业创新并参加返乡创业大赛活动，创新机制，选派机关年轻干部到基层挂职锻炼。组建农村社区党委，先后从区直单位和乡镇选派有能力、干劲足的优秀干部，担任农村社区党委书记、副书记，通过组织联建、治理联抓、产业联兴、人才联育、文化联创，推动干部往基层流动、资源向基层下沉、力量在基层凝聚。再次，实施“红色头雁”和乡土人才培育壮大工程，特别提拔重用懂农业、爱农村、在基层工作中成绩突出的干部，大力选育培养村级后备干部；出台吸引乡贤、成功人士回乡创业办法，培养新型职业农民、农业经营主体带头人，依托返乡农民工创办企业及个体工商户带动就业。最后，依托区委党校和杨水才农业技术学校，与河南农业大学许昌校区合作，编制培训教材，加强乡村干部、基层实用人才培训，通过实施“公司+农民合作社+基地+（大学生、返乡农民工、职业农民等）创新创业主体”的模式，开展免费培训、观摩实习、帮扶指导、跟踪服务活动，引导农民自主创业。另外，建安区还探索出了教育培训、评价管理、政策支持、跟踪服务“四位一体”培育制度。

二是创新性探索壮大基层组织队伍模式，如探索推行“一编三定”“党建+”行动。具体来看，所谓“一编”即编员进组，就是把相同岗位的党员编成一个组，选出一名组长，由一名“两委”干部进行分包，指导和带领该组党员开展工作、发挥作用。而“三定”即定岗位、定责任、定奖惩。对农村无职党员实施“一编三定”能充分发挥基层党组织政治引领功能和党员先锋模范作用。同时，建安区以 38 个中心村和 13 个镇区为支撑，建立农村社区党委，从区直单位和乡镇选派有能力、干劲足的优秀干部担任农村社区党委书记、副书记，促进区直部门和镇村干部在知识、能力、经验等方面合理搭配、优势互补，确保逆城镇化资源入乡后“一线作战部”结构更优、功能更强。

第二节　青岛市莱西市：“一统领三融合”模式

与中部地区不同，处于东部地区的青岛市莱西市在近几年的发展中积极利用逆城镇化趋势推动与城镇化协同共进发展，一方面高质量促进了城乡融合发展，另一方面也在振兴乡村的过程中促进了城镇化发展更加均衡。笔者在此将莱西经验称为“一统领三融合”模式，具体来看，莱西的主要探索和创新包括以下几个方面。

（一）探索强化农村基层党组织统领新形式

“以党支部为核心，搞好村级组织配套建设”，是“莱西经验”的最大贡献。近几年，莱西经过基层试验，让逆城镇化缓慢发展中的农村组织结构、经济结构、社会结构发生了深刻变革，农村区域内非公有制经济组织和社会组织（以下简称“两新组织”）大量涌现。莱西重点探索了农村基层党组织改革，即打破就农村抓农村、就村庄抓村庄的惯性思维，破除条块分割的体制机制障碍，坚持上下联动、条块结合，推动农村基层党建工作由单纯抓村级组织建设向全面统领区域内各类组织转变。一方面，强化区域统筹，以镇（街道）党（工）委为主导，加大统筹力度，切实把区域内人才、土地、资本、产业等各类资源要素整合起来，把区域内各类组织有机联系起来，着力解决党组织选人难、村级集体经济发展难、党员管理难等突出问题。另一方面，改进领导方式，以提升组织力为重点，突出政治功能，加强农村基层党组织对村民自治组织、村级集体经济组织、群团组织、“两新组织”等各类组织的统一领导，使农村基层党组织更好地抓党建、抓发展、抓治理、抓服务，实现农村基层党组织对乡村发展的全面领导。

（二）探索城乡产业发展融合实现共同富裕新路径

“带领群众深化农村改革，发展经济，走共同富裕的道路”，是“莱西经验”为村级组织确定的中心任务。针对城镇化快速推进，村庄空心化现象日益突出，农村劳动力不断外流和传统的小农户分散经营方式制约了农村经济持续发展的问题，莱西市认为农村基层党组织必须提高统筹资源能力，以产业为纽带、以市场需求为导向，有效整合区域内各类要素和发展资源，加快调整农村生产关系，更好地促进生产力的发展，推动农村经济由“分散经营”向“抱团发展”转变。在具体做法上，莱西市大力促进产业融合，发挥农村基层党组织统筹作用，建立土地规模化经营、村庄布局调整、土地资源整理、美丽乡村、田园综合体建设与乡村“五个振兴”统筹推进模式，促进一二三产业融合发展，培育乡村发展新动能，激活农村发展的“一池春水”。同时千方百计提高组织化程度，探索在市、镇（街道）成立农业平台公司，推广“党组织+公司+合作社+村集体+农户”等土地运营模式，引导农村土地经营权有序流转，发展土地适度规模经营，通过党组织把村集体与农户利益有效联结起来，把农民群众有力组织起来。发展壮大村级集体经济，推进农村集体产权制度改革，健全村级集体经济组织，深化选派乡村振兴工作队和第一书记工作，推动农村基层党组织领办合作社、行业协会、合作社联合社等新型经营主体，每年培育一批集体经济发展示范点、样板区，增强村级集体经济实力。开展“企业家乡村行”活动，推动资金、项目、人才向农村有序流动。

（三）创新乡村治理融合模式

“以村民自治为基础，搞好民主政治配套建设”，是“莱西经验”的重要创新。进入新时代，农村不同群体的价值观念和利益诉求日益多元，加之逆城镇化驱动新群体形成，单纯依靠村民自治，已经难以适应乡村治理的现实需要。农村基层党组织必须强化政治引领、组织引领、机制引领，有效整合各方治理力量，健全党组织领导的自治法治德治相结合的乡村治理体系，形成乡村治理共同体，提升乡村治理体系和治理能力现代化水平，推动乡村治理由“村民自治”为主向“多元共治”转变。完善党组织领导的自治机制，把加强党的领导有关要求写入村民自治组织、村级集体经济组织等相关组织章程，厘清政府管理权和村民自治权的边界，实行村级重大事项决策“四议两公开”，健全基层协商民主制度，推动村民自治组织规范化制度化建设，实现自我管理、自我服务、自我教育、自我监督。完善党组织领导的法治机制，优化农村法律服务体系，健全法治教育机制，深入开展扫黑除恶专项斗争，严厉打击农村黑恶势力、宗族恶势力、宗教极端势力、“村霸”，严防其侵蚀基层干部和基层政权，坚决取缔各类非法宗教传播活动，促进农村社会公平正义。完善党组织领导的德治机制，培育和践行社会主义核心价值观，建好用好新时代文明实践中心，加强农村思想道德建设，深入开展农村群众性精神文明创建活动，大力培育文明乡风、良好家风、淳朴民风。

（四）探索城乡服务融合路径

“搞好社会化服务配套建设”，是“莱西经验”的实践探索。当前，农村各类服务资源和力量相对分散，这与农民群众日益增长的多元化服务需求不相适应。农村基层党组织必须坚持以人民为中心的发展思想，推动重心下移、力量下沉、权力下放，整合区域内各类服务资源和力量，构建“大服务”格局，推动乡村服务由“粗放供给”向“精准配置”转变。推动公共服务均等化，大力发展教育、医疗、养老、文化等农村社会事务，加快改善农村公共基础设施和基本公共服务条件，推进城乡公共服务一体化。合理有序推进集中居住，降低公共服务配套建设成本。投放农村的公共服务资源，以农村基层党组织为主渠道加以落实。支持和鼓励群团组织承接公共服务职能。推动便民服务精准化，以市为单位，建好用好镇（街道）、农村社区党群服务中心和村庄党群服务站，统一规范标识、挂牌。发挥农村社区党群服务中心的区域化服务平台作用，将适合农村社区党群服务中心和村庄党群服务站承接的服务事项全面下放，建立直办、代办和咨询事项清单，提高信息化建设和服务水平，打造一门式办理、一站式服务、线上线下相结合的党群服务平台。推动配套服务社会化，大力培育公益性、服务性、互助性农村社会组织，支持行业协会商会类农村社会组织发展，注重发展农业社会化服务，采取政府购买社会化服务等方式，补齐农村公共服务的短板，更好地满足农民群众多元化、差异化、个性化需求。

总而言之，在具体的模式和机制创新上，莱西进一步探索了如下七大机制。

一是公共资源配置机制。摸清楚底数，变“混乱”为“清晰”。实施党建统领乡村公共资源共享行动，市镇村三级同向发力，全面清理债权债务、固定资产、在建工程、账面资金等，为提高闲置资产使用效益、组建村级共富公司奠定了基础。以姜山镇为例，该镇清收债权1600余万元，化解债务1300余万元，核对长期投资、银行存款、账外账等资金1亿余元，依法依规核销名存实亡的固定资产180余万元，核查集体土地资源16余万亩。在此基础上，通过直接合并融合、折股量化融合和存量挂账融合三种融合方式，形成各村特有的收益分配系数算法，紧密联结市场、村集体和农民利益，推动村集体经济从“保底型”向“发展型”转变。

二是变“资源”为“资本”机制。村级集体资产融合工作完成后，各村通过多村联建、强村独资、村企合作等模式整合资金资源，组建共富公司，让村村能入股、村村能受益。促进强村自营，对资源优势相对明显、集体经济实力较强的村，鼓励以村集体独资形式成立共富公司。推行以强带弱，发挥经济实力较强的村的带动作用，聚合若干个实力较弱的村，共同组建共富公司。实行弱村抱团，打破以往单打独斗局面，突破村域、镇域限制，联建联营共富公司。针对收益周期较长的项目，建立期权奖励机制，把预期的增值收益转化为期权，既保障农户短期分红受益，又让农户分享更多的长期增值收益。

三是党组织统领机制，变“私企”为“共富”公司。共富公司成立初期，由村集体经济合作社全额出资，在公司章程中明确公司由村党委领导，法人代表、董事长由村党委书记、村经济合作社理事长担任，公司董事会成员全部为村“两委”成员，法人代表、董事长随村党委书记、村经济合作社理事长人员变动而变动，确保公司姓“党”的属性不变。公司运行情况每年向村党委进行专题汇报，并接受村党员议事代表的评议，确保公司事项始终由村党委把关，公司运行始终保持正确的政治方向。

四是精准化扶持机制，变“输血”为“造血”。坚持“政策+市场”双轮驱动，实施共富公司三年培育计划，在资金、土地、项目等方面给予支持。在项目资源上，重点将公共财政投入的绿化养护、河道清淤、物业管理、小微企业园建设等小型工程向公司倾斜，让共富公司获取较为稳定的保底性收益。比如，姜山镇乡村共富公司建立现代化企业管理模式，外聘职业经理人，实施经理人积分制管理和期权奖励模式，通过依法承接预算 692 万元的工程、与青岛金妈妈农业科技有限公司合作培训 6000 余名“节点工人”等方式，有效提高村集体经济收入。

五是多渠道融资机制，变“资金”为“股金”。充分吸纳社会资本，不断壮大共富公司资本量。对一般项目，约定管理权由村党组织主导，社会资本只获得分红，不参与具体经营。比如，水集街道产芝湖新村通过社会资本合作模式，流转 110 套闲置房屋、修复 60 多套农房，相继开发成特色民宿、民俗博物馆、非遗文化体验馆等景点，带动村集体增收 100 余万元。对周期长、资金投入量大的项目，管理权可由社会资本掌握，监管权由共富公司掌握，双方按照出资比例获得收益分红。此外，对长期合作的社会资本，给予期权奖励，实现长期合作共赢。截至目前，莱西市 51 宗农地入市，2243 亩农村集体经营性建设用地成功出让，村集体经济收入增加 6628 万元。

六是常态化监管机制，变“约定”为“约束”。出台莱西市村级共富公司规范管理指导意见，建立“负面清单”制度，明确不得投资经营存在安全生产隐患、环境污染、违法用地等情形的项目，不得为任何组织和个人提供担保等 8 条红线，最大限度控制经营风险。实施“双述、双审”管理办法，共富公司负责人就公司运行情况分别向镇（街）党（工）委、村民代表大会进行“双述职”，详细汇报公司运行情况和下步公司发展规划，并张榜公示，接受群众监督；将公司财务管理纳入村预决算管理，镇（街）经管站定期对共富公司进行审计，确保日常运行和财务管理上不存在漏洞。按照三年不少于1次的标准，不定期外聘第三方财务审计公司进行审计，确保村集体资产保值增值。

七是探索创新数字乡村发展机制。通过升级乡村振兴智慧云平台、供水一体化运维服务云平台、数字科技化平安云平台等大力推进数字乡村建设。面向试验区域搭建智慧农业云平台，依托莱西市数字网络，整合现有党的理论政策、党务信息公开、农业动态宣传、新闻阅读、致富经、科普讲堂、通知公示等功能，拓展智慧云喇叭、视频直播、视频监控、视频会议、远程教育等功能，推动农业农村现代化、智能化；建立全镇供水一体化运营维护管理体系，打造莱西市首家镇级“互联网+”智能化缴费管理平台，实现线上线下自助缴费服务新模式，打通农村水费收缴服务“最后一米”；依托市、镇、村三级指挥调度平台，探索“智慧城市+智慧新村+智慧网格”应用模式，构建“天上有云（云计算）、中间有网（互联网）、地下有格（网格）”的数字化社会服务信息支撑体系，推进“集中办公、集约管理、集成服务”，做到“一网通办、一网统管、一网协同”，实现互联互通，促进共同发展，真正实现以数字化赋能农村发展，打造数字乡村新路径。

第三节　成都市郫都区：“3C+ABS”共享田园模式

借助前期城乡统筹综合配套改革试验区和“三块地”改革试验经验，郫都区作为西部地区逆城镇化与乡村振兴协同发展的代表，在实践中继续探索出了“创新合作社+商管公司+集体经济组织”的“3C”运营模式，探索出以农业（Agriculture）为本、以酒店民宿旅游为商业（Business）配套、以特色产业（Special Industry）为核心的“ABS”发展路径，持续推动农村集体资产“产品化”“资本化”，带动农民共享经营性、资产性、工资性收入，培育出众多城乡融合的主体。

（一）以土地权利共享实现要素聚集

长期以来，中国农村市场化改革严重滞后于城市，城乡生产要素很难自由交换和有序流动。一方面城市生产要素难以进入农村，另一方面农村生产要素大量闲置、粗放利用，导致农村比较收益低下。“人、地、钱”不足是乡村振兴面临的普遍难题，依靠“三农”自身无法有效解决，单纯依靠工商资本存在风险，仅靠财政投入也不可持续。“共享田园”模式探索并实践了“产业共营、环境共建和利益共享”的内生动力培育模式，建立了城乡联结的平台与多方合作、共享共融的利益共同体，通过产权共享，将农民与市民两个群体、城与乡两种资源集聚融合在一起，集体、农民、城里人在这片土地上各有其权、各得其所，催生了融合效应，推动了乡村产业发展，为乡村振兴做出了有效探索。

具体地，笔者在调研郫都区棋田村时发现，棋田村为探索土地城乡权利的共享，于 2020 年分别筛选出了两期共享土地。第一期以棋田村八组冬水坝农场 160 亩农用地、曾家院子 13 亩集体建设用地和闲置农房为依托；第二期以青杠林、张家院子、杨家院子等近 40 亩宅基地和 300 余亩农用地为依托，大胆创新农用地共享实现形式。在具体做法上，通过村集体主导，棋田村以保底收入形式将村民承包农用地进行集中，再依次分割给新农人使用，如此一来农地的所有权仍然归集体，而承包权归农户，经营权则流转给新农人。新农人“认养”土地后一年四季种什么、怎么种，均按照村里产业规划和技术标准进行，村集体统一提供种苗、技术和服务，如此能迅速实现农产品生产规模化、标准化种植，让土地综合效益最大化。

除农用地外，棋田村也在一定程度上探索了集体经营性建设用地和宅基地的协调利用模式。比如，在实践中我们发现，按照大农业思路，棋田村村集体正在同步推进集体经营性建设用地入市，打造星级乡村酒店的共享空间。此外，棋田村将村里的闲置农房进行统一规划设计，改造为共享民宿，以便实现村庄土地全要素利用。而宅基地对于新村民同样采取“三权分置”方案，所有权依然归集体，资格权属于农户，使用权则与本村居民一样，可以同样流转给新村民。如此一来，房—地—院—园一体化的共享图景让所有农村闲置资源均能产生经济价值，唯一的约束则是新农人身份的获取。

（二）以“新村民”“新农人”吸引市民下乡

乡村振兴，关键在人。随着城镇化的推进，农村人才大量外流。在城乡融合的大背景下，吸引有资金、有情怀、懂管理、有技术的城里人到农村，并形成市民与农民稳定的利益联结是破解农业农村发展问题的关键所在。“共享田园”模式创造性地提出“新村民”和“新农人”概念，凡是符合相关条件的市民，就可以成为田园“新村民”“新农人”，进而获得有期限的宅基地使用权、建设用地使用权和承包地经营权，享有与原住村民一样的权利。同时，通过完善考核和退出机制确保“引进人才”质量，提高了乡村振兴人才素质；通过产业共营，确保农民就地就业，留住了本土人才。在同一片土地上，市民与村民相邻而居、共同发展，将有效推动乡村建设。

在实践中，郫都区“共享田园”模式对于“新村民”和“新农人”吸引最为成功的案例当属安龙村。在调研中发现，安龙村专门制定了引进新村民、新农人的政策，吸引大学生等新村民进入盆景生产领域，帮助设计商标、拓展线上销售渠道；通过举办盆景技术大赛、盆景技术展等活动引进新农人，发展出成熟的“产业链+新农人新村民”引才模式，极具推广价值。

在具体做法上，安龙村构建了管理人员（新乡贤）—大学生（新村民）—技术人员（新农人）的整体引人战略，在新乡贤方面，开创性设置“产业村主任”职位，招引外来管理人才负责整体产业运作。在这里，“产业村主任”是推动乡村产业振兴的荣誉性职务，目的是以企业思维来经营村庄，盘活乡村存量资源，激发已投运项目业主内生动力。将他们所在企业、团体等社会组织的资金、技术、市场等资源要素引入乡村，补齐乡村产业发展弱项短板。在吸引新村民新农人方面，安龙村一方面以独特的盆景产业吸引年轻大学生来村，通过设计商标、注册平台、建立网站、开发个性化小微盆景产品、录制视频、教授消费者如何养护盆景等方式，创造出大量职位。另一方面，借助盆景产业链，通过盆景技术比赛、盆景展示等吸引各地盆景制作匠人，逐步形成盆景制作、盆景销售、文旅一体的产业集群，不断增强对全国专业匠人的吸引力。

（三）以生产生活生态“三生同步”实践“三农”发展新模式

“共享田园”是一种集成各类资源的农村土地制度改革的综合模式。该模式一是改进了生产方式，通过规划引领、精细整治、适度集中、订单生产，促进农业规模化、标准化和集约化，实现农村一二三产业融合发展，加快了农村产业化进程。特别是郫都区依托市区农村产权交易中心平台，采取招拍挂、折价入股等方式，大力推进农村集体经营性建设用地入市，引进农商文旅综合项目，为三产融合高标准奠定基础。二是优化了生产关系，变农民与土地的单链条关系为“农民—土地—市民”双链条关系，农民变股民、农房变客房、农产品现货变期货，消费者成为投资者和共建者。三是改变了生活方式，城里人到田园体验另一种生活，农村人在田园里接触到现代生活方式，双方共建城乡融合的新型社区，有利于完善基层治理体系，提升基层治理水平。

在这里，最具代表性的就是郫都区战旗村的红色研学共享发展模式和先锋村的劳动教育共享发展模式。以上两种发展模式成功地将城镇化发展美好图景与逆城镇化动力有效衔接，实现了农村发展模式的蝶变。具体来说，战旗村利用自身旅游生态良好与红色研学背景优势，大胆开发出兼具生态、经济、文化、教育等功能的综合片区，在坚持新型集体经济发展思路下，整合集体土地资源，构建“一核”（突出战旗村核心区带动，完善红色研学载体，铸强教培核心功能，塑造红色品牌）、“五园”（以红绿交融发展为导向，建设爱国主义拓展园、红色农耕体验园、丘林康养休闲园、农创科技园、乐活宜居田园 5 个功能区）、“环带”（沿锦江绿道构筑红色研学带，串联三村构建乡村振兴示范环线）新战旗发展空间结构，以“追寻领袖足迹、讲好战旗故事”为核心，打造红色研学项目，以“生态价值转化”为探索重点，建设公园城市示范区。目前战旗村已成功打造成为传承红色文化基因、居民幸福指数有效提高的乡村振兴新样板，建成了党建馆、村史馆、天府农耕文化博物馆、郫县豆瓣博物馆、壹里老街等特色景点；成功申报“全国中小学生研学实践教育基地”和“四川省中小学生研学实践教育基地”；成功创建了4A级国家景区，农商文旅融合发展效果显著，数据显示，截至2022年，景区年接待游客达110余万人次。

与之类似，先锋村的劳动教育共享发展模式也颇有特点。在调研中我们发现，先锋村通过线上线下结合宣传，与成都周边学校达成固定合作，承办几万名学生的研学教育活动，旨在通过“农具参观”“农事体验”等活动对中小学生进行劳动教育，同时带动当地消费，拉动经济增长；在具体操作上，先锋村打造出插秧、摸鱼等大型农事比赛活动和“农夫音乐节”等大型文化活动，不仅吸引了当地村民和附近城区居民前来参加，满足村民精神需求，还吸引了城镇居民、促进了城乡融合、拉动了当地消费；此外，村中茶馆、农家乐等旅游设施日益完善，“半日游”“一日游”特色旅游路线开始具备吸引力，特别是依托当地的农耕基础塑造出的“农夫记忆”IP，已发展为体验农事活动、品味农耕文化的招牌，借助此平台，不仅能够发展乡村特色旅游与研学活动，建设集农耕文化展示、农业耕作体验、农村特色游戏休闲娱乐、农家小院养生就餐于一体的“农夫记忆”乡村特色旅游景区，还能配套建立起富有农村特色的民宿及农家乐，以此传承和弘扬农耕文化，丰富村民的文化生活，可谓一举多得。总的来说，表5-1展示了郫都区“共享田园”模式的运行机制。

表5-1　成都市郫都区“共享田园”模式运行机制

四大共享机制	“两新”目标
产权共享： 新村民可流转承包地经营权、宅基地与建设用地使用权，也可租赁农房和集体资产	新村民： 通过集体经济组织民主决策，适量引入有项目、有情怀、有能力的农村紧缺人才。新村民可租用闲置宅基地和农房，运营产业项目，目的是助力乡村产业发展、壮大集体经济实力，带动村民就业致富
产品共享： 由共享田园App按照绿色生态要求，统一提供种苗、标准和技术，完善认领种养、会员直供、体验采摘等共享模式	

续表

四大共享机制	“两新”目标
生活共享： 利用集体建设用地，打造共享民宿、共享茶坊、共享庭院、共享剧场等居住和社群空间，培育田园生活	新农人： 是指通过择优引导和培育，以适当形式到乡村体验农事、消费农产品的都市人群。新农人可在农村认种农地、以自耕自种或代耕代种等方式获得生态农产品，也可以单纯到共享田园体验和消费，引入新农人的目的是带动农产品消费，促进农闲体验观光旅游等产业发展
生态共享： 基于传统村落建设的共享社群，实现生产、生活、生态三重空间合一，将生态价值转化为经济价值	

第四节　长春市九台区：“四集四引”模式

作为东北地区逆城镇化与城镇化协同发展的少有代表，长春市九台区探索总结出了具有九台特色的“四集四引”改革模式，努力构建全新的工农互促、城乡互补、协调发展、共同繁荣的新型工农关系，具体来说其经验有以下几个方面。

（一）探索人口集中形式

城乡融合发展，人是关键因素之一。只有推进人口集中，才能凝聚加快发展的合力。在国家城乡融合发展试验区建设过程中，九台区提出“中心城区”“中心集镇”“中心村”建设的发展方向。全力打造服务业集聚区，把“中心集镇”建成服务农民的区域中心，把“中心村”建成农村的社区服务中心，从而实现人口有序向中心城区、中心镇、中心村集中。在具体做法上，九台区推进老城区改造和新城区提升，推动卡伦湖生态新城等服务业集聚区建设，重点建设中心集镇、中心村和特色村，把中心村建成新型农村社区，加强对周边村民的辐射与服务。

（二）探索土地集约路径

开展建设用地入市试点、“土地增减挂钩”试点、宅基地制度改革试点，简化征收、储备等一系列程序，创新产业项目用地方式，加大点状供地和混合供地在田园综合体、文旅项目用地中的运用力度。具体来说，九台区进一步探索农村集体产权制度改革，依法收回农民自愿退出的闲置宅基地、废弃的集体公益性建设用地使用权，按照国土空间规划确定的经营性用途入市；探索集体经营性建设用地使用权和地上建筑物所有权房地一体、分割转让；建立完善集体经营性建设用地使用权转让、出租、抵押二级市场，充分释放改革红利。同时坚持利用改革成果活化农村闲置土地资源，九台区将宅基地改革与集体经营性用地入市紧密结合，通过土地综合治理，复耕腾退，土地相关指标集中打捆使用，以化零为整、异地置换的方式，满足集体经营性建设用地调整入市的需求。通过宅基地退出与集体土地入市“双改双融”，有效解决项目用地指标不足问题，增加农户宅基地财产性收入，实现调整拆旧地块村集体与建新地块村集体收益共享。通过土地资源变资产、资产变资本，农村土地资源得到最大限度的有效利用，为实现乡村振兴提供更多的要素资源保障。

（三）打造特色产业集群

打造生物医药产业集群、先进制造产业集群、精优食品加工产业集群、新型建材产业集群、矿产能源产业集群，依托产业园建设，加快推进重点项目智能化、数字化建设，扩大产能。在实践操作上，依托长春九台经济开发区生物医药产业园建设，加快推进楚天科技、康宁杰瑞、钻智制药、莱沃医疗等重点项目，培育发展生物医药、化学制剂和中药饮片加工等产业。依托先进装备制造产业园建设，充分挖掘中誉集团、瑞科汉斯等企业科技创新能力，巩固和发展汽车与轨道客车零部件、高性能材料、高效节能环保装备等先进制造业。依托开发区精优食品加工产业园，加快智能化、数字化建设，以优质大米、肉品、酱菜等九种名优特农产品为主体，提升加工转化增值率和副产物综合利用水平。依托兰舍硅藻泥、中财管道、杰森石膏板、东方雨虹等新型建材龙头企业，发展新型墙体材料、新型防水密封材料、新型保温隔热材料和新型装饰装修材料。依托矿产资源，推动华能九台电厂、龙嘉矿业、宇光能源扩大产能，利用膨润土、伊利石、沸石和黄金等矿产资源，进行绿色开发开采。

（四）探索要素集成模式

在资金方面，探索推行“政担银企”创新模式，促进金融由“抽血”变“输血”，探索利用入市集体土地使用权抵押进行融资，为农民产业发展提供资金扶持，如设立“吉企银通”，开发“商无忧”“银企通”“农场宝”等贷款新产品。采取智能融资和金融超市两种融资方式助力银企智能对接，为企业量身打造首贷、个转企融资服务、政银保担支牧专区，旨在政府、银行和小微企业之间搭建起信息互通的桥梁，为银行提供企业更多信息，帮助小微企业享受各种优惠政策并更快、更好地获得银行贷款。此外，在生产生活等各种公共服务要素方面，向中心村、中心集镇配置，进一步完善水、电、路、气、网等基础设施建设，不断提升医疗、教育、养老、就业、安全等公共服务水平，推进电商的普及应用，大力推进数字乡村的建设和发展，实现城乡均等化和互联互通。

（五）实施规划引领

确立了“建三区、强四带、兴五业”发展战略，坚持“抓基层、补短板、打基础、利长远”原则，推动九台区经济社会高质量发展。具体来说，就是充分利用区位优势、产业基础，主动承接长春市中心城区产业转移和产业链延伸，全力建设长春现代化都市圈产业承接区，从根本上实现以工补农、产城融合。突出长吉协同发展重要节点作用，主动对接区域协同发展战略，统筹推进新型城镇化建设，完善区域互通通道及现代基础设施建设，全力建设长吉一体化协同发展先导区，从根本上实现以城带乡、城乡互补。在城乡融合发展上全面深化改革，突破体制机制上的束缚，促进土地、资金、人口、人才等生产要素双向有序流动，围绕搭建城乡产业协同发展平台，促进城乡产业协同发展，构建“三产”融合的现代产业体系。规划建设“长春现代化都市圈产业承接带、商贸物流产业带、生态旅游产业带、特色农业产业带”四大产业带，并围绕现有优势产业基础，坚持目标导向，重点发展生物医药、先进装备制造、精优食品加工、新型建

筑材料、现代商贸物流五大主导产业

（六）开展政策引导

制定出台《长春市九台区农村集体经营性建设用地入市管理办法（暂行）》等18个配套文件，采取招拍挂、协议出让和租赁等方式推进土地入市，修订《长春市九台区农村宅基地审批管理暂行办法》等7个宅基地改革相关配套试行文件。

（七）实施双轮驱动

在科技创新方面，按照“科技创新小微企业—科技创新‘小巨人’企业—高新技术企业”模式，推动技术开发及企业转型升级。在人才制度改革方面，设立人才开发专项资金，建立城乡有序流动的户口迁移政策，确保农业转移人口进城落户无障碍、零门槛。

（八）探索模式引路

龙嘉街道红光水稻“5G+”高新技术产业园项目通过“三换两集中”等模式，推进新农村建设，发展集体互助式养老。所谓“三换”是指，用自家的宅基地使用权换取楼房居住权；以水田经营权入股合作社，年底换取分红；用村集体资产使用权换村民集体养老、环境改善等公益事业。“两集中”则指将分散居住的村民向楼房集中，将分散的土地经营权向合作社和企业集中。破解了农村集体资产总量少、没有好的致富带头人、缺乏带动性项目三个难题，持续推动群众增收获益。

第六章　中国城镇化与逆城镇化协调发展的路径选择

从前文的论述中我们可以看出来，新时代逆城镇化规律作为中国新型城镇化战略的重要组成部分，与主流的“人口市民化”城镇化过程共同构成了中国特色城镇化发展道路中进退有序、韧性包容的两大特征。由于中国的逆城镇化现象恰好发生在城镇化建设迈向更加均衡更加充分的中后期阶段，这不仅有利于加快形成大城市和中小城市协同发展的新城镇空间体系和空间格局，也有利于形成以城带乡、工农互促的新型城乡关系，推动城乡融合和乡村振兴战略的实现。可以说逆城镇化和城镇化两者协同并进奠定了城乡融合和乡村振兴的动力基础，也是加快推进城乡融合发展和乡村全面振兴的必然选择。

自中国的城乡关系发生根本变革之后，加快推进以“人为中心”的新型城镇化，着力构建以城带乡、城乡共荣的城镇化与乡村振兴协同发展新格局已经成为城乡融合高质量发展新阶段的重大战略任务，其中，逆城镇化和城镇化协调发展发挥着重要作用。当前，中国的城镇化进程尚在快速发展之中，新型城镇化所谓的高水平、均衡化、包容性等核心要求还未得到有效实现，加之乡村振兴任务空前繁重，乡村现代化仍需要进一步夯实人才、资金、技术、产业等基础，上述问题都可以通过积极布局逆城镇化与城镇化协调发展战略来逐步解决。在具体的实践过程中，笔者认为可以分别通过以“产业下乡”替代“资本下乡”促进城乡产业“融合式”蝶变、以“县”为载体打造新型城镇化与逆城镇化协同发展平台、重铸城乡融合的“大空间”国土利用总体规划格局和完善“市场+政策”双驱动型逆城镇化制度供给体系四大路径予以实现。

第一节　以“产业下乡”替代“资本下乡”促进城乡产业“融合式”蝶变

从逆城镇化规律的内部特征来看，伴随人口“城—乡”反向转移的，还有与经济活动紧密相关的产业和就业逆向流动，特别是在城镇化过程中迅速积累起来的工商业资本，可以通过逆城镇化进程的提速逐步向城乡边缘区和乡村进发，形成产业和资本下乡的新潮流。当前，在中国部分地区兴起的逆城镇化潮流中，熟练返乡劳动力与返乡经济能人相伴，产业资本下乡与金融资本下乡相伴是一个显著特点。要让逆城镇化和城镇化有效协同共进，在生产要素层面的核心任务就是要解决“返乡劳动力与资本下乡有效衔接的问题”。众所周知，早期的金融资本下乡极易引发对农业和农民的“双重掠夺”，因此与金融资本“逐利性圈地”和“脱实向虚”属性相比，产业资本因以稳定性支持农业生产并兼具技术溢出为特征而更具优势。在乡村振兴产业支撑的现实诉求下，逆城镇化浪潮为城镇工商业资本的空间拓展指明了方向，需着力打造产业下乡的升级版。具体来看，产业下乡促进城乡产业融合蝶变的实现路径包括以下几个层面。

一是借助广阔的农村腹地和以工辅农的技术优势，依托返乡劳动力和新农人，以逆城镇化过程中兴起的边缘化地区、连接乡镇的次城镇化中心和县乡接合部为核心，培育农产品加工型、商贸物流型、创业电商型园区。

依托边缘化地区建设农产品加工型、商贸物流型、创业电商型园区可以实现较低成本的生产链扩张和供应链升级，促进农产品供给侧结构性改革，引导小城镇和农业产业有机衔接发展。在具体操作上，一方面，兴建的各类园区要优先保障将农业产业链留在县域。同步将效益通过人员、技术、信息、要素、组织等各种渠道向周围地区辐射和扩散，以带动商业、运输、旅游、服务等第三产业的发展与集中，实现吸引大量剩余劳动力进入之目标。另一方面，应积极将上述园区作为载体，通过大规模招商积极引进实力较强的大中型龙头企业，借机培育一批规模较大、经济实力较强、较成熟的高科技企业。对于园区中的中小企业，地方政府可通过提供各种扶持优惠政策，如提供资金贷款和基础设施，为中小企业建立创业中心等，帮助企业实现创新发展。另外，要积极谋划通过发展订单农业、园区就业等多种利益联结机制，将产业资本和项目下乡形成的农产品加工企业与农户有机联系，在提升原料农产品售价的同时，将就业岗位尽可能多地留在城乡接合地带，以此拓宽城乡居民的收入渠道，促进城乡收入差距有效缩小。

二是靠项目下乡、重点工程下乡构建农工商文旅融合新业态。

数字化赋能乡村产业可通过细化乡村三产融合产业规划目录，壮大培育三产融合新业态和新产业模式，彻底打破城与乡产业布局的传统边界，推动构建小城镇和乡村产业发展共同体，畅通劳动力就业和双向流动微循环。在这里，要特别注重数字化、智能化等项目的乡土运用，用好数字乡村建设行动规划和数字乡村建设标准化指南中列举的重大工程标杆性项目。具体来看，一方面，要加快完善城乡一体的新型基础设施，筑牢乡村数字化转型根基。产业数字化过程不区分城市与乡村，乡村进行数字产业布局本身也要提前进行新基础设施建设，同时，这些新基础设施还需同步构建软硬兼顾的数字乡村基础工程。在硬件方面，主要涉及农村5G通信与光纤网络的普及，应谋划布局乡村航空遥感卫星体系，打造城乡智慧物流，推动电子商务平台入村进乡。在软件方面，则主要涉及的是人、文、地、产、政统筹管理的数字化乡村治理体系，明确乡村公平与发展两条需求主线，针对居民幸福与产业兴旺两大目标完善数字化乡村公共服务体系，探索乡村社会结构、治理结构的转型路径，引领乡村共治与自治的发展；逐层构建数字乡村区域管理网络、村落可视化系统等，以点串线、以线构面打造数字乡村底图；同时建立政产学研数字化合作系统，让乡村顺利对接科研院校的一线技术产出，将其转化为乡村基层治理及产业发展的数字动能。另一方面，在数字化乡村重点项目工程建设背景下，弥合数字鸿沟，全面提升村民数字素养也是应有之义。逆城镇化将城镇中的数字技术带到乡村，而乡村数字赋能的核心在于将数字技术应用到人们生活、生产、文化建设、社会治理等之中，以赋予其发展更充足的内生动力。因此乡村数字赋能不仅要强调“数字”，即创新性的数字技术应用，还要强调“赋能”，即村民能力的赋予和施展。数字素养作为逆城镇化与城镇化协同发展技术扩散路径的重要方位目标，也要以农村居民充分适应及应用数字技术为前提和基础。因此，在“数字+互联网+项目实施”过程中，不仅要注重数字技术创新应用的实现，还需要格外重视数字鸿沟问题的解决，以基层组织为主体，推动乡村个体数字赋能，提升居民数字素养。为此，应从观念上引导村民改变对数字技术的固有认知；凸显数字技术的多样性、易用性与便利性，结合乡村特点，让数字技术接上乡土的“地气”，破除村民群体对数字技术的抵触心理；同时从能力上帮助村民掌握应用数字技术的技能。另外，应推动基层开展数字技术进万家行动，通过村民集体培训、针对性入户普及等差异化手段，让不同受教育水平、不同年龄代际的村民拥有基础的数字素养，让数字技术在乡村能够切实发挥作用。最后，需要拓宽应用边界，探索数字化文化繁荣道路。目前，逆城镇化与数字经济相结合，能够将数字技术应用集中于公共服务、产业发展、社区管理等有形事项，但是在乡村文化的传承发展与精神文明建设等无形事项上仍有较大的开发空间。未来应充分利用高互动、强参与、重体验的数字媒体技术，针对地方代表性的民俗传统、非遗技艺及传统文艺等文化资源进行二次开发创作，融合使用数字展示、虚拟现实、灯光投影等手段，以村民喜闻乐见的形式传递优质文化内容，促进地方文化自信、文化自豪感的形成，让地方文化深入人心。同时利用数字化手段促进优质文化的广泛传播，以数字化平台整合区域与各级文化资源，促进村落之间、城乡之间的文化流动与信息共享，搭建县域融媒体中心以对区域内乡村的文化传播、视频广播等进行统筹管理，建设地方数字文化服务网络。

三是致力服务于农业产业化和农村现代化，借助逆城镇化产业大量扎根农村的契机就地吸纳回流熟练劳动力，建立与乡村发展相一致的利益分享机制。

对此，可通过积极探索股份合作制、租赁制、共有产权制等模式助推农民增收和集体经济平稳壮大，形成“返乡就业人口与产业下乡劳动力需求挂钩、产业资本利润率与集体资产增值率相挂钩”的利益联结形式。特别是要注重以逆城镇化浪潮为媒介，探索建立城乡建设用地一体化利用和适应于城乡融合型产业的用地管理和规划新机制，打通城乡产业互动、以工辅农的“主动脉”，消弭城乡产业连通发展的体制性阻滞。具体说来，一方面是要关注城乡土地权能不平等、不能公平交易和有序流转问题。以上问题是制约农业农村发展的关键因素，也是催生城乡用地错配、资源利用低效的根本原因。目前，全国村庄用地在城乡建设用地中的占比超六成，但只承载了全国三成多的人口，调整优化的空间很大。因此，着力构建城乡统一的建设用地市场、促进城乡用地结构优化和空间重塑，仍是土地制度改革的重中之重。当务之急，是结合全面推进乡村振兴战略，建立完善集体建设用地入市、收益分配、交易服务等制度，推动修法成果落地；着力深化宅基地权利保障、有偿退出、有偿使用试点探索，有序推进宅基地“三权分置”改革。另一方面，要着眼实施新型城镇化战略，统筹推进城镇一二级土地市场建设。由于城市是经济建设的主舞台，也是土地统一市场建设的主平台，所以应进一步加快推进制度建设和机制创新。第一，按照“统筹增量建设用地与存量建设用地，实行统一规划，强化统一管理”的要求，推动规划许可制度建设，落实“增存挂钩”机制，促进城市空间结构优化；第二，按照“完善全国统一的建设用地使用权转让、出租、抵押二级市场”的要求，健全市场制度规则，完善土地财税机制，促进城市更新；第三，按照“完善财政转移支付和城镇新增建设用地规模与农业转移人口市民化挂钩政策”的要求，建立“人地钱联动”机制，将吸纳农业转移人口落户数量与扩大保障性住房规模作为年度新增城镇建设用地指标分配的依据，同时健全农户“三权”市场化退出政策，夯实农业转移人口市民化的土地产权制度基础。

第二节　以“县”为载体打造新型城镇化与逆城镇化协同发展平台

县域作为连接中国城市和农村发展“得天独厚”的空间单元，本应在推动城镇化和乡村振兴协同发展过程中起到重要的支撑作用，但由于改革初期优先发展大城市和推动工业化的战略需要，“县”引导城乡一体化发展的独特作用被忽视。2019 年中央“一号文件”发布后，国家再次将壮大县域经济作为促进城乡融合发展的重点工作来抓，习近平总书记在 2020 年的中央农村工作会议上特别指出，“要把县域作为城乡融合发展的重要切入点，赋予县级更多资源整合使用的自主权，强化县城综合服务能力”。[①] 2022 年 5 月中共中央办公厅、国务院办公厅印发《关于推进以县城为重要载体的城镇化建设的意见》，标志着以“县”为载体打造城镇化与逆城镇化协调发展平台的推进思路正式落地。

要想持续壮大县域经济，奏响新型城镇化与乡村振兴协同发展的“县域”主旋律，可以从“县域功能转变、空间规划重构和县域服务能力提升”三个层面加以思考。

一是积极推动县域功能从早期的“城镇化中介”向新时代“城乡融合”主导者转变。

中国理论界对县域的理解，大多将县定位为“以农为主，兼顾工商流通”的大乡小城，县城是农转非人口的“踏板”或“风险缓冲垫”。因此县域的早期功能是为大城市优先的“城镇化”服务。逆城镇化浪潮到来以后，县域的功能及角色经历了从“城镇化中介”向“融入城镇化”，以及从“乡村狩猎者”向“乡村哺育者”的双重转变。县域在新型城乡关系构建中的主体地位更加凸显。从新型城镇化战略的角度来看，县城是中国城镇体系的重要一环，在新型城镇化的建设过程中需要进一步加强县城的建设，完善县城的功能。在当前的城镇化进程中，农民到县城就业、居住，向县城集聚的现象很普遍。数据显示，2021 年底，中国城镇常住人口为 9.1 亿人。其中，县城及县级市城区人口为 2.5 亿人左右，占全国城镇常住人口的近 30%。[②] 推进县城建设，有利于引导农业转移人口就近城镇化，

① 习近平：《论“三农”工作》，中央文献出版社，2022，第 16 页。

② 《国家发展改革委有关负责人就〈中共中央办公厅 国务院办公厅印发《关于推进以县城为重要载体的城镇化建设的意见》的通知〉答记者问》，中国政府网，2022 年 5 月 7 日，https：//www.gov.cn/zhengce/2022-05/07/content_5689006.htm。

完善大中小城市和小城镇协调发展的城镇化空间布局，促进城市与农村的公共服务均等化。在城乡融合的战略指引下，应促进城乡资源的双向流动，形成新型城镇化发展的持续动力。从乡村振兴战略的角度来看，县城位于“城尾乡头”，是连接城市、服务乡村的天然载体。当前的乡村振兴亟须以县城建设为载体，打破城乡二元结构，破除中国在城镇化高速发展过程中形成的城乡之间要素单向流动的问题。城乡融合发展不能仅仅是农村要素向城市流动，同时也要强调城市要素流向农村。通过城市向农村提供高质量发展所必需的资金、技术和人才等资源，打通城乡要素自由流动的通道，推动农村现代化进程。推进县城建设，有利于发挥县城辐射带动乡村的作用，以县为纽带，畅通城乡之间的要素流动，促进县、乡、村的功能衔接互补，推动农业农村现代化，实现新型工业化、信息化、城镇化、农业现代化的同步发展。基于以上两方面的考虑，新时代壮大县域功能的基本指向应当是将县域作为乡村人才储备、乡村产业振兴和技术兴农的桥头堡和试验区。一方面，通过逆城镇化浪潮积极实现县域深度城镇化，将自身打造成为畅通大城市和集镇、乡村的要素双向流转地，以点带面促进乡村工业化、数字下乡和农村社区化。另一方面，以“放管服”改革和新一轮“扩权强县”实施为契机，更大力度整合服务于农业和农村的资金和优惠政策，背靠城镇化和逆城镇化积累大量支农资金，支持乡村全面振兴。

二是大力探索县域空间规划重构，促进农业农村优先发展和城乡空间融合。

县域空间再造关键是将县域建成区、乡镇和村庄用地统一纳入全域空间规划范畴，根据生产—生活—生态融合的要求布局居民点、城镇或村庄社区以及产业园区；单列农村三产融合用地指标，用以发展融合型业态；以县域为主体整体推进集体建设用地入市改革和城乡土地制度并轨，通过“三块地”改革、农村建设用地增减挂钩机制和城乡建设用地“增存挂钩”试点协同推进乡村社区化，将更多用地指标支持农村三产融合项目和集体经济投资运营项目，下放建设用地指标县域内调剂权限，倾向性扶持重点集镇和特色乡镇建设，提高城乡融合空间承载能力，同时应将农村集体建设用地增值收益全部返还用以支持集体经济发展和乡村振兴。具体来说，县国土空间规划要进一步细化功能分区，既要秉承原主体功能区规划思路（按开发方式：优化开发区、重点开发区、限制开发区、禁止开发区；按开发内容：城镇化地区、农产品主产区、重点生态功能区）的政策性分区，多按乡镇单元划分政策区，又要根据精细化治理需求，结合三区三线及各自的具体实际来统筹划定。因此，新时期县域空间规划的主要目标应聚焦优布局、强保障、补短板和促振兴四个方面。在优布局上，要以片区为单元，以项目为导向，根据现有空间布局、产业结构、人口规模，综合考量经济、文化、生活、生态、安全等要素，高质量划分片区，形成以县城为核心，以中心镇为支撑，以中心村为节点的空间体系，辐射带动全域协调发展。在强保障上，要通盘考虑、因地制宜、科学安排建设用地规模，合理预留用地空间，大力盘活存量建设用地，摸清存量土地情况，加大批而未供和闲置土地处置力度，重点保障乡村产业发展用地。严守耕地红线，有效整治耕地“撂荒”现象，坚决遏制耕地“非农化”、基本农田“非粮化”，综合施策推动城乡融合发展。在补短板上，要统筹和整合片区内基础设施和公共服务设施，推动教育、医疗、养老、文化、体育以及应急救援力量等公共资源补齐短板、精准配置，满足群众多样化多层次多方面需求，提升人居生活品质。在促振兴上，则按照“一片区一主业一特色”要求，根据片区资源禀赋、产业基础、村民意愿等因素，聚焦种养、农产品初加工等可操作、能落地项目，明确特色主导产业，推动产业规模化发展，促进乡村振兴。

三是巩固提升县域公共服务可及性，增强县域对城镇化和逆城镇化的统筹承载能力。

2020 年国家“三个 1 亿人”城镇化目标①基本实现以后，新型城镇化的攻坚任务将转到提升县域的城镇化质量及其市民化融入水平上来。而我国县一级公共服务的供给能力及可及性，不仅影响到“后小康时代”城镇

① 所谓“三个 1 亿人”的城镇化是指：到 2020 年，要促进约 1 亿进城常住的农业转移人口落户城镇，改造约 1 亿人居住的城镇棚户区和城中村，引导约 1 亿人在中西部地区就近城镇化，该战略是李克强在 2014 年的“两会”上首次提出的，并被纳入《国家新型城镇化规划（2014—2020 年）》。

化更加高质量均衡发展的转型速度，也影响到逆城镇化和乡村振兴的推进绩效，对“能否引来人”“能否留住人”意义重大。为此，新时代进一步提升县域公共服务的可及性及其水平的重点任务在于解决面向乡镇回流人员的住房、养老、医疗和子女教育问题，以及面向农村的基本公共服务短缺问题。要解决上述难题，应以县城为区域性公共服务和基础设施供给核心，带动乡镇成为服务农民的区域性中心，多点位辐射带动基本公共服务和基础设施向乡村延伸，分级分区构建基本公共服务供给均等化质量评估体系，有条件的地方政府可将城乡基础设施项目和公共服务建设项目整体打包，实行县级牵头的一体化开发模式，或者探索建立多元可持续的投融资机制，如引导社会资金参与县城建设，盘活国有存量优质资产，规范推广政府和社会资本合作模式，稳妥推进基础设施领域不动产投资信托基金试点，鼓励中央企业等参与县城建设，引导有条件的地区整合利用好既有平台公司。同时要加快建立与县域城镇化和乡村振兴需要相适配的县级财力保障机制。它不仅包括扩大县级财政自主权的进一步变革，也包括中央县级财政拨款直达机制的加快建立和省以下转移支付制度的适应性调整，这些体制机制都必须在城镇化与乡村振兴战略同步推进的县级层面上，加以部署和落实，符合条件的县还可以探索通过中央预算内投资和地方政府专项债券获得支持。如对准公益性项目和经营性项目，可鼓励银行业金融机构特别是开发性政策性金融机构增加中长期贷款投放，支持符合条件的企业发行县城新型城镇化建设专项企业债券。

第三节　重铸城乡融合的“大空间”国土利用总体规划格局

在城镇化和逆城镇化协同共进的演化态势下，以国土空间利用为核心的城乡空间格局呈现出交错互动、边界交融、功能复合的新发展局面。因此，传统以城市和乡村分置为核心的城乡规划不能适应新时期融合发展的新要求，类似的产业规划、生态功能区规划、土地利用规划也无法在单一条件下发挥作用，必须重铸以“大空间、三生融合、城乡地域共同体”为导向的新型国土利用总体规划，来发挥“城乡一张蓝图”的引领作用，保障城镇化和逆城镇化的同步稳定推进。

在具体实施路径上，可以通过建立城乡基础设施一体化规划机制、健全城乡统筹规划制度和落实市县国土空间总体规划编制指南三个维度稳步实现。

一是建立城乡基础设施一体化规划机制。

城乡基础设施一体化规划机制的建立是推动基础设施统一发展的前提。当前，中国农村基础设施建设仍存在诸多问题短板，与城乡基础设施一体化要求还存在不小差距。加快补齐农村基础设施短板，推进城乡基础设施一体化，对于推动形成工农互促、城乡互补、协调发展、共同繁荣的新型工农城乡关系，促进经济社会高质量发展，全面建设社会主义现代化强国等具有重要现实意义。在实践中，建立城乡基础设施一体化规划机制的关键是要以县或市这样一个范围为整体，统筹规划城乡的道路、供水、供电、信息、广播电视、防洪、垃圾污水处理等基础设施的建设，特别重点聚焦城乡路网的一体规划设计，畅通城乡交通运输网络，实现县乡村（户）的道路连接，以及城乡道路客运的一体化。目前，国家已出台“四好农村路”等相关政策，要进一步推动公路网络、管养保障、运输服务、制度政策、资金保障、技术标准、群众参与等体系高质量发展。在市政公用设施方面，要统筹规划，推动重要公用设施向乡村和规模比较大的中心镇延伸；在污染物处理设施方面，应统筹规划城乡污染物收运处理体系，严防城市的污染物上山下乡，因地制宜统筹处理城乡的垃圾污水，对于农村水利基础设施而言，重点支持探索水利基础设施管护运营新模式，鼓励合作社、农民等经营主体在农村水利基础设施管护运营中发挥重要作用。多渠道多方式加强农村基层水利队伍建设，优化升级基层水利服务体系。继续聚焦农村生产生活薄弱环节和风险隐患，持续加强节水供水、防洪减灾、抗旱应急等能力建设。对标对表城市水利基础设施及制度体系，进一步巩固提升农村饮水安全保障水平，加快推进智慧水利建设，确保农村生产生活用水实现与城市大体相当。推动农村生活污水治理进一步向纵深发展，分类推进污水管网乡村全覆盖和城乡一体化。鼓励河长制湖长制体系向村级延伸，推动以村级为单位持续健全污水治理和水质改善运行管护机制。因地制宜探索创新符合不同地区现实的多元化生活垃圾收运处置体系，支持垃圾就近就地分类，积极开展资源化利用。重点鼓励以市场化手段推进农村生活垃圾分类治理，切实做好垃圾回收和资源化利用。此外需要强调的是，在条件允许的地方，还要进一步加强城乡公共安全视频监控规划、建设和联网应用，统一技术规范、基础数据和数据开放标准建设，一方面全面实施数字乡村战略，推进乡村信息基础设施建设，强化现代智能技术支撑能力，推动与农村生产生活深度融合，为着力缩小城乡“数字鸿沟”奠定基础。另一方面完善数据标准体系和产权制度，促进数据规范化，明确数据所有权、使用权和收益权。构建开放共享安全的数据要素市场，充分挖掘利用农村数据资源价值。大力发展农村数字经济，强化数字经济对基础设施建设的引领支撑作用。进一步完善数字乡村服务平台体系，提升农村居民生产生活智慧化便捷化水平。

二是健全城乡统筹规划制度。

科学编制市县发展规划，强化城乡一体设计，统筹安排市县农田保护、生态涵养、城镇建设、村落分布等空间布局，统筹推进产业发展和基础设施、公共服务等建设，更好发挥规划对市县发展的指导约束作用。根据国家明确的政策导向和行业共识，市县国土空间总体规划是市县全域空间发展的指南、可持续发展的空间蓝图，是一定时期内市县全域各类开发建设活动的基本依据，是落实和深化发展规划有关国土空间开发保护要求的基础和平台，对同级专项规划具有空间性指导和约束作用。在这里，市县国土空间总体规划的根本目标是为市县层面全面推进生态文明建设和高质量发展奠定空间性基础，其核心内涵是全域全类型空间用途的整体管控。是故，市县国土空间总体规划编制内容应包含基础研究、总体格局、保护性布局、发展性布局、实施管理五大板块。其中，基础研究的核心任务是摸清家底和发展条件。总体格局的核心任务是定方向、定目标、定格局。保护性布局的核心任务是从保护视角对全域空间进行综合部署和规划，提倡将生态环境质量转化为规划控制指标，作为规划条件的重要组成部分，纳入土地出让的法定程序，并向下位规划传导，从根本上实现生态环境质量内生于城乡开发建设行为。发展性布局的核心任务是从发展视角对全域空间进行综合谋划和布局，主张统筹兼顾、突出重点，优先满足国省重点项目、区域性项目、地方优势和特色项目、重大公共安全设施、基础设施和公共服务设施、近期重点项目的空间需求，注重分类指导、共生联动的空间功能布局。同时，提倡将地方特色风貌转化为规划控制指标，作为规划条件的重要组成部分，纳入土地出让的法定程序，并向下位规划传导，从根本上实现地方特色风貌内生于城乡开发建设行为。实施管理的核心任务是构建规划实施落地的体制机制和政策规则。

值得强调的是，在市县规划编制过程中，必须按照“多规合一”要求编制市县空间规划，实现土地利用规划、城乡规划等有机融合，确保“三区三线”在市县层面精准落地，在这里，划定“三区三线”是编制国土空间规划的关键，事关国家粮食安全、生态安全，事关地区长远发展、高质量发展。要特别将耕地保护红线放在首要和优先位置，坚持现有耕地应保尽保、应划尽划，精细做好空间核减调出，积极拓展耕地恢复渠道，确保耕地保护任务落地上图。要保持现有生态保护格局总体稳定，健全管控体系，严守生态保护红线，切实维护自然生态系统健康稳定。合理划定城镇开发边界，在牢牢守住自然生态安全边界和资源环境底线的基础上，根据人口和资源环境承载能力等因素确定县市区建设用地总量，分类严格审查不同类型县城划定方案，统筹推进历史文化保护，推动城市发展由外延扩张式向内涵提升式转变。要以“三区三线”划定为基础支撑，把多规合一要求、节约集约理念和数字赋能改革贯穿始终，进一步扬优势、补短板、强弱项，确保规划能用管用好用。此外还要加快培育乡村规划设计、项目建设运营等方面的人才，综合考虑村庄演变规律、集聚特点和现状分布，鼓励有条件的地区因地制宜编制村庄规划。在这里应特别注意，村庄建设规划内容要区别于城市规划的一般做法，规划要简化、管用和以问题为导向，确保村民易懂、村委能用、乡镇好管。农村人居环境整治可以作为村庄建设规划重点，着力解决垃圾乱堆乱放、污水横流、建房无序等关系农村民生的问题。村庄建设规划编制成果要做到简明易懂、便于实施，避免制作长篇累牍、晦涩难懂的文本和图纸。地处偏远、经济欠发达地区的村庄可规定实现人居环境干净整洁的要点，并纳入村规民约。具有一定基础和基本条件的村庄，应编制以人居环境整治为重点的村庄建设规划，提出农村生活垃圾治理、卫生厕所建设、生活污水治理、村内道路建设和村庄公共设施建设等整治项目并明确时序。有基础、有条件和有需求的村庄要在人居环境整治规划基础上编制更加全面的村庄建设规划，制定厕所粪污治理、村庄产业项目、农房建设和改造、村容村貌提升和长效管护机制建设等相关措施。民宿经济发展较快、建设活动较多的城郊融合类、特色保护类村庄，还应在上述基础上提出建设管控要求和特色风貌保护要求。总的来看，村庄规划应因地制宜推进，避免“一刀切”和“齐步走”。

三是落实市县国土空间总体规划编制指南。

由于市县是中国国家空间治理的最基本单元和协同推进城镇化与逆城镇化发展的基本载体，在这一双重背景下，如何认清市级国土空间规划的定位，如何有效发挥国土空间规划的战略引领与刚性管控作用并有效推进多规合一和实施监督机制，是新时代背景下规划学科与实践亟须解决的关键问题。2020 年自然资源部出台《市级国土空间总体规划编制指南（试行）》，该指南及时对以上问题予以了回应，其内容蕴含了人民为本、生态永续以及面向未来三重逻辑，作为中国现代化国家治理体系在市级层面的工作指导方法，该指南对于城市落实新时代新理念、实施高效能空间治理、促进高质量发展具有重要意义。进入 21 世纪以来，全球城市数量不断增加，城镇化水平也进一步提高，在这一背景下，单打独斗的城市没有未来，群落协同将成为未来城市发展的重要趋势，亟须规划响应。该指南将区域协调作为市级规划编制的主要内容之一，其中增加了跨越行政边界的都市圈、城市群等相关内容，推动形成多中心、多层次、多节点、组团式、网络化的区域联动格局，通过地区协同实现生态环境与经济社会更好的融合发展，顺应城市发展规律。

纵观第一次工业革命后的人类历史，每一种重要技术的产生和发展都带动了空间、社会和规划思想与方法的变革，新时代“大、智、移、云、链”以及人工智能等新技术将进一步融入空间规划体系，赋能城乡空间。

该指南中强调了要建立国土空间基础信息平台及数据库、城市信息模型（CIM）以及城市时空感知系统，更好地推动规划实施，实现“一张蓝图干到底”。同时，技术体系与规划过程的整合也对规划编制的上部结构（前期研究）和下部结构（成果检验）的系统性、科学性具有重要的支撑作用。

考虑到新时代新理念新要求，市县总体规划必须坚持生态优先、绿色发展，在习近平生态文明思想和总体国家安全观指导下编制规划，将城市作为有机生命体，推动形成绿色发展方式和生活方式；新的规划思路要从社会全面进步和人的全面发展出发，塑造高品质城乡人居环境；坚持陆海统筹、区域协同、城乡融合，落实区域协调发展、新型城镇化、乡村振兴、可持续发展和主体功能区等国家战略。同时市级国土空间总体规划是在原有城市总体规划、土地利用总体规划等空间类规划的基础上，融合、优化、创新形成的更加适应生态文明新时代要求的空间规划。它不是过去几个规划的拼合，而是按照生态文明新时代的新要求来重新设计市级国土空间总体规划的基本内容。市级国土空间总体规划作为全域国土空间开发保护的纲领，强调全域全要素的规划管理，既注重保护也注重发展，既关注自然资源也关注人文资源，既要继承原有空间规划好的做法也要强调方法创新，既要发挥战略引领作用也要守住底线、发挥指导约束作用。更重要的是，应发挥市级国土空间总体规划在国土空间规划体系中承上启下的作用，落实国家发展战略和上位规划部署，落实主体功能区战略和制度，对下级规划和相关专项规划形成有效指导约束，强调责权对等，兼顾管控和传导。应强调规划编制后的实施监督，通过近期行动计划等政策措施加强规划实施，并将市级国土空间总体规划数据库作为规划成果组成部分同步上报。因而，城市生态空间、农业发展空间、城乡发展空间、地方特色空间、地上地下空间、陆海空间、战略性预留空间被逐一明确划定出来，为转变城市发展建设模式，提高城市综合承载能力，更好推进新型城镇化与乡村振兴高质量发展奠定了空间基础。

第四节　完善“市场+政策”双驱动型逆城镇化制度供给体系

从历史进程来看，中国不论是在践行特色新型城镇化道路上还是在践行农业农村现代化发展道路上，都具备较为明显的“市场+政策”双驱动型发展特征。那么对于当前推动城镇化与逆城镇化协同发展的总体战略而言，这一策略依然管用。从理论上看，尽管逆城镇化在范畴上属于新型城镇化的重要组成部分，但它的出现和演进却远远落后于城镇化形成阶段，加之考虑中国特殊的本土化实践，社会主义市场经济条件下的中国逆城镇化规律必然具备显著的“市场+政策”驱动特征。而逆城镇化的目标就是服务于乡村振兴，由于实现农业农村现代化在同时期中上等收入国家群体中找不到成功的经验案例，而农业农村的发展又需要持续大量的国家外源性投入，是故，乡村振兴战略中的“政策主导型”话语则必然更强。因此不论是继续巩固新型城镇化良好发展态势还是全面落实乡村振兴的发展诉求，制定完备、运转有效的“市场+政策”双驱动型逆城镇化制度供给体系都势在必行。

从党的十九大后特别是党的十九届四中全会以来已建构的制度供给体系来看，适用于新型城镇化的制度供给体系已较为完善，党的十九大后落实乡村振兴的制度安排也陆续出台。随着2020年小康社会的全面建成，面向2035年乡村全面振兴的“四梁八柱”也已总体树立，实施细则蓄势待发。但用于推动“逆城镇化”的制度供给却仍是空白，至今仍未能完成与已有城镇化政策或乡村振兴政策的有效衔接，导致城乡融合进程缓慢。故而需要从制度设计的总体思路上加以完善。

从中国逆城镇化现阶段的主要特点和未来趋势判断，“市场+政策”双驱动型逆城镇化制度供给体系建设应当主要涵盖以下几个方面。

一是加快构建有利于人口和劳动力逆城镇化迁徙融入的市场化机制。

有利于人口和劳动力逆城镇化迁徙融入的市场化机制重在破解人口要

素的“城—乡”流动障碍，通过建立“有松有紧”“有保有控”[①] 的大中小城市差别化落户体制，全面放开除特大城市外其他等级城市落户政策，并辅之以配套公共服务安排，促进逆城镇化人口的“再市民化”，带动中小城镇发育。具体来说，重点关注如下四个方面的改革，其一，全面取消城区常住人口300万以下城市的落户限制，进一步放宽城区落户限制。加快推进户籍制度改革，全面放开城区有合法稳定住所居民落户，大幅降低人才引进落户门槛，完善创业人员落户细则，特别是要针对性放宽亲属投靠落户政策。其二，健全本地户籍农民进城落户保障制度。专门制定农村集体经济组织成员身份确认指导意见，明确农村集体经济组织成员身份确认基本原则、基本办法和程序规定，切实保障进城落户农民土地承包权、宅基地使用权、集体收益分配权。对城中村、城郊村以及整村搬迁等产生的“半市民化”问题，可以尝试建立农村集体经济组织成员身份转移备案制度。其三，实施居民按经常居住地登记户口制度。放宽企业单位集体户设立条件，全面设立社区（村）公共集体户。对于因土地征收、房屋征迁造成的人户分离情况，逐一理顺户籍管理体制，居民可按经常居住地登记户口。在城乡双向开放发展进程中，若有依法自愿有偿退出宅基地的农民且集中安置在城区的，可以探索建立新型户籍管理制度。进一步完善城镇居民迁往农村地区的户口迁入登记制。其四，探索建立返乡创业人才落户农村管理机制。如探索建立返乡创业人才获取农村集体权益机制，允许符合条件的返乡创业人才落户农村。积极建设回乡入乡创业创新平台，鼓励人才回农村发展，支持新时代乡贤返乡投资兴业、建设家乡，吸引高校毕业生和专业技术人才入乡创业。

二是建立与逆城镇化相适配的城乡统一用地制度和工商资本下乡市场化机制。

城乡统一用地制度的构建旨在回应逆城镇化过程中投资和空间土地利

---

① 所谓“有松有紧、有保有控”是指：对于虹吸效应强的特大型城市，适度收紧落户政策，保障城镇化质量，引导农转非人口向中等城市、小城市转移，全面消除其落户限制；如此一来，可以保障城镇化进程平稳有序，特大城市人口承载能力可控，中小城市逐步发育，空间形态更为合理。

用需求，核心是以“三块地”联动改革和集体建设用地入市试点改革为突破口，建立城乡土地“同权同价同监管”利用制度，进一步引导工商资本为城乡融合发展提供资金、产业、技术等支持，全面建构城镇化和乡村振兴资金融通新机制，创新农村集体经营性建设用地使用权、农民房屋财产权、集体林权抵押融资，以及承包地经营权、集体资产股权等担保融资实现形式。在具体操作上，针对城乡统一用地制度，第一，可以通过构建城乡统一的建设用地市场中介服务体系为市场参与者提供信息、咨询、评估、预测等服务，从而保障城乡统一建设用地市场的有序运行。第二，加快构建城乡统一的基准地价机制与信息披露机制，以提高土地交易的公平性和土地市场的透明度，有助于遏制竞相压低地价甚至无偿出让土地的恶性竞争行为，从而提高土地资源的配置效率。第三，建立城乡统一的招拍挂制度，向社会公示待出让地块的相关信息及用途限制，正确引导社会投资方向，从而在一定程度上促进产业结构的优化调整。第四，构建城乡统一的市场监管机制与调控机制，分别通过土地利用总体规划机制进行土地用途管控；通过地价调控机制来有效避免地价暴涨；通过建设用地收储机制来调节建设用地市场供需矛盾；通过土地交易税收制度来加强税收监管，防止土地投机行为。在工商资本下乡市场化机制的构建方面，第一，主动引导城市工商资本投资建设实现标准化、规模化、品牌化，培育壮大优势产业集群。大力发展“名优特新稀”种养，完善“一村一品、一镇一业”产业格局。鼓励投资畜禽粪污转化等循环生产和绿色发展模式。第二，积极吸引城市工商资本投资发展粮油、畜禽、蔬菜、果茶等农产品精深加工项目，推动农业废弃物、加工副产物综合利用技术研发和成果转化，促进现代生物和营养强化技术研发以及保健功能食品开发。支持专用型农产品标准化原料基地建设。第三，促使城市工商资本采取“旅游+”“生态+”模式，打造一批相对集中、业态丰富、功能完善的乡村旅游集群片区和旅游园区。引导城市工商资本参与农村人居环境整治，投资“百镇千村”景点景区、美丽村居建设。支持精品民宿改建、扩建，打造乡村旅游精品工程。第四，引导城市工商资本投资兴办生产、供销、信用、流通、科技“五位一体”的为农服务产业，推动发展农产品贮藏保鲜、冷链物流等现代流通服务业，以及农技推广、土壤改良修复治理、土地托管等生产性服务业。积极探索农产品个性化定制服务、会展农业和农业众筹。第五，引导城市工商资本投资农村电子商务，发展产销对接新业态，创建农业电商产业园。支持以“互联网+”整合农村电商资本，以信息流带动订单流、物流、资金流、人才流。鼓励城市工商资本开展电商扶贫。第六，引导城市工商资本投资兴建农村水、暖、垃圾和污水处理等基础设施。支持城市工商资本有序进入农村教育、医疗、养老、救助等公共服务领域。鼓励城市工商资本挖掘农业农村文化，推动农村文化振兴。

三是根据逆城镇化发展态势及时制定涉及人才入乡、项目进乡、技术下乡的激励和扶持措施，并将其纳入乡村振兴扶持政策体系中。

实践中可探索建构适用于逆城镇化进程的政策引导制度。如试点城乡统一的人才奖励政策、三产融合及重点乡村创业项目财税支持政策、乡村创业孵化和知识产权激励政策、集体经济组织股权激励政策等。在农村创新创业带头人培育行动中，可将符合条件的返乡创业农民工纳入一次性创业补贴范畴。也可积极在小城镇建设返乡创业园、创业孵化基地等，为农民工创新创业提供良好环境和条件。还可设立乡村技能大师工作室，充分发挥技能大师带领技艺传承、带动产业发展、带动农村劳动者致富的作用，选拔一批乡村手工业者、传统艺人优秀代表，培育一批乡村工匠，开展技艺传承、研习培训、示范引导、品牌培育活动。在技术下乡中，还可以利用好科技特派员制度，让科技人才下乡，解决企业及群众科技难题，激发市场主体创新活力，通过加大涉农创新主体培育及成果应用力度，引导农业向绿色、优质、特色和品牌化发展，形成优质高效、充满活力的现代农业产业体系，促进科技与产业深度融合。在相关扶持措施制定中，应该进一步落实好减税降费政策，鼓励地方设立乡村就业创业引导基金，加快解决用地、信贷等方面的困难。加强创新创业孵化平台建设，支持创建一批返乡创业园，支持发展小微企业。

四是重铸“扩权强县”政策体系，将县域作为逆城镇化制度供给的重点行政单元，进一步放宽县级行政单位经济管理自主权。

新一轮扩权强县改革重点聚焦下放土地审批权和人事行政权至“县

级”，探索县级财政直达机制和县级财力筹集机制、涉农资金整合机制，实施县域税收增量奖励政策，奖励资金由县域统筹安排用于产业项目建设和园区发展。推进符合条件的县撤县设市（区），加快经济发达镇行政管理体制改革。有序启动县级行政区划调整工作，在现有乡镇、村行政区划调整基础上，对县域面积较小、经济互补性强的相邻县级行政区进行合并。对政策实施力度较大、效果较好的县，省财政另行给予奖补。进一步完善省以下均衡性转移支付、县级基本财力保障机制奖补资金办法。将县域城镇化与乡村振兴协同发展绩效纳入新一轮县域经济发展考核任务目标，优化完善县域经济考核评价指标体系和办法。加强考核结果运用，将县域经济发展实绩作为县市区主要领导干部考核评价的重要依据。设立县域特色优势产业发展引导基金、组织实施新一轮特色县域经济强县工程、支持引导各县域集中资源重点发展1~2个特色主导产业，加大金融机构县域信贷投放力度、推进农业保险扩面增品提标、完善政府融资担保体系等。对推进新型城镇化和县城补短板强弱项工作成效突出的县域给予支持，采取投资补助、以奖代补、信贷支持等方式。鼓励以县域为单元，将城乡基础设施项目整体打包实行一体化建设，建立由产权所有者负责的城乡基础设施运营长效机制，推进城乡基础设施一体化发展。

第七章　保障城镇化与逆城镇化协调发展的政策建议

从新时代中国城镇化与逆城镇化协调发展的可行路径上来看，各级政府的政策体系安排应重点围绕实施路径中的融合型产业发展、以县域为基础的平台搭建、国土空间的统一规划配置、双驱动型制度供给体系来展开。结合相应的路径目标，在具体的政策实施上，笔者认为当前可以分别从建构社会资本下乡的投资和产业指引政策、探索实施“积分制”新乡民与“荣誉村民”政策、完善农民工返乡就业创业扶持政策、优化以县域为核心的省以下财税政策和加强“数字乡村”与“智慧乡村”政策体系设计五个方面进行统筹考虑，从而将逆城镇化与城镇化协调发展的总体战略方针落到实处。

第一节　建构社会资本下乡的投资和产业指引政策

促进逆城镇化与城镇化协调发展的一个重点就是要规范和引导资本的双向自由流动。因此，建构与农业农村现代化相适应的社会资本下乡准入和产业优先指引政策十分必要。众所周知，中国快速的城镇化进程已形成大量社会资本，这些社会资本不仅广泛存在于城市工商业中，也囊括了大量乡村企业家和村社经济能人。因此，推动社会资本兴农助农的红利期已然到来，但应注意防范早先资本下乡过度掠夺农业的次生风险问题，是故可以借鉴中国城市引资的清单准入制度建构有助于农业强链延链和以提高生产率为目标的投资和产业指引政策，以产业目录的形式予以发布，有阶段、有目标地吸引社会资本持续投资农业农村，推动乡村产业健康高质量发展转型。

具体来说，这些涉农投资和乡村产业指引政策包括以下几种。

一是优先扶持类政策。主要包括由社会资本投资的，能增强粮食和农产品供给能力，推动农产品质量提升，改进农产品生产技术，开发农业农村新业态，推动农村三产融合，改善农村环境自然条件，培育新型农业经营主体，提高农业产业化和带动村社就业的联合体项目。尤其是对于无污染、符合绿色发展要求和产业链附加值高，带动辐射能力强的复合业态项目或特色类项目，可以在行政审批、信贷支持、财政补助和技术研发上予以倾斜。

二是平衡发展类政策。社会资本下乡从事中短期农产品经营销售、农产品产销一体化服务、旅游景区开发、传统农业品粗加工制造、小规模特色农产品种养的，应注意控制总量平衡，不宜盲目增加投资。

三是禁止类政策。主要是针对具有环境破坏和污染性质的，带动辐射集体农户能力弱的，高档奢侈的娱乐文化类新增投资，需要实行绝对禁止或者直接退出之限制。坚决防范资本下乡对农村农业的掠夺和土地非农化、非粮化。

第二节　探索实施“积分制”新乡民与“荣誉村民”政策

从实践中看，中国的特色城镇化进程走的是一条可进可退、弹性包容的兜底型城镇化道路，它既允许农民在不放弃土地权利的基础上“带地进城”，也允许市民化融入失败的农民工群体返回乡村，这是目前理论界强调农民工外出群体“半工半农”秩序或者“城乡双栖”型社会形成的根本原因。但是上述政策只在农村户籍人口中存在，对于城市人口下乡在制度上仍然严格禁止，从而形成了乡土社会中集体经济的单向流动和相对封闭特征。逆城镇化趋势兴起之后，回归乡村的群体中不仅有未放弃农村户籍的农民工群体，还有不少铭记乡愁、心系农村的乡贤企业家和工商业投资人，碍于户籍制度和城乡二元体制的限制，他们无法真正落地农村或融入乡土社会，给畅通城乡双向要素自由流动和建立统一大市场造成了阻碍，因此有必要在新形势下因势利导，通过积极探索实施“积分制”新乡民与“荣誉村民”政策创新来有效化解体制阻隔所带来的负面效应，推进城镇化与逆城镇化互促协调发展。

所谓积分制新乡民政策，是将现行大城市积分落户的相关政策和机制引入乡村并进行改造的一种制度创新，是一条“城市人积分落户农村”的人力资源流动新实践道路。该政策聚焦的是有乡土情怀、希望荣归故里或告老还乡的精英群体，引导并释放城里人想到农村养老、投资或务农式创业的市场需求，在不改变当前农村基本经营体制和集体经济制度的前提下，改变人才单向流动，城市人才、资金和技术无法有效进入乡村的发展局面。

在具体的政策设计上，可将申请积分人群划分为资源丰富型、公益慈善型、爱乡爱土型、技术应用型、资金富集型、农村急需型等多类群体。对农村急需的各类高端人才提出清晰硬性积分指标，同时，明确限制性、约束性、强制性和量化性权利义务指标，以及年度绩效考核退出性指标。合格者，将获得政府颁发的“农村人绿卡”，与本村农民享有同样的宅基地交易、土地承包和流转经营的权利，正式成为一名真正的“村民”。

那些不具备实施积分制新乡民政策的地区，可探索“荣誉村民”相关政策，亦能达到引才兴业、畅通城乡要素市场之目的。所谓“荣誉村民”，主要面向的是一批有资金、懂技术的本村及外村人才。通过“荣誉村民”评选，吸引这些经济能人和社会能人进村投资、发展、落户，助力乡村振兴。在实施上，需按程序修订完善村规民约，将“荣誉村民”纳入村规民约管理，开展基层民主自治工作。同时规范建立“荣誉村民”运行机制，明确“荣誉村民”获取条件、评选程序、权利义务，建立“荣誉村民”引进、管理、退出等有关管理机制。对于已获得荣誉村民资格的主体，可以严格按照有关程序和要求，将“荣誉村民”纳入股民群体进行管理，与其他集体成员一样享有资金、技术、资源等量化持股资格，深化原有股民与“荣誉股民”之间的利益联结，将“荣誉村民”并入村级集体管理。

第三节　完善农民工返乡就业创业扶持政策

在城镇化进入中后期且以农民工返乡为趋势的逆城镇化浪潮不可逆地兴起以后，加快完善农民工返乡就业创业扶持政策，促进乡村能留人、留得住人的目标尽快实现成为推动新时代城镇化和逆城镇化协同发展之关键。

从当前中国已建构的农民工返乡就业创业扶持政策体系上来看，主要依据的是《关于支持农民工等人员返乡创业的意见》（国办发〔2015〕47号）文件精神，该意见针对农民工返乡群体的就业和创业意愿做了7项安排，但是由于这项政策是分批分阶段进行试点的，因此示范效应和普及度不强，政策灵活性有待提高。为此需要尽快健全完善新的农民工返乡就业创业扶持政策，并鼓励地方发挥基础原创作用，促进农民工在返乡就业创业中扎住根稳住脚。具体的政策可从以下几个方面展开。

一是政策聚焦培育发展返乡创业产业集群。如主抓龙头企业、领军人才，实现以商招商和全产业链招商，引导返乡人员抱团发展、集群创业。依托电商产业发展新型产业集群，改变传统销售模式，延伸拉长上下游链条，促进优质产品销售，推动配套行业集聚协同发展，拓展返乡创业空间。

二是政策聚焦搭建各类返乡创业平台。如可依托各类返乡创业孵化平台，提供全要素全链条的返乡创业孵化服务，帮助返乡创业企业尽快发展壮大。也可建设改造提升返乡创业园，通过建设一体化、标准化厂房，完善基础设施，实现企业“拎包入驻”，降低运营成本，采取“财政补一点、税收补一点、金融机构贷一点、规费减一点、职能部门帮一点”的方式支持农民工进驻园区经营。

三是政策动态聚焦难点、痛点。通过创新信贷政策、开发返乡创业金融产品、扩大直接融资渠道等举措，解决返乡创业融资难问题。开辟返乡创业用地指标，扩大增量、盘活存量、创新供应方式，有效满足村民返乡创业用地需求。建立完善人才培育、引进、保障、激励政策体系，积极吸引人才、留住人才。通过代办、一对一、清单制等方式为返乡创业者提供强有力服务保障，着力优化返乡创业环境。

第四节　优化以县域为核心的省以下财税政策

推进城镇化与逆城镇化协调共进发展，重点在县域。必须千方百计地促进县域和特色小城镇发展，夯实城乡融合的载体基础。当前，中国县域经济发展不平衡性突出，分税制实施后财力上收事权下移导致省以下特别是县域财政压力迅速增大，加之连续实施的减税降费改革，使得县域在发展任务压力下债务风险不断累积，穷县、弱县、债务县已然成为中国城乡融合发展和乡村振兴战略中的一个关键隐患，必须加快改革予以化解。

在具体的施策方向上，有以下几个重点应予以关注。

一是完善和用好中央财政资金县域直达机制。一方面，推动资金快速下达并及时落实。根据有关工作进展情况和地方对于资金的实际需求，会同有关部门加快测算审核，尽快将剩余资金下达到位。同时，督促地方加快资金分解细化进度，及时履行备案程序，尽早将资金下达到使用单位，尽快形成实际支出。另一方面，严格监管直达资金，强化资金监测调度。利用财政大数据系统动态跟踪直达资金的分配、拨付和使用情况，及时发现、纠正问题，坚持直达资金单独调拨。同时，硬化预算执行约束，加强绩效管理，健全直达资金监控体系，建立监控预警机制。

二是创新县域内农村土地出让指标的异地调剂统筹政策。一方面，继续提高土地出让收入用于农业农村的比重。另一方面，完善市县留用为主、中央和省级适当统筹的资金调剂机制。赋予县级政府合理使用资金自主权。另外，对于一些债务大县和财政弱县，还可探索土地出让指标跨省交易联动机制，参考深度贫困地区或者集中连片特困地区土地指标交易办法，由省级统筹对接做好土地资金的调剂和补助工作，解决日益凸显的县域财政失衡问题。

三是完善省以下转移支付制度，有序壮大县级财力基础。加大对财力薄弱县的支持力度，对于生态保护县、粮食和重要农产品生产大县、人口大县的重要功能区，不指定具体支出用途。编制预算时，将财政事权转移支付列为一般性转移支付。同时建立财政事权和支出责任划分动态调整机制，根据事务管理及执行方式、机构职能调整等客观实际，动态调整省、市、县三级财政事权和支出责任划分。结合各地区经济发展、财政自给率变化、保障标准调整等情况，适时调整省以下各级财政支出责任分担比重。

第五节　加强"数字乡村"与"智慧乡村"政策体系设计

当前，中国经济社会发展正加速进入数字时代，数字技术天然具有跨界性和互惠性，因此被作为打破城乡二元体制、赋能城乡共享型发展、推动城镇化与逆城镇化协同互促的最优技术工具。那么在政策上，也应该把握城镇化进程中数字技术普及和逆城镇化过程中数字技术下乡建设数字乡村和智慧乡村的有利时机，有效缩小城乡差距。

在具体的政策制定上，应聚焦以下关键问题。

一是以数字乡村建设吸引资本下乡，为实现城乡资本双向流动提供契机。如当前大力开展的农村新型基础设施建设，其作为数字乡村建设的重要支撑，应加快在农村地区布局5G、人工智能、物联网等新型基础设施，积极引入信息化主流技术，实现数字技术与农业的深度融合，筑牢数字乡村的发展基础。此外，完善农村地区与新技术相配套的基础设施建设也势在必行。比如，中国农村地区的快递网点普及度仍然不够，这对农村地区的电商发展形成了一定制约。对农村地区而言，智能快递柜等是实现非接触式服务的重要方式，因此，应加快在农村地区推动智能快递柜等相关基础设施建设，以解决农村快递物流"最后一公里"的问题。还要看到，农村传统基础设施仍然是"三农"发展的重要基础，要创造条件推动其实现数字化转型。特别要加快推动农村地区农田、水利、公路、电力、冷链物流、农业生产加工等基础设施的数字化、智能化转型，推进智慧水利、智慧交通、智慧电网、智慧农业、智慧物流建设。这些项目的实施都为进一步吸引资本下乡提供了新机遇。

二是以数字乡村建设吸引数字化人才，为乡村村民数字化创业提供平台。数字乡村建设，离不开新技术、新业态的叠加推进作用，因此乡村“互联网+”迅速发展起来，尤其是直播电商呈现了高速发展态势。直播电商突破了地理界限，农户和乡村企业即可成为主播，开展农业生产的田间地头等即可成为直播间，能够更好地助力农产品销售，助推乡村振兴。同时，数字化催生数字文创产品，可以将乡土特色文化植入网络文学、网络视频等内容创作之中，推出云旅游、云展览、云体验等文旅新业态。这些数字产业都需要大量的数字化人才，能吸引了大量退役返乡军人、返乡大学生、返乡创业人员等留乡发展。

三是以智慧乡村建设推动乡村产业转型，为培育数字新乡民提供助力。在数字乡村和智慧乡村建设中，对已有传统乡村产业的数字化改造也蓄势待发。这会催生更多数字新乡民的市场需求。大量留守农民数字技能和数字素养不足，需要政府、集体或入驻企业提供在线培训服务，培养造就一支爱农业、懂技术、善经营的新型职业农民队伍。因此要调动农民的主动性和积极性，加强对农村干部、新型农业经营主体以及广大农民开展数字化技能和知识的培训，切实提高农民的数字化水平和能力，这也增加了新的乡村就业岗位，带来了大量乡村创业或就业机会。

四是以数字技术为载体推动城乡空间一体化发展。在数字乡村建设过程中，可充分利用数字技术，突破城乡居民户籍限制，推进城乡教育、医疗、社保等公共服务制度一体化、标准化建设，均等化分布，异地化使用，实现城乡电子档案统一管理，在线业务异地审批办理，逐步缩小城乡公共服务差距。以“数字化、信息化、智能化”为引领，依托海量数据和拥有极致算法的“城乡智慧大脑”，可以打造城乡居民业务在线申报、集中审批、统一结办的智慧教育、智慧医疗、智慧社保等公共服务“云平台”，实现城乡数据全面感知、业务办理跨界集成、业务流程整合再造、业务事宜协同审批，不断提高城乡公共服务均等化水平。

结　论

推进城乡深度融合发展，促进新型城镇化与乡村振兴协同共进是党的二十大报告和国家“十四五”规划中提出的新战略新要求，要在新发展阶段同步下好城镇化和乡村振兴两盘大棋，必须利用好逆城镇化这一新机制。笔者以新时代中国城镇化发展进程中出现的逆城镇化现象为独特切入点，立足城乡关系、城镇化发展阶段、人口迁徙动力学等基本理论认真考察了中国特色逆城镇化现象的本质及内在规律问题，而后全面聚焦农民工返乡和大城市郊区化两类具有中国属性的逆城镇化典型事实，深入研究了农民工返乡置业创业的总体趋势和大城市郊区化的空间格局，通过总结归纳逆城镇化与城镇化协同发展的动力机制，最后给出新时代促进逆城镇化与城镇化协同发展的实现路径和政策保障。由于研究内容较广、结论较为分散，故特别在此做统一梳理，本书核心研究结论如下。

一是笔者认为，在实践中，中西方逆城镇化性质存在明显差异，这些差异主要存在于阶层主体、动力归因、目标指向和发展特征四个维度上。与西方由富裕或中产阶层推动，因回避工业城市发展边际效益快速递减和负外部性成本迅速走高等经济社会问题所驱动形成的串联式发展逆城镇化所不同，中国特色逆城镇化则是由农民工群体返乡所推动，受到政府引导和市场力量双重驱使的并联式人口空间分散化过程。前者旨在服务于恢复资本积累的资本主义生产体制，后者则旨在实现城乡融合发展和缩小城乡差距，两者在与城镇化的隶属关系上具有显著差别。

二是研究发现，中国现阶段逐步兴起的逆城镇化现象仅是新型城镇化发展战略中的一个特定阶段，是城镇化发育更充分、更均衡，以及实现高质量发展转型的必然结果。从逆城镇化现象的时空特征上来看，其以局部、零散为特征，但是演进速度较快，经过 ROXY 指数的实证测算：所有的一线城市均处于郊区化或逆城镇化发展阶段，新一线城市中南京、武汉、沈阳、厦门和福州均处于郊区化或逆城镇化发展阶段，二线城市中只有南昌处于郊区化或逆城镇化发展阶段，三线城市中只有海口处于郊区化或逆城镇化发展阶段，其余城市均处于城镇化或再城镇化阶段，中国的逆城镇化现象尚未形成浪潮。

三是理论分析表明，在一系列动力机制的推动下，中国逆城镇化与城镇化可以实现共生并存、互促共荣发展，这些动力机制包括：第一，大中小城市和小城镇协调发展的新型城镇体系的形成；第二，以工促农、工农互惠的新型城乡关系的强化；第三，城乡深度融合与平等交换统一市场的建立；第四，扎实推进城乡居民共同富裕的政策激励。

四是笔者认为，在具体的改革进程中，需要继续聚焦逆城镇化与城镇化协同发展的动力机制，顺势而为，推动两者协同共进。其一，以“产业下乡”替代“资本下乡”促进城乡产业“融合式”蝶变；其二，以“县”为载体打造新型城镇化与逆城镇化协同发展平台；其三，重铸城乡融合的“大空间”国土利用总体规划格局；其四，完善“市场+政策”双驱动型逆城镇化制度供给体系。以上四个实现路径，体现了“产业端—地域端—空间端—制度端”的系统复合，给中国在新发展阶段深入实施城乡融合发展、同步推进新型城镇化与乡村振兴战略高质量落地指明了方向。

五是本书进一步给出了各级政府可以借鉴参考的政策指向，分别从建构社会资本下乡的投资和产业指引政策、探索实施“积分制”新乡民与“荣誉村民”政策、完善农民工返乡就业创业扶持政策、优化以县域为核心的省以下财税政策、加强“数字乡村”与“智慧乡村”政策体系设计等方面，提出了个人的具体建议。

综上，笔者认为，以城镇化和乡村振兴为抓手的城乡关系深度变革是未来中国全面深化改革和现代化建设总体布局中最为重要且最为持久的领域，必须正确把握好新阶段逆城镇化提供的时代机遇全力推动城乡融合格局加速形成。当然，我们也要注重改革的梯度性和风险性问题，既不能操之过急打断中国新型城镇化发展的大好进程，也不能碌碌无为错过乡村振兴的发展红利期，必须增强改革的系统性、全局性、审慎性和风险意识，在改革中探索出一条适合中国国情的城镇化、农业农村现代化发展道路。

参考文献

（一）经典文献

《马克思恩格斯文集》第1卷，人民出版社，2009。

《邓小平文选》第1卷，人民出版社，1994。

《江泽民文选》第1卷，人民出版社，2006。

《江泽民在中国共产党第十六次全国代表大会上的报告》，中国政府网，2008年8月1日，https://www.gov.cn/test/2008-08/01/content_1061490_5.htm。

《十六大以来重要文献选编》（上），中央文献出版社，2005。

《党的十九届四中全会〈决定〉学习辅导百问》，党建读物出版社、学习出版社，2019。

《习近平关于"三农"工作论述摘编》，中央文献出版社，2019。

习近平：《决胜全面建成小康社会 夺取新时代中国特色社会主义伟大胜利——在中国共产党第十九次全国人民代表大会上的报告》，《人民日报》2017年10月28日。

习近平：《十二届全国人大常委会第三十次会议初次审议》，《人民日报》2017年10月31日。

习近平：《以改革创新为动力推进健康中国建设》，新华网，2016年8月22日，http://httpnews.xinhuanet.com/mrdx/2016-08/22/c_135623359.htm。

习近平：《关于中共中央关于全面深化改革若干重大问题的决定的说

明》，《求是》2013 年第 22 期。

习近平：《农村绝不能成为荒芜的农村》，人民网，2013 年 7 月 22 日，http：//politics. people. com. cn/n/2013/0722/c1024-22284776. html。

《习近平新时代中国特色社会主义思想学习纲要》，人民出版社，2019。

习近平：《坚持把解决好“三农”问题作为全党工作重中之重促进农业高质高效乡村宜居宜业农民富裕富足》，《人民日报》2020 年 12 月 30 日。

（二）中文专著

托马斯·伯恩斯坦：《上山下乡：一个美国人眼中的中国知青运动》，李枫等译，警官教育出版社，1993。

顾洪章主编《中国知识青年上山下乡始末》，人民日报出版社，2009。

费孝通：《小城镇四记》，新华出版社，1985。

（三）中文期刊论文

邹巧飞：《马克思的城乡融合思想及其当代启示》，《科学社会主义》2014 年第 4 期。

王振坡、韩祁祺、王丽艳：《习近平新时代中国特色社会主义城乡融合发展思想研究》，《现代财经（天津财经大学学报）》2019 年第 9 期。

范根平：《习近平新时代城乡融合发展思想的三重论域》，《西藏发展论坛》2022 年第 1 期。

黄志海、刘琼豪：《习近平关于城乡融合发展重要论述的理论意涵与现实意蕴》，《经济与社会发展》2021 年第 6 期。

焦梦杰：《对习近平关于城乡融合发展重要论述的研究》，《中国经贸导刊》2021 年第 7 期。

尹兴：《习近平城乡融合发展重要论述研究》，硕士学位论文，黑龙江省社会科学院，2021。

汤斯萍：《习近平关于城乡融合发展的重要论述研究》，硕士学位论文，闽南师范大学，2020。

成芳：《习近平关于乡村振兴战略的重要论述研究》，硕士学位论文，兰州理工大学，2020。

江涛：《习近平城乡融合发展思想研究》，硕士学位论文，西南科技大学，2020。

邓金钱：《习近平乡村振兴发展思想研究》，《上海经济研究》2019年第10期。

张雅迪：《习近平城乡融合发展思想研究》，《法制与社会》2019年第20期。

崔瑞梅：《习近平关于"三农"问题重要论述的研究》，硕士学位论文，曲阜师范大学，2019。

王茜：《习近平关于美丽乡村建设的重要论述研究》，硕士学位论文，兰州理工大学，2019。

张丽媛：《毛泽东的城乡统筹思想研究》，硕士学位论文，大连海事大学，2011。

桂海平：《改革开放以来中国共产党城乡一体化理论与实践研究》，硕士学位论文，山东师范大学，2014。

王小伟、朱红梅：《我国与发达国家的逆城市化现象对比分析》，《资源开发与市场》2006年第4期。

黄小花：《发达国家的"逆城市化"现象及其启示》，《城市问题》1997年第6期。

张善余：《逆城市化——最发达国家人口地理中的新趋向》，《人口与经济》1987年第2期。

霍露萍：《大城市发展与疏散化的阶段性关系研究——以北京市为例》，博士学位论文，首都经济贸易大学，2020。

段瑞君：《欧美发达国家城市化进程的经验及其对我国的启示》，《城市》2008年第10期。

阎小培：《关于西方国家逆城市化的思考》，《城市规划》1990年第

3 期。

王宇冰、张丽莉：《西方逆城市化实质及启示》，《合作经济与科技》2021 年第 24 期。

陈明珠：《发达国家城镇化中后期城市转型及其启示》，博士学位论文，中共中央党校，2016。

王放：《发达国家的城市化历程对中国的启示》，《西北人口》2004 年第 3 期。

张准：《中美“逆城市化”现象之比较》，《生产力研究》2012 年第 1 期。

蒋永穆、胡筠怡：《从分离到融合：中国共产党百年正确处理城乡关系的重大成就与历史经验》，《政治经济学评论》2022 年第 2 期。

解安、覃志威：《中国共产党城乡关系探索的百年历程与基本经验》，《理论探讨》2021 年第 6 期。

沈东：《知识青年上山下乡再研究：一个逆城市化视角》，《中国青年研究》2018 年第 9 期。

陈映芳：《社会生活正常化：历史转折中的“家庭化”》，《社会学研究》2015 年第 5 期。

何万仲：《知识青年上山下乡动因分析及历史反思》，硕士学位论文，江西师范大学，2010。

王春娥：《近三十年国内知青史研究述评》，硕士学位论文，中共中央党校，2010。

侯丽：《对计划经济体制下中国城镇化的历史新解读》，《城市规划学刊》2010 年第 2 期。

叶辛：《论中国大地上的知识青年上山下乡运动》，《社会科学》2006 年第 5 期。

潘鸣啸：《上山下乡运动再评价》，《社会学研究》2005 年第 5 期。

戴嘉枋：《乌托邦里的哀歌——“文革”期间知青歌曲的研究》，《中国音乐学》2002 年第 3 期。

郑以灵：《知青运动与毛泽东的“三农”思想》，《厦门大学学报》

（哲学社会科学版）2001年第2期。

张曙：《不对称的社会实验——论“文革”中的知青上山下乡运动》，博士学位论文，中共中央党校，2001。

张曙：《“文革”中的知识青年上山下乡运动研究述评》，《当代中国史研究》2001年第2期。

徐春夏：《90年代国内关于“知青运动”研究综述》，《当代中国史研究》2000年第4期。

于云瀚：《上山下乡运动与中国城市化》，《学术研究》2000年第9期。

米鹤都：《析上山下乡运动的起源》，《当代中国史研究》1999年第2期。

张泽民、买文兰：《知识青年上山下乡的历史考察与思考》，《河南师范大学学报》（哲学社会科学版）1998年第5期。

方奕：《论知识青年上山下乡的历史分期》，《中国青年研究》1995年第4期。

杨佳秀：《我国农村劳动力转移问题及机理研究》，硕士学位论文，中国海洋大学，2008。

孔喜梅：《我国劳动力回流问题研究述评》，《山西师大学报》（社会科学版）2010年第3期。

张术环、张文萃：《农民工回流问题研究综述》，《经济纵横》2009年第2期。

曾湘泉、郭晴：《数字金融发展能促进返乡农民工再就业吗——基于中国劳动力动态调查（CLDS）的经验分析》，《经济理论与经济管理》2022年第4期。

李强：《影响中国城乡流动人口的推力与拉力因素分析》，《中国社会科学》2003年第1期。

陈细娣：《我国农民工回流的历史发展、变动趋势及保障路径——基于2010—2019年全国农民工监测数据的分析》，《天津农业科学》2021年第6期。

梅莹：《中外“逆城市化”研究的热点与趋势对比——基于 CiteSpace 的文本可视化分析》，《未来与发展》2022 年第 3 期。

陈丹、张越：《乡村振兴战略下城乡融合的逻辑、关键与路径》，《宏观经济管理》2019 年第 1 期。

陈昕昕：《农村内生发展动力与城乡融合发展》，《农业经济》2018 年第 12 期。

丁静：《新时代乡村振兴与新型城镇化的战略融合及协调推进》，《社会主义研究》2019 年第 5 期。

段龙龙、叶子荣：《“逆城镇化”推动中国城乡融合发展的逻辑关联与实现路径》，《当代经济研究》2022 年第 3 期。

段龙龙：《城乡融合发展推动共同富裕》，《中国社会科学报》2021 年 5 月 19 日。

段龙龙：《新型城镇化与乡村振兴协同发展路径：逆城镇化视角》，《现代经济探讨》2021 年第 5 期。

樊正强、谭华云：《加快小城镇建设助力乡村振兴》，《光明日报》2018 年 4 月 3 日。

高鸣、魏佳朔：《促进农民农村共同富裕：历史方位和实现路径》，《中国软科学》2022 年第 8 期。

高强、薛洲：《以县域城乡融合发展引领乡村振兴：战略举措和路径选择》，《经济纵横》2022 年第 12 期。

龚勤林、陈说：《新中国成立以来党领导城乡关系调整的历程与经验》，《经济问题探索》2022 年第 2 期。

辜胜阻、郑超、曹誉波：《大力发展中小城市推进均衡城镇化的战略思考》，《人口研究》2014 年第 4 期。

胡向东、石自忠：《激活要素推进乡村振兴的战略思考》，《经济纵横》2022 年第 8 期。

黄承伟：《论乡村振兴与共同富裕的内在逻辑及理论议题》，《南京农业大学学报》（社会科学版）2021 年第 6 期。

金三林、张海阳、孙昊、陈炫汐：《大力推动县域城镇化进程助力大中小城市和小城镇协调发展》，《农业经济问题》2022年第10期。

李红玉：《城乡融合型城镇化——中国新型城镇战略模式研究》，《学习与探索》2013年第9期。

李宁：《城乡融合发展驱动共同富裕的内在机理与实现路径》，《农林经济管理学报》2022年第4期。

李强、陈振华、张莹：《就近城镇化模式研究》，《广东社会科学》2017年第4期。

李实、朱梦冰：《推进收入分配制度改革，促进共同富裕实现》，《管理世界》2022年第1期。

李实：《共同富裕的目标和实现路径选择》，《经济研究》2021年第11期。

刘秉镰、朱俊丰：《新中国70年城镇化发展：历程、问题与展望》，《经济与管理研究》2019年第11期。

刘彦随：《中国新时代城乡融合与乡村振兴》，《地理学报》2018年第4期。

曲延春：《从"二元"到"一体"：乡村振兴战略下城乡融合发展路径研究》，《理论学刊》2020年第1期。

苏红键：《构建新型工农城乡关系的基础与方略》，《中国特色社会主义研究》2021年第2期。

涂圣伟：《城乡融合发展的战略导向与实现路径》，《宏观经济研究》2020年第4期。

辛宝英：《城乡融合的新型城镇化战略：实现路径与推进策略》，《山东社会科学》2020年第5期。

许彩玲、李建建：《城乡融合发展的科学内涵与实现路径——基于马克思主义城乡关系理论的思考》，《经济学家》2019年第1期。

杨传开、刘晔、徐伟、宁越敏：《中国农民进城定居的意愿与影响因素——基于CGSS2010的分析》，《地理研究》2017年第12期。

杨传开、朱建江：《乡村振兴战略下的中小城市和小城镇发展困境与路径研究》，《城市发展研究》2018年第11期。

杨国才、潘锦云：《"以工哺农"、"以工促农"与我国传统农业现代化》，《经济学家》2008 年第 3 期。

张曼、邓谨：《构建新型工农城乡关系的历史演进、价值旨归和逻辑内蕴》，《西北农林科技大学学报》（社会科学版）2023 年第 1 期。

张强、霍露萍、祝炜：《城乡融合发展、逆城镇化趋势与乡村功能演变——来自大城市郊区城乡关系变化的观察》，《经济纵横》2020 年第 9 期。

张瑞：《中国特色城镇化的发展方向和路径》，《当代世界与社会主义》2016 年第 5 期。

张小瑛、赖海榕：《新型工农城乡关系：从"以工促农"到"工农互促"的战略转变与动力机制》，《经济社会体制比较》2022 年第 1 期。

张志元、李洋：《共同富裕视域下高质量推进乡村振兴的路径探析》，《长白学刊》2022 年第 6 期。

赵培、郭俊华：《产业振兴促进农民农村共同富裕：时代挑战、内在机理与实现路径》，《经济问题探索》2022 年第 9 期。

中国宏观经济研究院产业所课题组：《改革开放 40 年中国工农关系演变：从缓和走向融合》，《改革》2018 年第 10 期。

周立、汪庆浩、罗建章：《工农城乡关系的历史演进、时代特征与未来展望》，《福建论坛》（人文社会科学版）2022 年第 9 期。

朱鹏华、刘学侠：《以人为核心的新型城镇化：2035 年发展目标与实践方略》，《改革》2023 年第 3 期。

朱守银：《影响新型工农城乡关系构建的几个基本问题——基于"合村并居"实践和讨论引发的思考》，《理论探索》2021 年第 2 期。

卓玛草：《新时代乡村振兴与新型城镇化融合发展的理论依据与实现路径》，《经济学家》2019 年第 1 期。

肖金成、刘保奎：《改革开放 40 年中国城镇化回顾与展望》，《宏观经济研究》2018 年第 12 期。

苏红键、魏后凯：《城市规模研究的理论前沿与政策争论》，《河南社会科学》2017 年第 6 期。

宋书伟：《新型中等城市中心论——科技文明时代新型的社会结构》，《城市问题》1990年第1期。

吕先声：《中等城市与城乡一体化 中等城市要在城乡一体发展中显示优势兼论新乡市市带县体制的完善》，《决策探索》1987年第4期。

徐匡迪：《新时期中国城镇化研究》，《全球化》2015年第9期。

李培林：《小城镇依然是大问题》，《甘肃社会科学》2013年第3期。

胡兆量：《大城市的超前发展及其对策》，《北京大学学报》（哲学社会科学版）1986年第5期。

王小鲁：《中国城市化路径与城市规模的经济学分析》，《经济研究》2010年第10期。

蔡继明：《切勿重蹈小城镇遍地开花的覆辙》，《经济纵横》2010年第7期。

贺立龙、赵峰：《共同富裕是新时代中国特色社会主义发展的必然要求》，《光明日报》2022年1月11日。

张露、罗必良：《构建新型工农城乡关系：从打开城门到开放村庄》，《南方经济》2021年第5期。

邹一南：《工农城乡关系演进下集体所有制的嬗变与重构》，《经济学家》2022年第4期。

文丰安：《中国式现代化视域下城乡融合发展的逻辑演进与实践路径》，《学习与探索》2023年第7期。

周慧、刘杨、周加来：《共同富裕背景下县域城乡融合发展的理论逻辑与实践进路》，《南京农业大学学报》（社会科学版）2023年第3期。

余洋：《打造城乡融合发展示范区的随州实践与探索》，《学习月刊》2023年第5期。

夏柱智：《乡村振兴战略下县域城乡融合发展的理论与实践：一个分析框架》，《河南社会科学》2023年第4期。

马光川、林聚任：《空间视域下县域城乡融合发展与乡村振兴——以国家城乡融合发展试验区莱西市为例》，《南京农业大学学报》（社会科学版）2023年第1期。

姚路萱：《农村人居环境整治助推城乡融合——上海赵巷和睦村村庄建设实践》，《上海农村经济》2022年第12期。

吴小琼：《城乡融合试验区政策执行路径研究——以福州东部片区试验区为例》，《福建建筑》2022年第12期。

殷婕：《新时代推进城乡融合发展的实践路径探析——以成都市龙泉驿区为例》，《中共乐山市委党校学报》2022年第6期。

包雪艳、戴文远、刘少芳、陈松林：《城乡融合区乡村地域多功能空间分异及影响因素——以福州东部片区为例》，《自然资源学报》2022年第10期。

曾旭晖、倪可洋：《城乡融合视角下人口迁徙制度改革探究——基于成都西部片区的探索与实践》，《西华大学学报》（哲学社会科学版）2022年第3期。

李永华：《江西鹰潭"解锁"了哪些城乡融合做法》，《中国经济周刊》2022年第7期。

郑兴明：《探索闲置宅基地城乡共建共享新模式：内在逻辑、困境与路径——基于城乡融合发展的视角》，《现代经济探讨》2022年第2期。

古叶恒、周剑峰、肖时禹、邵诗聪、李璋洁：《集体土地入市下的乡村振兴试验——一种新型城乡融合地区的规划探索》，《规划师》2021年第20期。

范颖、苟建汶、李果：《城乡融合引领下乡村空间生产与"乡村+"发展路径探讨——成都公园城市城乡融合乡村振兴典型案例的启示》，《农村经济》2021年第7期。

叶红玲：《探索城乡融合发展新路径——陕西高陵农村土地制度改革试点观察》，《中国土地》2018年第10期。

（四）英文文献

A. Champion, "Counterurbanization in Britain," *Geographical Journal*, Vol. 155, No. 1, 1989.

A. Rondinelli, H. Evans, "Integrated Regional Development Planning:

Linking Urban Centres and Rural Areas in Bolivia," *World Development*, Vol. 11, No. 1, 1983.

B. Jeremy, " Historicizing Counterurbanization: In-migration and the Reconstruction of Rural Space in Berkshire (UK), 1901 – 51," *Journal of Historical Geography*, Vol. 38, No. 2, 2012.

C. Cheung, "The Paradox of China's Urban-Rural Integration: The Hukou System, Rural Policy, and Rural Land Development," *Urban Anthropology and Studies of Cultural Systems and World Economic Development*, Vol. 41, No. 2, 2012.

Fred Dahms, M. Janine, " ' Counterurbanization ', Interaction and Functional Change in a Rural Amenity Area: A Canadian Example," *Journal of Rural Studies*, Vol. 15, No. 2, 1999.

G. Lu, H. W. Li, H. Shan, " Evaluation of City-Industry Integration Development and Regional Differences under the New Urbanization: A Case Study of Sichuan," *Applied Sciences*, Vol. 12, No. 9, 2022.

Jason P. Holcomb, " Migrationand Counterurbanizationinthe Edwards Plateauof Texas, 1985–1990," *Great Plains Research*, Vol. 13, No. 2, 2003.

J. Clare, A. Mitchell, "The Patterns and Places of Counterurbanization: A 'Macro' Perspective from Newfoundland and Labrador, Canada," *Journal of Rural Studies*, Vol. 70, No. 4, 2019.

J. Clare, A. Mitchell, "Making Sense of Counterurbanization," *Journal of Rural Studies*, Vol. 20, No. 1, 2004.

J. R. Maria, "Migration to Rural Navarre: Questioning the Experience of Counterurbanization," *Tijdschrift voor Economische en Sociale Geografifie*, Vol. 98, No. 2, 2007.

J. Zhu, M. Zhu, Y. Xiao, " Urbanization for Rural Development: Spatial Paradigm Shifts Toward Inclusive Urban-Rural Integrated Development in China," *Journal of Rural Studies*, Vol. 71, No. 3, 2019.

K. Thomas, V. Roland, " Explantions for the Intensification of Counterurbanization in theFederal Republic of Germany, " *The Professional Geographer*, No. 1, 1998.

L. Chen, F. Gates, "From Coordinated to Integrated Urban and Rural Development in China's Megacity Regions," *Journal of Urban Affairs*, Vol. 41, No. 2, 2019.

L. F. Chuang, "On Integrated Urban and Rural Development," *Journal of Geographical Sciences*, Vol. 32, No. 8, 2022.

L. Tian, Y. Guo, *Peri-Urban China: Land Use, Growth, and Integrated Urban-Rural Development*, Routledge, 2019.

L. Shiwei, H. Yaping, W. Xiaoqing, "Evaluation, Recognition and Implications of Urban-Rural Integration Development: A Township-Level Analysis of Hanchuan City in Wuhan Metropolitan Area," *Land*, Vol. 12, No. 1, 2022.

M. Xiaoshuang, "The Road of Urban-Rural Integration Development Under the Rural Revitalization Strategy," *International Journal of Agricultural Economics*, Vol. 4, No. 4, 2019.

Q. Li, Z. Ke, S. JunXiu et al., "Regional Differences and Convergence of Urban-Rural Integration Development from the Perspective of Factor Flow," *Journal of Environmental And Public Health*, Vol. 12, No. 8, 2022.

R. Ram, "Strengthening Positive Urban-rural Linkages, Promoting Sustainable Development and Creating Employment Opportunities : Regional Integration," *International Journal of Management Science Research*, Vol. 5, No. 1, 2022.

T. Nefedova, N. Pokrovskii, A. Treivish, "Urbanization, Counterurbanization, and Rural-Urban Communities Facing Growing Horizontal Mobility," *Sociological Research*, Vol. 55, No. 3, 2016.

T. Tiit, K. Hill, K. Inga, "Urbanization, Suburbanization, and Counterurbanization in Estonia," *Eurasian Geography and Economics*, Vol. 45, No. 3, 2004.

W. Wei, Z. Yulin, "Impact of Labour Productivity Differences on Urban-

Rural Integration Development and Its Spatial Effect: Evidence from a Spatial Durbin Model," *Complexity*, Vol, 25, No. 2, 2022.

W. Nishad, "Logical Evolution of Marxist Thought of Urban-Rural Integration and Development," *Indian Journal of Public Health Research & Development*, Vol. 2, No. 7, 2016.

Y. Guo, J. Xu, "Spatial and Temporal Evolution of Urban Rural Integrated Development Levels in Jiangsu Province, China," *Regional Science Policy & Practice*, Vol. 5, No. 3, 2013.

附录1：新型城镇化与乡村振兴协同发展路径研究："逆城镇化"的视角

段龙龙

摘　要：推动新型城镇化与乡村振兴协同发展是"后全面小康时代"促进中国城乡深度融合、实现城市与农业农村同步现代化的重要举措。逆城镇化规律使其成为可能。中国特色"逆城镇化"现象是以"农民工"为主体的"政策引导型"空间分散化过程，其本质仍为新型城镇化的有机组成部分，是中国城镇化进程迈入中后期空间发育不充分不平衡的必然产物。新时代加快新型城镇化与乡村振兴协同发展必须积极发挥逆城镇化规律在推进城镇化进程和带动乡村振兴过程中的双重共振效应，通过引导融合型产业下乡、充实壮大"县域"空间载体和加强"逆城镇化"制度供给体系建设三方面路径来实现。

关键词：新型城镇化；乡村振兴；协同发展；逆城镇化

一　引言

高质量推进"以人为核心"的新型城镇化进程，全方位实施以"农业农村现代化"为终极目标的乡村振兴行动是中国在后全面小康时代着力破解发展不充分不平衡矛盾，构建城乡融合发展新格局，畅通国内大循环，夯实社会主义现代化空间基础的重大战略举措。但如何做到城镇化与乡村振兴战略协同并举与良性互动是理论和政策界亟须解决的重要课题。党的十八大以来，习近平总书记曾多次对这一问题展开论述，明确强调中国特色城镇化道路，必须是一条城镇化同农业现代化同步发展的道路，不管工业化、城镇化进展到哪一步，城乡长期共生并存的关系不会改变。是故，城镇化要发展，农业现代化和新农村建设也要发展，二者同步发展才能相得益彰。

既然统筹推进新型城镇化与乡村振兴协同发展是中国站在社会主义现代化建设新起点、开启城乡融合发展新局面的必由之路，那么问题的关键就转化为找寻新型城镇化与乡村振兴协同发展的衔接机制上来。由于中国的城镇化与农村发展进程具有明显的体制转轨依赖和非均衡特征，农业农村现代化水平显著滞后于城镇化进程。因此促进城镇化与乡村振兴协同并举的衔接机制必然来源于“以工补农、以城带乡，工农互促、城乡互补”的新时代新型城乡关系逻辑。有着发挥助力要素城乡双向流动、消除城乡割裂的空间功能的“逆城镇化”现象开始引起决策层重视。从发展经济学理论来看，“逆城镇化”现象的出现是城镇化发育到中后期阶段城乡关系从割裂走向融合的必然趋势。只有正确认识中国特色“逆城镇化”规律的本质并不断壮大逆城镇化规律运行的积极成果，才能让新型城镇化与乡村振兴协同发展的战略目标真正落地，推动农业农村现代化与城乡融合新格局构建行稳致远。

二　新型城镇化与乡村振兴协同发展的时代命题

改革开放40余年以来，受户籍制度和城乡土地制度的双重约束，城市偏向的发展战略在中国增长奇迹的形成过程中起到了举足轻重的作用。但这种“城乡分割”式非均衡发展策略也同步引致了农业现代化发展相对滞后、乡村凋敝等不良后果。进入21世纪之后，国家虽然在顶层设计上以城乡统筹和城乡一体化建设思路开启了城乡关系互动的新局面，但仍不能彻底扭转城镇化“黑洞效应”和乡村产业衰败的现实图景，亟待构筑新的城乡关系格局。党的十八届三中全会后，健全城乡发展一体化体制机制，促进城镇化和新农村建设协调推进开始正式成为改革主旋律，并将其正式写入《国家新型城镇化规划（2014—2020年）》。随着党的十九大报告正式提出实施乡村振兴战略，面向高质量发展新时代的城乡现代化建设命题正式转变为"新型城镇化与乡村振兴协同发展"，标志着农业和农村现代化与城市现代化互促并举纲领的正式落地。在中国全面建成小康社会、开启建设社会主义现代化强国的新征程上，推动和完善新型城镇化与乡村振兴协同发展的时代命题又被赋予了更为重要的改革任务，其主要内容包括：重构以"融合"为本底的新型城乡关系、提速质量更高发育更充分的城镇化进程和实现城市与农业农村现代化建设的相对均衡三个层面。

（一）重构以"融合"为本底的新型城乡关系

在《德意志意识形态》中，马克思对高级发展阶段下的城乡关系进行了预判，他认为："消灭城乡之间的对立，是共同体的首要条件之一，这个条件又取决于许多物质前提。"① 同时，恩格斯在《反杜林论》中深入分析了城乡关系的最终发展趋势，提出了"大工业在全国的尽可能平衡的分布，是消灭城市和乡村的分离的条件"② 的著名论断。新中国成立后，为了迅速实现社会主义改造及建设一个完整的国防工业体系，中国利用了户籍制度中的"城乡差别"以及"农产品统购统销制度"创造的"工农差价"，快速集中资金用于重工业的优先发展。这种做法不仅积累了促进重工业发展必需的资本，也导致了城乡间明显的二元结构。改革开放以来，随着农村土地权利的改革和区域发展的非均衡策略持续发挥作用，中国逐渐形成了以"农转非"为主，大城市优先发展的城乡结构。城乡关系以城市为主导，形成了一种城市引领乡村发展的格局。进入 21 世纪，随着"四化"（工业化、信息化、城镇化、农业现代化）同步发展的战略需求，中国的城乡关系步入了城乡一体化的新阶段，关注城乡统筹发展，目的在于缩小不断扩大的城乡差距。特别是 2017 年党的十九大后，中国正式进入城乡融合发展的新阶段，强调制定和完善一体化的发展方针和政策系统。

从学理上看，城乡融合描述的是城市与农村在生产、生活，以及生态

① 《马克思恩格斯文集》第 1 卷，人民出版社，2009，第 557 页。

② 《马克思恩格斯全集》第 20 卷，人民出版社，1971，第 321 页。

等多方面功能的空间整合与重构，目标是促成资源要素的自由流动、优化配置，并构建互利的共同体。基于融合的理念，新型城乡关系着重于构建促进工业与农业、城市与乡村互补互促的发展机制，以实现更均衡的发展。中国城乡融合型关系的发展正在经历“城市优先，到乡村—城乡并重，再到重视乡村发展，以及最终实现城乡共同体”的过程。在以融合为基础的新型城乡关系构建的新阶段，应当促进城镇化和乡村振兴的同步推进，消除城乡之间的发展障碍，从而实现城市与农业农村现代化的同步发展。

（二）提速质量更高发育更充分的城镇化进程

截至2019年底，中国的常住人口城镇化率已经超过60%，根据诺瑟姆的城镇化发展分类标准，中国的城镇化进程已进入发展的中后期。尽管中国的城镇化速度整体较快，但仍存在明显的地区不平衡和发展不充分的问题。一方面，东部地区的城镇化率普遍高于全国平均水平，珠三角、京津冀和长三角等地区的城镇化已达到较高阶段。相比之下，还有18个省份的城镇化率低于全国平均水平，这些省份多数位于中西部地区，例如贵州、云南、甘肃和西藏等，这些地区的常住人口城镇化率甚至不到50%。另一方面，城镇化的内部空间分布显示，目前中国大城市发展过快，而中小城市则发展缓慢。根据2014年调整后的城市规模分类，到2019年，中国共有6座超大城市和9座特大城市，在所有的地级以上城市中，中小城市占比达56%，若包括县级市，则中小城市占比接近95%。根据相关数据，2019年中小城市的户籍城镇化率仅为30.1%，远低于全国平均水平的46.6%。在“十三五”规划的前半期，特大和超大城市的人口年均增长率超过20%，而中小城市的增长相对缓慢，东北地区的某些中小城市甚至出现了人口负增长的情况。此外，中国城镇化的快速推进也暴露了对绿色、集约和以人为本的城镇化转型的回应不足，实际操作中常常优先考虑土地城镇化，常见的做法包括“撤县设区”和激烈的“人才争夺战”，以及城市基本公共服务不足等问题。要解决这些发展障碍，必须深化城镇化与乡村振兴的协同发展策略。

（三）实现城市与农业农村现代化建设的相对均衡

推动城镇化进程和持续的城镇化建设是实现社会主义的工业和农业现代化的关键路径。它是对抗经济下滑、扩大内需、推动产业结构转型的主要抓手，但在中国特别是在大城市优先发展的政策推动下，也可能引致诸多挑战。例如城市增长与乡村发展之间的不同步、工业增长对农业的拉动作用减弱，以及乡村治理结构因农民工流出而变得薄弱。这种速战速决的城镇化可能加剧城乡发展不平衡，甚至阻碍农村现代化的进程。当前，中国仍处在社会主义初级阶段，这一阶段的特点在农村尤为明显，农村地区集中体现了人民对美好生活需求的增长与发展不平衡、不充分的矛盾。因此，新型城镇化与乡村振兴的协同发展不仅是为了扭转长期以来社会忽视农村现代化的状况，还试图从根本上解决发展不平衡的城乡关系。这样做的战略意义在于，通过"后发追赶"的方式促进乡村建设和农村现代化，不仅要补齐农村发展的短板，更应该重新将农业和乡村现代化定位为与城镇化、工业化、信息化齐头并进的重要领域，突出农村现代化在中国社会主义现代化建设中的核心角色。

三　城镇化与乡村振兴协同发展之关键：正确理解逆城镇化规律

所谓"逆城镇化"，是城镇人口从中心城区向郊区、边缘化地区乃至乡村地区不断迁徙的一种要素空间再配置现象。它代表着人口从集中向"去集中化"状态的系统性转变。作为城镇化迈向成熟阶段的特殊空间过程，逆城镇化初期仅仅作为一种现象而被人们熟知，后经过西方发达国家长达30年的发展实践逐步演化为一种经济规律而被学术界所认可。基于市场原则的城乡发展经验表明：逆城镇化规律是促成城镇化与乡村繁荣共兴之关键，也是消解城乡二元结构、带动工农生产部门生产率趋同的重要机制。因此，对于中国特色逆城镇化规律的系统性认识和正确解读，便成了引导城镇化与乡村振兴协同发展的科学指南，只有阐释清楚逆城镇化与城镇化、逆城镇化与乡村振兴之间的相互关系，才能找到双向并举推进城镇化与乡村振兴协同发展的有效路径，为新型工农城乡关系的高质量构建夯实基础。

(一) 逆城镇化概念及中国特色逆城镇化规律的典型表现

20世纪70年代，逆城镇化现象首先在欧美等西方发达国家陆续出现。由于逆城镇化初期是由中产阶层所主导的一种迁徙和定居变迁运动，所以西方经济学界根据民众的流动方向将逆城镇化视为典型的“过程分散型”人口城乡再分配策略。从人口数量变动趋势上来看，逆城镇化过程可以被理解为大城市或大都市市区人口向农村或小城镇逐步迁徙的过程，表现为人口逐渐分散代替人口集中于大都市区的一种分布式规律。而从人口迁徙的流向来看，广义的逆城镇化可能涉及民众从大城市中心区或大都市区向“次中心”“大城市外围”迁徙的“郊区化”阶段，也触及人口向行政级别较低的卫星城、小城镇流动的“次城镇化”阶段和因“污染、拥挤和高生活成本”而向乡村迁徙的“反城镇化”和“再城镇化”阶段（见附表1）。由于逆城镇化概念的本质特征是人口的“去集中”和“分散化重组”，因此对逆城镇化内涵的理解和把握也需要立足地域和发展演变的差异来加以概括。根据当前发展经济学最新的逆城镇化发展阶段论，理论界普遍认可的所谓的逆城镇化可以由早期的郊区化阶段、中期的次城镇化阶段和较后期的反城镇化阶段共同组成。

附表1　广义逆城镇化的几种类型及特点

类别	人口迁移主体	迁移动因	空间特征	发生时期
郊区化 (Suburbanization)	精英及 富裕阶层	利润驱动、资源私有化	中心城区扩张、都市边界低密度增长	城镇化 中前期
次城镇化 (Dis-urbanization)	中产阶级	住房及就业机会的可及性	城市次中心发育、卫星城快速成长	城镇化 中期
反城镇化 (Anti-urbanization)	工人阶级 与低收入者	拥堵、污染等负外部性及公共服务短缺	中心城区衰退、远郊及农村逐渐发育	城镇化 中后期
再城镇化 (Reurbanization)	中产阶级 富裕阶层 低收入者	多样性需求的选择性表达	乡村地区以飞地形式选择性集中、农村城镇化	城镇化 后期

与西方国家相似，中国的“逆城镇化”现象也是在城镇化发展至中后期时才开始逐渐显现的。然而，中国的逆城镇化发展速度更快，其表现形式和空间特征与西方发达国家存在显著的差异。总结起来，中国特色逆城镇化规律在当代主要有以下典型表现。

一是中国的逆城镇化趋势主要由农村外出务工人员驱动，与西方由富人阶层与中产阶级推动不同。自改革开放以来，特别是随着经济特区的建立及阶段性开放政策的实施，大规模的农民工迁移潮开始出现。这些外出务工的农民以转变为非农户口和城市居民为目标，推动了独具中国特色的城镇化。进入21世纪以来，尤其是在“十二五”规划期间，由于工业与农业之间的收入差距逐步缩小，以及严格的城市户籍制度，农民工的城市迁徙意愿开始减弱，逐渐出现了在地就业转换、基于代际分工的职业转换和返乡置业等新现象。这些现象反映了一种由下至上的中国特色逆城镇化潮流。在这一过程中，部分务工人员选择返回农村定居并成为农业的中坚力量，而另一部分则在离开农田但不离开家乡的情形下，迁往较小的城镇或县城，成为郊区化和次级城镇化的重要推动主体。

二是中国的逆城镇化进程显著受到政策的引导，不同于西方国家主要由市场机制自然调控的模式。在欧美等发达国家，逆城镇化多是市场竞争自由发展的结果，旨在解决城市资源集中效率低下的问题。相反，中国的逆城镇化着重解决城乡资源配置的公平性问题，由于中国特有的历史背景和城乡制度的变迁，模仿西方的逆城镇化模式并不可行。在新时代的背景下，中国的逆城镇化策略旨在实现城镇化的空间正义，通过合理促进中小城镇的发展，优化城镇空间布局，解决乡村衰退的深层问题。这需要通过促进人口、技术、资本等要素的回流来重建乡村治理体系。政策的双重焦点在于限制大城市的人口增长和拓宽乡村的人口回流通道，一方面通过完善城镇化新体系促进人口向中小城镇流动，另一方面加强农业支持，通过乡村振兴战略提升农村地区的承载能力。

三是中国的逆城镇化现象表现出显著的地区差异，这与西方国家的“后城镇化”阶段不同。在西方，城镇化已达到成熟阶段，逆城镇化多表现为人口从城市集中地区的分散。而在中国，由于地区经济发展的不均衡和城市布局的多样性，逆城镇化和城镇化常常是同步发生的，大城市的核心区域扩张与城市的去中心化现象并存，次中心区域也在不断扩大。特别是在北京、上海、广州和深圳等一线城市，这些地方的城镇化已进入更高级的阶段，逆城镇化现象较为显著，促进了中小城镇和乡村的繁荣发展。相对而言，在中西部地区尤其是西部的欠发达地区，城镇化进程还远未达到成熟阶段，此时提及逆城镇化现象的规律性还为时尚早。如何千方百计地实现农村人口市民化以有效巩固农村精准脱贫的阶段性成果才是后发地区重铸增长动能的当务之急。

（二）逆城镇化与城镇化之联系

不论是在理论界还是在决策层，对于城镇化规律的探讨已屡见不鲜，但对逆城镇化现象的关注却远远不够，得益于习近平总书记在 2018 年“两会”期间“城镇化、逆城镇化相辅相成”的重要论述，对于中国特色逆城镇化规律的研究才渐成热点。当前中国学术界对逆城镇化现象的本质认识存在诸多误区，要么否认逆城镇化规律的存在，将逆城镇化中所谓的人口郊区化或中心城市净流出现象视为一种短暂的、不完备的“半城镇化”过程，要么将逆城镇化视为理论“禁区”，认为其是对城镇化进程的“彻底中断”和“反叛”，只强调防范可能出现的“逆城镇化衍生风险”。上述争议的本质，是没有正确认识逆城镇化与城镇化之间的相互联系，不承认逆城镇化的积极影响并过分夸大其负面意义。

笔者认为，在探讨逆城镇化与城镇化之间的关系时，应该从城镇化的多样性、区域发展阶段以及城乡关系三个维度来分析。首先，逆城镇化可以被视为一种城镇化的特殊阶段或中间状态，这主要体现为大型城市高迁移成本和市民化风险下的非典型人口流动。这种流动表现为“半城镇化”和季节性的“候鸟式”迁移，最终还是归入城镇化的过程。其次，逆城镇化与城镇化的关系在不同地区可以是顺序发生或同时存在的，这取决于该地区的城镇化水平和质量。当一个地区的城镇化进展顺利、城市产业结构较为合理时，逆城镇化现象往往较晚出现。而在那些优先发展大城市的地区，由于城市产业结构和公共服务水平不足以支撑人口市民化，城镇化与逆城镇化将并行不悖。这种逆城镇化现象的出现，不是逆转城镇化进程，而是一种市场调节手段，旨在纠正大城市偏向的城镇化模式，使得空间城镇化更合理高效。最后，从城乡关系的视角看，逆城镇化被视为城镇化发展进入高级阶段后的一个有益补充，它推动城镇化进程更加充分、更加均衡。逆城镇化促进了县域城镇化、乡镇更新甚至是农村城镇化的进一步发展，成为连接新型城镇化和高质量城乡融合发展的关键载体。因此，逆城镇化应被视为现代中国解决城镇化发展不平衡的一种系统性策略，它与新型城镇化的目标不谋而合，相辅相成，共同推动城乡的整体繁荣。

（三）逆城镇化对乡村振兴的作用

从战略上来讲，中国加快实施乡村振兴战略的根本目的是要实现农业农村的现代化。其中存在"依靠谁来振兴"和"怎样振兴"两大现实难题，而"逆城镇化"规律为其提供了很好的解答。当前，中国乡村振兴战略刚刚起步，需要直面人口空心化、产业低端化和村治失序化等诸多发展议题，必须紧紧抓住"逆城镇化"这一"牛鼻子"促进要素在"城—乡"流动。逆城镇化规律天然地成了乡村振兴的市场化推力。

我们认为，逆城镇化对新时代中国乡村振兴之功效主要体现在以下几方面。其一，逆城镇化为重塑农村人口格局提供助益。乡村振兴的第一要义，是农村地区和农业部门所涉人口和人才的全面振兴，这里既有人口数量的要求，也有人口素质的综合体现。快速城镇化的一个消极后果是，农业部门劳动力的大量流失和村庄社会结构的"底部塌陷"，进而全面冲击乡村的"生产—生活—生态"秩序。为此，要推动乡村全面振兴，当务之急是要充实农村适龄人口及其产业适应性人才。逆城镇化为其提供了机遇。逆城镇化浪潮可将大量"非市民化"人口和"返乡创（置）业"人口带回农村，也可顺势引来致力于推动农业技术进步的"技术型农人"和"新乡贤"，这种基于"物质资本"和"人力资本"双重叠加形态的逆城镇化趋势，可迅速促进乡村人口规模的外源式扩充和内部更替，缓解农业农村现代化进程中所需劳动力的结构性失衡，巩固乡村振兴的"人本"基础。其二，逆城镇化可以壮大农村产业基础，强化产业融合，拓宽引资渠道。以现代农业为核心的产业振兴是乡村全面振兴的前提，城镇化和城市非农部门的快速扩张所积累的大量过剩资本恰好为乡村产业振兴的资本短缺提供了支持。工商资本下乡作为逆城镇化规律的重要组成部分，在走出了早期“圈地乱象”之后对于促进农村工业化、激活农村经营性建设用地市场、带动农村三产融合发展具有不可或缺的引领作用，而逆城镇化过程中所衍生出的工业反哺农业、技术反哺农业都对加快农业供给侧结构性改革，构建农业现代化产业体系、经营体系和生产体系大有裨益。尤其是在当前乡村振兴正式迈入“后全面小康”时代的新历史阶段背景下，农业农村现代化所需的“巨额资金”更应注重通过市场机制而非单纯支农政策加以解决，逆城镇化规律为其提供了可行途径。其三，逆城镇化为重构乡村治理机制活化乡土社会秩序提供了契机。随着乡村青壮年人口的不断减少，传统乡村的“熟人社会”逐步蜕变为“老人社会”形态。村庄非正式的权威型治理架构亦逐步被正式的“行政型”治理模式所取代，外源式的干部下乡虽然对壮大村庄治理人员队伍有所帮助，但也引致传统村庄“熟人政治”话语的旁落，容易引发利益纠纷和官民对抗。从这一层面上来看，逆城镇化具有稳定村庄秩序的“输血和造血”意义。在逆城镇化过程中，大量外出村庄经济能人和较富裕群体将陆续回乡，为修复持续受损的“能人引领型治理”结构提供了可能；同时逆城镇化潮流能够对一些“虚假城镇化”① 和“半城镇化”问题产生有效的“清洗”作用，成为外出务工人员及时退出城镇化洪流的一种“对冲”机制，如此一来，乡村社会秩序将趋于动态平稳，以“参与式协商”为核心的新型乡村基层治理体系得以重构。逆城镇化自然而然地充当了乡村振兴战略的“推进器”和“润滑剂”。

四　新型城镇化与乡村振兴协同发展的“逆城镇化”实现路径

作为经济发展客观规律，逆城镇化已经在新时代发挥出促进新型城镇

① 这里的虚假城镇化是指，由土地城镇化过快发展和“造城运动”所导致的“鬼城”“空城”等现象，以及地方政府为完成“城镇化”考核目标而盲目实施的“撤县设区”“撤市设区”乱象。

化与乡村振兴协同发展的显著作用。那么在建设社会主义现代化强国的新征程上，如何因势利导用好逆城镇化的积极改革作用将成为检验中国特色"城乡融合"发展道路是否成功的重要标志。结合中国"逆城镇化"现象的典型特点和内在机制逻辑，借助逆城镇化规律实现新型城镇化和乡村振兴协同发展的施策思路可以从"产业下乡、县域承接和制度供给"等三个层面加以部署（见附图 1）。

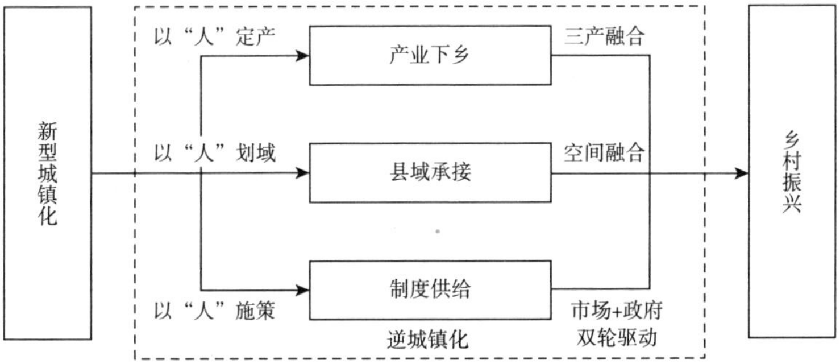

附图 1　新型城镇化与乡村振兴协同发展的"逆城镇化"路径框架

资料来源：作者自制。

（一）以产业下乡促进城乡产业融合蝶变

中国逆城镇化的一个显著特点是：熟练的返乡劳动力与返乡的经济能人共存，产业资本与金融资本同时下乡。要让逆城镇化有效发挥助力城镇化和乡村振兴的双向托举作用，核心是要解决"返乡劳动力与资本下乡有效衔接的融合问题"。众所周知，金融资本的早期下乡通常会导致农业和农民遭遇"双重剥削"。相较于金融资本那种追求利润的"圈地行为"及倾向于经济"脱实向虚"，产业资本由于其稳定支持农业生产并带来技术溢出的特性，显示出更大的优势。在乡村振兴战略的要求下，逆城镇化的浪潮正为城镇工商业资本的空间扩张提供方向，我们需要积极推动产业资本下乡的进一步升级。一是借助广阔的农村腹地和以工辅农的技术优势，依托返乡劳动力和新农人，以逆城镇化过程中兴起的边缘化地区、连接乡镇的次城镇化中心和县乡接合部为核心，培育农产品加工型、商贸物流型、创业电商型园区，实现较低成本的生产链扩张和供应链升级，促进农产品供给侧结构性改革，引导小城镇和农业产业有机衔接发展。二是利用项目推动和重点工程促进乡镇发展，通过引入“互联网+”策略、数字化技术和人工智能，创新农工商文旅产业的经营模式。通过制定乡村三产融合的产业规划，培养新的业态与产业模式，有效打破传统的城乡产业配置界限。此举旨在推动小城镇及乡村产业共同体的建设，保障劳动力就业机会与促进人才资源的双向流动，形成良性的微循环发展机制。三是致力于农业产业化和农村现代化，借助逆城镇化产业大量扎根农村的契机就地吸纳城镇化回流熟练劳动力建立与乡村发展相一致的利益分享机制，通过积极探索股份合作制、租赁制、共有产权制等模式助推农民增收和集体经济平稳壮大，形成“返乡就业人口与产业下乡劳动力需求挂钩、产业资本利润率与集体资产增值率相挂钩”的利益联结形式。四是借助逆城镇化的趋势，开展城乡建设用地一体化的探索，建立适应城乡一体化产业的规划与土地管理新机制。此举旨在打通城乡产业互动的主动脉，并破除城乡产业协同发展中的体制障碍。

（二）以“县”为载体打造新型城镇化与乡村振兴协同发展平台

县域在中国城乡发展中占据着独特的枢纽地位，理应在推进城镇化与乡村振兴的协同进程中发挥核心支柱作用。然而，改革初期，由于政策重点倾向于大城市发展和工业化推进，县域在城乡整合发展中的关键角色未受到足够重视。自 2019 年中央“一号文件”发布后，国家重新聚焦于强化县域经济，以促进城乡一体化发展。习近平总书记在 2020 年中央农村工作会议中特别提出，应将县域视为推动城乡融合的关键节点，并明确指出需要赋予县级更多的资源整合和使用权限，增强县城的综合服务功能。这标志着以“县”为载体打造新型城镇化与乡村振兴协调发展平台的思路正式落地。

探讨如何持续增强县域经济实力，实现新型城镇化与乡村振兴的协调发展，可从三个方面进行探索：功能转型、空间规划重构、服务能力提升。首先，有必要促进县域角色从传统的"城镇化桥梁"向现代"城乡融合的推动者"转变。在传统理解中，县域通常被视为以农业为主，兼顾工商业的中介性区域，县城则扮演着农业人口向非农人口过渡的"跳板"或"缓冲区"角色。因此县域的早期功能是为持续推进大城市优先的"城镇化"服务。随着逆城镇化的兴起，县域的功能及角色逐渐从简单的"城镇化中介"变为融入城镇化的活动中心，并从"乡村开发者"转变为"乡村养育者"。这一变化使得县域在塑造新型城乡关系中的中心地位日益凸显。因此，在新时代，加强县域的功能定位应当聚焦于将县域建设成为乡村人才的汇聚地、乡村产业振兴的前线和农业技术创新的试验场。一方面，通过顺应逆城镇化趋势推动县域深度城镇化，将县域塑造为大城市与集镇、乡村之间要素流动的重要节点，利用这些节点带动周边乡村的工业化、数字化转型和社区建设。另一方面，借助"放管服"改革和新一轮"扩权强县"政策，加大资金和政策支持力度，利用这些资源助力乡村全面振兴。其次，深化县域空间规划的重构也至关重要。这包括将县城、乡镇和村落的用地规划纳入一个统一的全域空间规划体系中，按照生产、生活和生态一体化的原则进行优化布局，确保居民点、城镇社区和产业园区的和谐共存；还可以单列农村三产融合用地指标，用以发展融合型业态；以县域为主体整体推进集体建设用地入市改革和城乡土地制度并轨，农村集体建设用地增值收益全部返还用以支持集体经济发展和乡村振兴。最后，强化和提高县域公共服务的可获取性，以增强县域在新型城镇化和乡村振兴战略中的综合承载力。随着 2020 年国家"三个 1 亿人"城镇化目标的实现——解决 1 亿农业转型人口在城镇的落户问题、改造约 1 亿人居住的城镇棚户区及城中村，以及推动中西部地区 1 亿人口的就地城镇化，新的工作重点将转向提高县域城镇化的质量和居民融合水平。在"后小康时代"，提升县级公共服务的供应能力和可达性不仅是提升城镇化质量的关键，也是推动逆城镇化和乡村振兴战略成功的重要因素，这关系到能否吸引和留住人才。因此，重点任务应是解决向乡镇回流人员提供住房、养老、医疗和子女教育服务的问题，以及解决农村地区基本公共服务的不足的问题。要解决这些问题，关键是建立与县域城镇化和乡村振兴需求相匹配的财政保障机制。这包括进一步推进改革以扩大县级财政自主权，建立中央到县级财政的直接拨款机制，以及对省以下转移支付制度进行适应性调整。所有这些体制和机制的改革都需要在县域层面同步推进，以实现城镇化和乡村振兴战略的协调发展。

（三）完善“市场+政策”双驱动型逆城镇化制度供给体系

从中国特色城镇化道路和农业现代化发展道路上来看，其无疑都被打上了“市场+政策”双驱动型发展的烙印。那么对于当前推动新型城镇化与乡村振兴协同发展的总体战略而言，这一策略依然正确。理论上讲，逆城镇化作为新型城镇化的重要部分，其发展相对于城镇化的形成阶段确实有所滞后。在社会主义市场经济的背景下，中国的逆城镇化不仅受到市场力量的推动，更受到政策的强烈影响。同样，乡村振兴战略也强调政策的主导作用，在全球范围内寻找类似成功案例较为困难。这不仅是因为农村发展需要持续的国家级投入，更因为适应中国特定国情的政策设计至关重要。因此，无论是继续推动新型城镇化的发展，还是全面实施乡村振兴战略，构建一个高效运转的“市场+政策”驱动的制度供给体系成为必要。

特别是自党的十九届四中全会以来，针对新型城镇化的制度供给体系已逐渐完善，而乡村振兴的相关制度安排也在不断推出。随着2020年全面建成小康社会的关键目标实现，面向2035年乡村全面振兴的“四梁八柱”也已基本建成，执行细则正待进一步出台。然而，推动乡村振兴与新型城镇化协调发展的逆城镇化政策仍显不足，目前尚未能与现有的城镇化或乡村振兴政策有效衔接，这也是城乡一体化发展进程缓慢的一大原因。故而需要从制度设计的总体思路上加以完善。

在当前中国逆城镇化的发展阶段和未来趋势分析基础上，建设以“市场+政策”为双重推动力的逆城镇化体制至关重要，这包括以下几个关键方面。一是应加速形成促进人口和劳动力向乡镇迁移的市场化机制，解决城乡之间的人口流动障碍，通过建立“有松有紧”“有保有控”的差异化落户政策，促进逆城镇化人口的重新城镇化，以推动中小城镇的发展。二是建立与逆城镇化相匹配的城乡一体化土地使用制度和工商资本下乡的市场化机制。重点是通过"三块地"政策改革和集体建设用地市场化试点，实施城乡土地平等权益、同价和同步监管的制度，进一步引导工商资本为城乡一体化提供资金和技术支持，创新农村资产的融资使用权保障机制。三是根据逆城镇化的动态发展情况及时制定和执行促进人才、项目、技术下乡的激励与支持政策，并将这些政策融入乡村振兴的支持体系。例如，试行城乡统一的人才激励政策、财税支持措施、乡村创业孵化和知识产权奖励政策和集体经济组织的股权激励政策等。这些措施有助于将逆城镇化中涌现的发展潜力变为推动乡村振兴的实际动力。四是重铸"扩权强县"政策体系，将县域作为逆城镇化制度供给的重点行政单元，进一步放宽县级行政经济管理自主权，积极试点下放土地审批权和人事行政权至"县级"，探索县级财政直达机制和县级财力筹集机制、涉农资金整合机制，将县域城镇化与乡村振兴协同发展绩效纳入新一轮县域经济发展考核任务目标。

附录2:“逆城镇化”与中国城乡融合发展:争鸣、关联与实现理路

段龙龙　叶子荣

摘　要: 本文立足理论假说与经验主义双重视角,从存在性、从属性和实践性三个层面回应并澄清了逆城镇化概念的学术论争,并基于中国城乡融合发展的政治经济学逻辑,考察了逆城镇化推动城乡融合发展的内在关联性和实现理路。本文研究发现:逆城镇化是城镇化迈入中后期阶段,城镇空间形态发育更为均衡更为充分的特殊表现形式,它可在生产要素配给、空间载体搭建、社会基础嵌入、制度供给创新四大维度上为城乡融合发展提供支持。“后全面小康时代”积极促进城乡深度融合,需要因势利导发挥逆城镇化的积极效应,通过强化要素下乡与项目下乡联动推进农村三产融合、培育壮大以县域为中心的城乡融合空间共同体、建立与城乡融合相适应的乡村基层治理新机制和构筑保障城乡深度融合的长效制度供给体系四大策略来逐步消除城乡对立,从而顺利开启城市与农业农村同步现代化新征程。

关键词: 逆城镇化;城乡融合发展;新型城乡关系;马克思主义政治经济学

一　引言

坚持农业农村优先发展,走中国特色城乡融合发展之路全面推动乡村

振兴是新时代党和国家解决"三农"问题的重大战略方针，也是全面小康目标实现后进一步促进农业和农村现代化、彻底消除城乡发展不平衡不充分矛盾的必然选择。在面向社会主义现代化强国建设的新历史起点上推动城乡融合发展，重点在于"工农互促、城乡互补、协调发展、共同繁荣"的新型工农城乡关系的构建。《中共中央 国务院关于建立健全城乡融合发展体制机制和政策体系的意见》从新时代中国城乡关系发展的现实阻碍和未来取向出发，将协调推进乡村振兴和新型城镇化战略作为实现城乡融合发展的着力点和突破口，习近平总书记也立足新型城镇化战略实施中已经出现的"逆城镇化"现象，肯定了"逆城镇化"对促进乡村全面振兴的积极意义。他强调，城镇化、逆城镇化两个方面都要致力推动，通过逆城镇化让精英人才到乡村的舞台上大施拳脚，让农民企业家在农村壮大发展。[①]如此，新型城镇化、逆城镇化和乡村振兴便成了助推中国城乡融合发展的三大关键词。

从中国城乡关系的演变历程及社会主要矛盾的变化趋势来看，城乡融合发展的关键在于畅通城乡之间的要素双向循环，并从协同推进现代化的角度上重塑城乡空间功能。新型城镇化、逆城镇化抑或乡村振兴都有达成上述目标的重要作用。但相对新型城镇化和乡村振兴而言，理论界和决策层对"逆城镇化"概念的理解和认识明显不足，对中国现阶段逆城镇化现象的表现及特征存有争议，尤其是在习近平总书记有关"逆城镇化"重要论述提出之后，对于如何准确理解中国特色逆城镇化的本质及科学辨识其与新型城镇化、乡村振兴之间的关系，亟待展开深入研究。因此，我们试图从"逆城镇化"概念的学理争议和内涵阐释入手，通过引入中国特色逆城镇化现象这一独特视角来考察中国城乡融合发展的可能实现路径，以为中国各级政府从重构城乡关系层面来积极探索城乡融合发展的有效实践模式提供新的理论依据和施政思路。

---

① 《习近平：发展是第一要务，人才是第一资源，创新是第一动力》，中国网，2018 年 3 月 7 日，http：//www. china. com. cn/lianghui/news/2018-03/07/content-50677629. shtml。

二　城镇化规律与“逆城镇化”悖论的学理之辩

城镇化作为国家和地区实现现代化的有机组成部分，是城乡关系调整和经济增长模式转换的重要标志。正如马克思和恩格斯在《共产党宣言》中所揭示的：城镇化使很大一部分居民脱离了农村生活的愚昧状态，并使未开化和半开化的国家从属于文明的国家。[①] 但城镇化本身属于客观经济规律，其发展必然是一个缓慢的历史过程，它不仅涉及物质资料、技术条件、产业结构和空间功能的全面转型，也与国家地区的资源禀赋、发展阶段、制度完备性紧密相关，因此从发展经济学理论来看，城镇化规律的实践运用往往会有国别和地区差异，其速度、空间特征、连续性时常出现显著分化。较之于西方发达国家，中国的城镇化进程起步晚、基础弱、不平衡性突出，中国现阶段的城镇化更具模仿、调整和“后发追赶”的特点，因此更容易出现一些超前性或多变性问题，“逆城镇化”现象便是其中之一。“逆城镇化”在西方视野中是城镇化进程进入高级阶段后大城市中心城区人口和产业部门逐步向“次中心”“郊区”乃至农村地区迁徙的空间“分散化”过程，但在中国当前整体城镇化进程尚未完成的情形下却已出现了符合上述特征的局部“逆城镇化”现象，被学术界称为背离城镇化发展路径和中断城镇化趋势的“逆城镇化”悖论。由于西方主流理论对“逆城镇化”概念的界定不够清晰，加之中国逆城镇化出现时机的特殊性，学术界对中国特色逆城镇化现象的争论颇多，已经直接影响到对当前中国最新城镇化进程和未来城乡融合发展总体走向的判断。为此，我们必须从学理上对“逆城镇化”悖论进行解读和澄清，通过对其存在性、从属性和实践性层面的考证来为下一步更好更快地推进城乡深度融合发展扫清理论层面的障碍。

（一）真与伪：逆城镇化现象的存在性之争

现阶段中国“逆城镇化”现象是否存在是学术界争论的首要问题。区分逆城镇化现象“真”与“伪”的核心依据在于判断其是否满足逆城镇化

---

① 《马克思恩格斯文集》第 2 卷，人民出版社，2009，第 36 页。

概念的本质要求。西方城镇化发展阶段理论认为，"逆城镇化"是一个典型的人口分散过程，它意味着人口从中心城区集中的状态向去集中化状态的连续性转变，是居民从大都市向小城镇、乡村迁徙和变化的过程。从经典理论出发，我们可以明确逆城镇化的本质是人口整体性的"城—乡"流动及城市空间功能的分散化。当前，理论界赞同国内出现明显逆城镇化现象的直接证据是很多地区发生了新乡贤返乡创业、资本技术下乡、新型职业农民回流等趋势，因此将"非转农"视为中国特色逆城镇化的辨识标准。而持反对观点的学者则认为，中国并未出现真正意义上的"逆城镇化"现象，由于中国现阶段城乡收入差距依然较大，农业部门的劳动生产率和对国民经济的增长贡献远远低于非农部门，即便出现了零散或局部的非转农特例，也无法从根本上扭转"农转非"的整体趋势，所谓的返乡创业、资本技术下乡、新型职业农民回流等现象仅是城镇化发育不平衡不充分的短暂结果而已，其返乡人口比重和定居期限远远达不到官方常住人口统计口径。因此，所谓的"逆城镇化"实际上可能仅是一种伪逆城镇化或半城镇化的状态，是农村转移人口未能成功实现市民化融入而形成的一种停滞或非正式形态。

我们认为：判断中国"逆城镇化"命题真伪的关键在于如何准确界定"逆城镇化"现象和"逆城镇化"规律间的区别。它是科学认识中国特色逆城镇化问题的基本前提。所谓逆城镇化现象，是逆城镇化规律在实践中的选择性表达，它既可能由逆城镇化规律所推动，也可能由偶然性外生性因素冲击所致。但逆城镇化规律的形成，与是否存在可观察的逆城镇化现象无关，只取决于马克思所谓的物质前提和社会生产力水平。马克思在《资本论》第一卷中最早论述了逆城镇化规律形成的物质前提：资本主义大工业生产方式在农村和农业中的大规模运用。恩格斯也在其《共产主义原理》中给出了逆城镇化规律应当出现在工农业发展水平较高的时期的重要论断。因此，从生产力发展的角度来说，逆城镇化规律主要形成于城镇化进程中后期，是一国或地区城镇化迈入高级阶段后空间格局再造和城乡关系调整的重要驱动力。截至 2019 年底，中国常住人口的城镇化率首次超过 60%，但与此同时，户籍人口的城镇化率尚未达到 45%。从宏观层面看，中国尚未真正步入诺瑟姆城镇化阶段理论中的中后期。此外，中国的城镇化进程存在地区不平衡。例如，在2019年的31个省区市中，贵州、云南、西藏和甘肃四地常住人口的城镇化率还未达到50%，因此还未步入逆城镇化发挥主导作用的阶段。欧美等西方发达国家的逆城镇化经验显示，这一现象能引起城乡关系的根本性转变。逆城镇化不仅表现为城市中心人口的大规模有序外迁，还将促进农业与乡村产业结构的高级转型，促进以乡村为基点的许多新兴业态的发展。中国当前出现的逆城镇化典型事实远未达到西方发达国家的状态。因此，我们观察到：当前的一些现象，如返乡创业、资本与技术向乡村流动、新兴职业农民的返乡等，最多可以被视为实际中的逆城镇化表现。这与理论上广泛讨论的逆城镇化规律或大潮相比，尚有较大的差距。虽然中国目前的逆城镇化现象仅表现为局部和零散状态，但其发展速度却很快。因此，仍需从理论与实践层面予以重视，及时评估其对经济社会可能产生的影响，并为逆城镇化现象向规律转化做好政策准备。

（二）兼容抑或反叛：城镇化与逆城镇化的从属性之争

既然肯定了现阶段中国局部逆城镇化现象的存在性，那么如何看待城镇化与逆城镇化之间的关系便成了另一个值得商榷的议题。一些学者根据欧美的实际情况认为，逆城镇化代表着对传统城镇化模式的“偏离”或“挑战”，这一观点的直接支撑是学界观察到西方国家中逆城镇化常常导致城市核心区的衰退，进而引发城市资源和投资的总体流失。也有学者立足城镇化的多样性视角指出，逆城镇化可以被视为城镇化的一个特定阶段。由于逆城镇化过程在某些阶段表现为大城市人口向郊区的扩散，以及卫星城和次级中心的兴起，乃至进一步促进农村地区的城镇化发展，这些现象与城镇化在高级阶段的空间发展模式极为相似。因此，我们建议将逆城镇化纳入城镇化进程的自然一环。

从学术角度来看，城镇化与逆城镇化似乎对人口迁移和空间布局的变化持有相反的观点，因此逆城镇化常被视为城镇化的反面，并为一些学者提出“逆城镇化”悖论或风险学说提供了依据。然而，深入分析会发现，逆城镇化现象并不阻断人口和空间的城镇化过程。逆城镇化主要涵盖人口在就业、居住、消费和投资方面从城市中心向郊区和乡村地区的扩散，因此在广义上，逆城镇化不仅是大城市郊区的发展，还包括卫星城镇以及邻近的中小城市与乡村地区的城镇化进程。逆城镇化作为一种历史上渐进的发展现象，实际上是城镇化在空间功能和要素配置上的再创造。在这个过程中，它起到了在快速城镇化中缓解人口和产业转型压力的“缓冲垫”与“稳定器”的作用，给予城镇化更为充分发展均衡发展的高质量转型契机。因此，逆城镇化和城镇化在推动以人为本的市民化进程和建立合理高效的城镇空间结构上的目标是一致的，而且与中国当前推行的“新型城镇化”战略高度契合。因此，我们认为城镇化与逆城镇化不是对立或零和的关系，而是互补和兼容的关系。逆城镇化实质上仍属于城镇化过程的一部分，在城镇化进入更高阶段时，表现为对城乡人口和空间功能进行市场化调整的特殊现象。

（三）单一还是多元：逆城镇化的本土实践性之争

由于城镇化和逆城镇化是当代国家成长进程中必然经历的现代化阶段，那么是否存在标准的逆城镇化实践模式便成了政治经济学领域长期关注的热点话题。持结构主义观点的学者认为：逆城镇化作为“后城镇化”时代城乡要素与空间变革的客观规律，其实践表达必须建立在高度发达的城镇化水平之上，任何国家尤其是发展中国家都不能超越这一发展阶段。因此实现逆城镇化的驱动因素，只能依靠市场原则的空间逐利导向，是大城市要素集聚边际效益低于要素分散状态的自发结果。而激进主义学派的观点却与之相反，其更习惯于将逆城镇化视为城镇化多样性发展的本土化实践。由于基本国情、要素禀赋和发展阶段的差异，逆城镇化规律的当代实践更加注重的是以国家和区域为主体的“自主性”呈现，所以理论上不可能有可参照的、单一化的逆城镇化演变模式，国家和政府可以凭借自身意志来调节或干预逆城镇化规律的出现时机，从而因势利导地服务于国家宏观经济战略目标。

基于对英美等西方发达国家和当代中国的逆城镇化发展实践比较，我们认为：逆城镇化实践的确呈现出多样化、复杂化的特点。欧美国家虽然逆城镇化进程起步较早，但各国之间的本土化表现也不尽相同。如英国的逆城镇化发端于20世纪50年代，其特点是居民从大城市向农村的自发迁徙和乡村复兴运动的兴起，在经济上导致农村经济中服务业部门就业率的迅速增长，理论界称其为反城镇化（Anti-urbanization）模式。美国的逆城镇化起步于20世纪70年代，与英国不同的是美国的特点表现为大都市区的郊区化运动和政府—市场双重作用下的边缘中小城镇复兴。学术界将其归纳为“郊区化”（Subusbanization）或“次城镇化”（Dis-urbanization）模式。中国的逆城镇化现象虽未得到广泛认同，但从实践中看已然表现出包含英美两种逆城镇化模式的复合型特点。由于中国城镇化进程的区域非均衡性特征十分突出，逆城镇化在地区尺度上经常与城镇化进程共存，加之中国的逆城镇化现象多体现为局部散发态势，因而中国特殊逆城镇化的当代实践形态势必会更加复杂，不可能也无法拥有标准、单一的逆城镇化实现形式。

三 “逆城镇化”现象与城乡融合发展的内在关联性

从马克思主义唯物史观来看，城乡关系变迁是劳动分工和生产关系调整的必然结果，而社会生产力的前进方向决定了城乡关系从对立走向融合的历史趋势。正如恩格斯在《共产主义原理》中所阐述的：城市和乡村对立的消灭成为工业生产本身的直接需要，只有通过城市和乡村的融合，空气、水和土地的污毒才能排除，社会全体成员才能得到全面发展。[①] 在马克思和恩格斯看来，实现城乡融合发展是一个长期的过程，要想消灭城乡对立，必须达成两个基本条件：一是大工业在全国的尽可能平衡分布，让工业生产和农业生产发生密切的内部联系，并使交通工具随着由此产生的需要发展起来；二是使人口尽可能地平均分布于全国，乡村农业人口的分散和大城市工业人口的集中趋势开始扭转。据此我们认为：马克思和恩格斯关于工农关系和城乡人口格局变革的重要论断深刻揭示了“逆城镇化”

① 《马克思恩格斯全集》第4卷，人民出版社，1958，第371页。

在促进城乡融合发展中的积极作用。在消除城乡对立渐进推动城乡融合的历史进程中，逆城镇化不仅作为客观规律不可或缺，还对城乡融合发展提供了要素、空间、社会基础乃至制度等层面的多维支持。

（一）“逆城镇化”为城乡融合发展提供要素支持

不同于城乡统筹和城乡一体化，城乡融合是社会主义现代化进入高质量发展阶段的全新城乡关系形态。其实质是通过城乡双向开放与融合，推动形成共建共享共荣的城乡生命共同体。在城乡融合发展的内容构成体系中，城乡要素融合是首要组成部分。从中国新时代构建新型工农城乡关系的内在要求来看，推动城乡要素融合的目的并不单单是打破当前生产要素城乡单向流动的分割阻碍，更重要的是要构筑有利于生产要素更多地向乡村配置的体制机制，从而加快弥补城乡融合发展中的农村现代化短板，促进城乡统一要素市场的形成。

众所周知，城镇化是人口、投资、土地和技术等要素源源不断向城市空间载体聚集的过程，而逆城镇化则恰恰相反，表现为生产要素去中心化并逐步向小城镇及乡村渗透延伸之规律。在中国城乡关系从“分割”走向“融合”的新发展阶段下，实现城乡要素融合自然而然地需要“逆城镇化”规律发挥建设性作用，在这里，逆城镇化不仅为畅通城乡劳动力双向流动提供了渠道，也为城镇工商资本下乡和技术助农提供了便利，成为城乡要素融合推进过程中不可或缺的动力机制和支持媒介。

满足农业农村现代化亟须的适龄劳动力需求是逆城镇化支持城乡要素融合的首要体现。它得益于逆城镇化浪潮中村社精英返乡创业、新型职业农民和农业产业工人等队伍的蓬勃兴起。住建部的统计数据显示：截至2019 年末，全国在逆城镇化浪潮引导下返乡创业人员已经超过 850 万人，其中农村外出务工人员返乡比重占到总人数的 70%，返乡人员总规模连续三年年均增速超过 8%。而同时期，逆城镇化又引致了新型职业农民和农业产业工人群体的迅猛增加，农业农村部的最新数据表明：仅 2016~2018 年三年时间，中国增加的新农人数量就超过了 1500 万人，预计到 2020 年，逆城镇化可以为中国直接带来 2000 万人以上的新农人和农业产业工人，畅通城乡融合劳动力要素双向流动的新局面正加快形成。

除了劳动力因素外，逆城镇化还在推动新一轮的资本和技术下乡上起到了支持城乡要素融合的作用。它极大地拓宽了社会资本投资农业建设农村的渠道，丰富了社会资本助农兴农领域，并通过技术溢出效应带动农业产业化、农产品价值链升级和供应链延伸。农业农村部的最新统计显示：党的十八大以来各类社会资本下乡主体已超15万家、累计投资额超2万亿元。社会资本所带来的专业研发技术人员规模达到62.7万人。不同于之前的工商资本下乡“圈地”的逐利特性，新时期的社会资本下乡瞄准的产业类型更为多样，资本与农民利益联结更为紧密，资本投资领域更具三产融合和纵向一体化特点。涉及领域不仅包括传统农业生产加工，还涉及农用技术、农业社会服务、农村金融、物流电商等，农业农村现代化面临的资本短缺问题正因逆城镇化契机的出现而逐步得到解决。

（二）“逆城镇化”为城乡融合发展搭建空间平台

从空间视角来看，城乡融合的最终旨归是将城市与乡村这两个独立的空间组织单元演变为相互交叉、渗透、融合的地域综合体，促使城乡间空间形态更为合理、空间联系更为紧密。城乡融合体的构成形式既囊括小城市和城郊社区，也涵盖小城镇和乡村空间，它们共同构成了城乡融合发展的空间载体。逆城镇化现象出现以后，会陆续引发特大城市和大都市区人口的郊区化运动及多中心迁徙，部分中产阶级和中等收入群体会因难以忍受交通拥堵、城市污染、高房价等大城市病而反向流动至周边中小城镇或城乡接合部社区以重新定居，从而为城乡融合地域共同体的构建创造条件。

国家统计局的数据显示：2018年底中国共有地级以上城市297个，县级市375个；建制镇21297个，若按照城区常住人口100万以下的中小城市划分标准，地级市中超过50%，县级市中95%以上为中小城市，建制镇中超过18000个为小城镇（扣除城关镇）。[①] 另据住建部的中小城镇统计数

---

① 《城镇化水平不断提升城市发展阔步前进——新中国成立70周年经济社会发展成就系列报告之十七》，国家统计局陕西调查总队网站，2019年9月23日，http：//snzd. stats. gov. cn/zcjd/2019/44187. shtml。

据：从 2012 年开始，中国小城镇人口增长速度已逐步追平城市和县城的人口增速，而 2013 年之后，人口增长速度正式超过县城，中小城镇开始成为中国城乡融合发展的重要空间性支柱。①

在理论上，衡量城乡一体化发展程度的关键指标，在于城乡空间功能的完整性。城市与农村的功能互补和相辅相成，成为判断城乡空间融合优劣的主要准则。② 但是，当前土地城镇化快速推进已经给乡村功能的保存和延续造成不良影响，乡村的经济、社会、生态乃至文化发展空间已经受到严重挤压，城乡二元的土地利用制度正不断弱化传统乡村功能，动摇城乡融合的空间基础。逆城镇化浪潮到来之后，土地城镇化快于人口城镇化的失衡局面将有望得到彻底扭转，新增产业和居住土地利用指标将更多地下沉至县乡一级，用于满足中小城镇特别是乡和近郊村的空间功能拓展需求，而逆城镇化也会加速城乡统一的国土规划和土地利用市场的形成，进而催生更多具有三产融合性质的新业态，打破传统以工农部门来划分城乡产业空间布局的限制，真正为搭建城乡空间融合的真实平台提供助益。

（三）"逆城镇化"为城乡融合发展根植社会基础

在传统乡土中国，乡村社会秩序建构主要依靠的是以"血缘宗族"为主导的熟人权威型治理模式，城镇化进程提速之后，城乡中国从城乡二元分化逐步演变为"以代际分工为基础的半工半农"式"城乡双栖型"社会。在农村家庭适龄劳动力大量外出务工的背景下，乡村生产逐步蜕变为"老人农业"和"兼业农业"形态，维系传统乡土社会有效运行的"生计小农"体制逐步解体。由于城乡差距的显著扩大，以人口流失和耕地撂荒为特征的村庄空心化趋势正发展为一场现实乡村社会秩序危机，因此必须尽快扭转趋于固化的城乡分割体制，通过大力实施城乡融合发展来破解乡村社会失序难题，重新激发乡土社会活力。

---

① 《中国新型城镇化发展趋势 政策利好小城镇发展》，前瞻产业研究院网站，2018 年 5 月 30 日，https：//bg. qianzhan. com/report/detail/458/180530-d9760c3a. html。

② 学术界普遍认为：城市的传统四大功能是居住、工作、游憩和交通，现代城市又增加了创新和开放的新功能。乡村的功能则体现在保障粮食安全、提供生态屏障和传承文化传统这三大方面。

从本质上来说，支持乡村内涵式发展的社会基础来源于村庄能人富民兴村的乡土情结和有效的乡村治理体系。它们能最大化汲取外源性社会资源投入并规划统一的村庄发展议程促进基础设施和基本公共服务普及化，增进村庄民生福祉并有效增加集体成员收入。持续的村庄空心化和乡土人口凋敝无法激发乡土社会的内生动力，必须借助国家或市场力量进行外部干预方能推动乡村社会秩序重建，逆城镇化规律的出现恰逢其时。逆城镇化浪潮通过创造“归雁经济”推动村庄生产复兴，同时依托村庄新乡贤文化的“贤能政治”体制进一步构建治理有效运转顺畅的基层治理结构，强化村庄基础设施、基本公共服务等民生保障，促使乡土社会内聚力显著增强，在新的历史阶段为重塑城乡融合的稳定社会结构提供了坚实的基础。

据农业农村部最新监测数据：“十二五”时期以来，中国农村外出务工人员本地就业占比持续增长，在本地尤其是本市和本县就近就业的比例由 2011 年的 37.2%增加至 2019 年的 40.1%，村民留乡意愿明显提升。逆城镇化现象兴起以后，返乡创业热潮和社会资本下乡投资又为农村创造大批岗位，农业农村部固定监测点数据统计显示，截至 2018 年底，仅社会资本投资和农村电商就直接创造就业岗位 2800 万个，而在 2020 年返乡入乡创业的 1010 万人中，本地本乡农民工占比超过七成，其经营的大多为一二三产业融合类型项目，不少人运用“互联网+”“数字+”等新模式，进一步催生 1000 万个农村就业岗位，再加上党的十八大以来全国 290 多万名县乡干部的外援式帮扶，极大地化解了村庄空心化治理危机，让一度陷入衰退的农村社会秩序再次得到重构，进一步巩固了城乡融合发展的社会基础。

（四）“逆城镇化”为城乡融合发展创造制度保障

从生产力演进的观点来看，城乡融合发展是城乡关系变迁的最高级阶段，因此推动城乡融合发展，必须有一套与之相适应的基本制度和体制机制作为根本保障。中国改革开放以来的城乡制度安排总体上遵循的是“先城后乡、工主农辅”总体框架，它是建立在传统“城乡分割型二元结构”基础上较为行之有效的一套制度体系，但是若将其放置在农业农村现代化和城乡融合发展的新生产关系逻辑下便明显不合时宜，亟须推动制度变迁以满足新的制度需求，而逆城镇化恰好成为推动诱变型制度变迁的主导因素。

从制度供给层面来看，城乡融合发展制度构建的三大目标依次是消除城乡要素双向自由流动的障碍、城乡产业布局的地域分割和城乡公共资源及服务配置的失衡。因此支持城乡融合的长久制度安排应首先致力于破解户籍制度、城乡土地制度和农村金融制度的路径依赖所引发的发展“后遗症”，优先建构城乡劳动力、土地、资本、技术等自由流动和平等交换的体制机制，逆城镇化在这里毫无疑问地发挥着引导各类要素由城入乡的积极作用，它充当了要素市场化配置的价格信号并最大限度削减了新旧制度变迁过程中的交易成本。其次，适应城乡融合的相应制度安排应重视对工农部门互动、乡村新产业业态培育壮大的有效扶持，以尽可能打破城乡产业的传统分工边界，促进城乡产业布局的一体化和高效化，建立健全有利于乡村经济多元化发展的体制机制，逆城镇化在这里当仁不让地承担起助推工商资本下乡、农村三产融合和农业产业链延伸的主导作用，调节系列产业政策的“滴灌方向”。最后，匹配城乡融合的一揽子制度安排还强调对农村基础设施建设、基本公共服务供给的持续投入和提升，以尽快补上农村民生领域的历史性欠账，建立健全有利于城乡基本公共服务普惠共享、基础设施一体化的体制机制，逆城镇化则在该领域具有整合城乡公共空间功能，消除城乡基础设施连接性盲点，提升城乡公共服务可及性与均等性水平之功效，是畅通城乡公共建设最后一公里的“清道夫”。因此，逆城镇化为新时代中国城乡融合发展提供了源源不断的制度建设推力，成为促进城乡融合发展体制机制迈向成熟的可靠保障。

四　“逆城镇化”推动中国城乡融合发展的实现理路

对逆城镇化现象本质的分析表明：“逆城镇化”悖论在学理上难以成立。但作为中国特色新型城镇化道路迈向高质量发展阶段的有机组成部分，逆城镇化规律却可有效消解城乡二元结构，促进农业农村现代化，助推城乡融合发展。因此在当前中国新型城镇化进入城镇化与逆城镇化共生并存的新发展阶段下，应最大限度地利用好逆城镇化这股有生力量，促进新型城镇化与乡村振兴相互衔接协同发展，多角度地从“产业—空间—社会治理—制度建设”层面入手，为构建城乡深度融合的地域共同体贡献“中国智慧”和“中国方案”。

（一）要素下乡与项目下乡联动加快推进农村三产融合

要素下乡与项目下乡是逆城镇化规律持续带来的两大经济效应。它们分别代表了逆城镇化浪潮中“资金—劳动力—技术—土地利用”向乡村拓展的微观趋势和以加强农村产业培育为核心的中观表现形式。在逆城镇化规律下持续推动城乡融合发展，首先要关注的是如何构建人—地—钱要素下乡与村庄复兴有效衔接的机制问题，那么倡导要素下乡与项目下乡联动就成为必然选择。要素下乡与项目下乡联动旨在利用乡村产业培育将“返乡劳动力—城市过剩社会资本—现代科技—闲置经营性用地”有机结合，在消除生产要素下乡的“碎片化”瓶颈的同时积极利用产业项目选择性吸纳最优要素投入组合，提升要素配置效率，带动村庄复兴。但城乡融合发展导向下的产业项目下乡，应极力避免走掠夺型圈地的老路，优先投入附加值高、产业链长、组织模式新的三产融合型产业当中，以形成“就业带动、收益共享、经营共治、风险共担”的利益联结新格局。

在助推城乡融合发展的多重路径当中，打破传统产业分工的局限，大力培育并积极布局农村融合型产业被置于十分重要的地位，它是壮大农业功能、实现农村工业化、培育农村新业态从而构建城乡地域共同体的抓手和着力点。而在逆城镇化浪潮中持续推动农村三产融合落地，可以在以下几个关键环节上积极发力。一是积极引导要素和产业融合下乡进园区；遵照逆城镇化规律在县城、城乡接合部地区、乡村地区梯度布局现代农业产业园、科技园、创业园、农产品精深加工示范基地和农产品加工园区等多类三产融合集群。按照“因地制宜、突出主业、相互带动”的原则推动产园（产城、产镇、产村）深度融合。二是优先推广和扶持“数字+农业”和“平台+农业”型融合业态，稳步培育农业多种功能。顺应技术下乡和以工助农趋势，大力发展电商农业、物联网农业、智慧农业和创意农业。以拓展农业观光、康养、生态、文化传承功能为方向，打造农商文旅医融合新业态新模式。三是大力创新多主体利益联结的实现形式。积极探索"出资人—集体—农户"三方利益分享机制，推广企农契约型合作模式①、利益分红型模式②和股份合作型模式③做大做强农业现代化联合体。四是积极孵化创业创意型农业经营主体。以返乡的新乡贤和村庄经济能人为依托，开展农村创业创新项目培育和推广，积极孵化种养结合的现代高科技农业及"信息+农业"经营主体，吸引外来投资并带动本地就业，形成一批融合型利益共同体。

（二）培育壮大以县域为中心的城乡融合空间共同体

县域作为天然连接城市与乡村的空间组织单元，是促进城乡融合发展和协同推动城镇化与乡村振兴双向并举的重大战略基点。因此千方百计壮大县域经济，扩大县域功能成为巩固城乡融合发展绩效的重要前提条件。在快速城镇化背景下，县域更多地承担了积蓄"农转非"人口和大城市"非融入性"人口的"缓冲垫"职能，并为完善城镇空间布局和优化城镇等级体系提供了可能。由于大城市虹吸效应的持续存在，县域在城镇化进程中的地位逐步被边缘化，多沦落为"半城镇化"或"伪城镇化"人口的吸纳载体，县域连通城乡、贯穿工农的机能几乎丧失。逆城镇化趋势出现以后，县域在城乡融合发展中的独特功能有望被激活，成为打造高质量城乡融合空间共同体不可或缺的关键环节。

不论是非农产业和城市人口下乡，抑或传统农业和乡村人口入城，县域都起到了畅通工农城乡要素循环之功效。而县域本身作为一个"兼顾城乡、工农互动"的地域实体，又先后接受着城镇化与逆城镇化规律的双重影响，毋庸置疑是新时代中国促进城乡融合发展的"桥头堡"和"试验

---

① 主要包括"龙头企业+农户、龙头企业+新型经营主体、龙头企业+新型经营主体+农户"三种形式。

② 主要包括"订单收购+分红""保底收益+按股分红""土地租金+务工工资+返利分红"等形式。

③ 主要包括"土地入股、集体资产折股量化入股"等形式。

区”。因此，坚持走中国特色城乡融合发展道路必须毫不动摇地抓住县域这一“牛鼻子”，通过做强做优以县域为中心的中小城镇体系和增强县域综合服务功能来构建城乡融合空间共同体。

从实践中看，借助逆城镇化规律积极壮大县域打造城乡融合空间共同体可以从以下几个方面着手综合施策。一是扩大县域中心镇功能及建成区规模，多中心布局县域特色场镇。根据返乡与进城人员规模提升县域中心镇综合承载能力，优化县城主导产业结构和空间形态，提升县城宜居宜业品质，创造新型消费和投资场景，畅通城乡消费内循环；大力实施重点乡镇和特色场镇建设工作，利用产业下乡、人才下乡、投资下乡等契机加快特色场镇创建，加快形成一批商贸流通、文旅创意、数字电商特征明显的特色小镇，促进乡镇—居民点—产业园区有机融合，吸纳农村人口和返乡创业人口向特色小镇集中。二是扩大县域空间规划自主权，形成城乡统一、对接顺畅的资源要素配置机制。借助正在开展的整县城乡一体化试验区的试点机遇，推进县域的国土规划实现“多规合一”革新，加强城乡的产业布局，完善土地使用机制和基础设施，并持续优化村庄的规划编制。推动“三块地”改革，实施农村建设用地的增减挂钩机制，以及推进城乡建设用地的“增存挂钩”试点，共同推动农村城镇化及乡村社区的发展。通过更多的用地指标来支持农村三产融合项目及集体经济的投资和运营，同时放宽县域内建设用地指标的调剂权限，优先支持重点集镇和具有特色的乡镇的建设，从而提升城乡一体化的空间承载力和质量。三是增强县乡基础设施与公共服务的可达性与可及性，提高县域服务农村农业的综合能力。将县城定位为区域性公共服务和基础设施的核心供应点，以此带动各乡镇成为服务农民的区域性中枢。通过多个节点的放射作用，实现基本公共服务和基础设施向周边乡村的扩展。同时，按照不同等级和区域，建立一个评估体系，以确保城乡基础设施和公共服务供应的质量和均等性。在条件允许的情况下，地方政府应整合城乡基础设施和公共服务项目，采用县级统筹的一体化开发方式予以实施。

(三) 建立与城乡融合相适应的乡村基层治理新机制

目前，中国乡村基层治理整体形成了以村党组织为领导、以村民委员会和村务监督委员会为基础，集体经济组织、农民合作组织和其他社会组织参与协作的多层次并行治理结构，乡村基层治理体系延续了自治为主、德治和法治为辅的总体特点。在快速城镇化背景下，村庄人口大量外出流失，乡村治理被迫蜕化为以“村干部”为主导的“权威治理”形式，由于集体经济组织和其他社会组织逐步“空心化”，成员的参与意愿持续弱化，乡规民约再次成为维持乡土社会有效运行的秩序支撑。在逆城镇化潮流下，返乡留乡人员的逐渐增加势必会对传统村庄治理架构产生明显影响，由于村庄经济能人的重新“在场”和外来“新乡民”参与村社治理的现实需求，乡村基层治理的机制和运行逻辑都会出现一系列新变化和新特点，加之城乡融合格局的不断重塑，村庄治理不得不面临诸多公共事务的处置压力，急需推动乡村治理形式的“善治”转型以适应城乡融合变迁的现实需要，创新城乡融合时代乡村基层治理机制开始成为热点议题。

我们认为：迈向城乡融合发展时代的乡村基层治理机制创新，重点在于做好传统干部治村与新时期“乡贤”治村的有效衔接，推动传统村集体成员自治向村庄整体共治深度转型。其中，必须重构村民委员会和村务监督委员会之职能，持续发挥集体经济组织、农民合作组织和其他社会组织参与村社治理的积极作用，依托“新农人、新乡民、新乡贤”的吸纳型协商治理体制建设来逐步匹配和适应城乡融合发展情境下的乡村基层治理变革需求。为此，可以采取以下行动。一是搭建新乡贤深度参与乡村治理平台，探索成立乡贤参与乡村治理的新型社会组织。依托新乡贤的经济实力、政治号召力和社会动员力探索构建“村‘两委’+乡贤参事议事会”协同共治新模式，处置扶贫济困、公序良俗、集体纠纷等问题，推动新乡贤和村庄经济能人参与村规民约、社区公约以及自治章程的制定与实施，重建农村基层法治体系。二是进一步提高集体经济组织和合作社地位，以村社经济事务吸引新乡民、新农人参与村社治理，拓展良治广度和深度。以集体经济组织内部治理为依托，通过交叉任职增强村“两委”协同治理效能。三是积极引入数字化、平台化技术促进乡村治理现代化，创新乡村治理模式。搭建“数字村务”和“智能村务”平台，及时在移动端和门户网站上公示公开村务治理信息；探索建立乡村电子政务平台，促进农村公共服务智能化供给，提高农民办事便捷度；建立乡村治理新媒体自媒体矩阵，整合村“两委”、集体经济组织、合作社、涉农协会等机构的信息资源，构建村庄自治协商智慧化模式。

（四）构筑保障城乡深度融合的长效制度供给体系

由于中国城镇化发展不充分不平衡，建立适应城乡融合的体制机制便难免面临诸多困境和挑战。消除城乡间要素双向流动的体制壁垒和公共资源合理化配置的机制障碍是新时代城乡融合发展制度建设必须攻克的两大难点。必须紧紧抓住逆城镇化这一关键契机，直面城乡融合体制机制供给体系的“短板”，从政策和长效制度安排层面入手，保障城乡融合发展行稳致远。

从实现中国城乡深度融合的方位目标来看，其制度供给可划分为缺失型制度与改良型制度两种类型。缺失型制度旨在满足城乡融合发展过程中生产要素配置、市场主体结构、城乡利益关系变化所产生的体制与政策需求，重在填补制度空白；改良型制度则致力于纠正当前城镇化过程中已有制度安排之偏差，通过消除限制性制度壁垒和非公正性制度规制打造城乡平等型制度环境，重在提升制度运行绩效。从逆城镇化视角出发，现阶段保障城乡深度融合发展的缺失型制度与改良型制度供给应分别涵盖如下几个方面。一是加快建立城市人才与工商资本下乡促进机制，适应逆城镇化趋势下返乡人员创业和城市过剩社会资本下乡投资兴农需求，稳定第一书记驻村制度和推动延伸至农村的“放管服”改革，优化农村营商环境。二是构建城乡基础设施和教育医疗服务一体化规划机制，统筹规划市政公用设施和科教文卫资源，确立基础设施互联互通，义务教育、公共卫生、文化服务有效延伸的发展体制。三是建立城乡融合新产业培育与农民增收有效衔接的机制，依托“互联网+”和“创业孵化”促进乡村创意旅游、休闲农业、民宿经济、农耕文化体验、健康养老等新业态落地，将新产业与农村“三变”改革、集体资产股权量化改革相衔接，形成小农户与现代农业有效衔接的利益分配格局，带动农民稳定增收。四是调整农转非体制，大刀阔斧实施户籍制度改革，全面解除落户限制，倾向性支持人口向中小城镇转移集中，探索实施都市圈内户籍年限同城化累计互认制度。五是优化农业支持保护和涉农转移性支付制度，将支农惠农各项补贴集中到能够提高农产品质量、实现农业绿色化机械化规模化发展的产业项目和重大工程上，在整合涉农资金基础上，探索建立普惠性农民补贴制度。六是践行农村集体建设用地改革试点制度，做好承包地、经营性建设用地和宅基地三块地改革衔接，在土地用途管制和总量控制原则下，加大三块地资源整合力度，提速城乡统一土地利用市场机制建设。

五　结语

逆城镇化是城镇化发展的特殊阶段，要想在社会主义现代化国家建设的新发展阶段扎实推动城乡融合发展，必须同步下好城镇化与逆城镇化两盘大棋。中国现阶段实现城乡融合发展的本质目标，是要逐步改变城乡经济与社会地位不对等的实然状态，让农村和农业共享工业化城镇化信息化发展成果，以便缩小城乡差距，推进全体人民共同富裕。要实现上述目标，离不开逆城镇化的深度参与。逆城镇化现象与城镇化现象一样，都是生产力发展和城乡关系演进的自发后果，因此需赋予逆城镇化正确的功能观和价值观，积极顺应逆城镇化规律并引导其为城乡融合发展服务。我们相信，在新时代推动中国乡村振兴和城乡融合发展的实践沃土上，中国特色逆城镇化规律一定能发挥出工农互促、城乡互补效应，从而顺利达成“城镇化同农业农村现代化同步发展，夺取全面建设社会主义现代化国家新胜利”的愿景目标。

附录3：论马克思恩格斯“逆城镇化”发展思想及其当代启示

段龙龙　王林梅

摘　要：作为马克思恩格斯城乡关系理论的有机组成部分，马克思恩格斯“逆城镇化”发展思想形成于资本主义机器大工业和快速城镇化的特殊历史时期，其深刻地揭示了资本主义城镇化和逆城镇化进程中“掠夺性积累”的本质和机器大工业推动“逆城镇化”发展趋势的历史必然性。马克思恩格斯肯定了逆城镇化规律在推动资本主义工农联合生产以及阶级对立基础上“劳动社会化”转变中的积极作用，并以此提出了城乡融合发展的愿景构想，其中对乡村荒芜和掠夺农业的资本主义道路之批判、注重工业化和城镇化协同共进、突出逆城镇化城乡融合自然属性等思想对中国在新发展阶段坚持走城乡深度融合发展之路具有重要的科学启发意义。

关键词：马克思恩格斯；逆城镇化；城乡融合

逆城镇化作为城镇化进程和城乡关系动态调整的一个“特殊阶段”，在生产力发展和工农城乡生产关系变革中具有“不可忽视”的历史性作用。马克思和恩格斯是较早注意到“逆城镇化”发展趋势并对资本主义生产和价值运动过程中的“逆城镇化”规律做出翔实分析的思想家。在马克思和恩格斯看来，逆城镇化是资本主义工场手工业和机器大工业不断发展所导致的城乡关系从分割对立走向融合统一的必经阶段。其本质是城市劳动力、资本、技术等空间去中心化，为进一步恢复积累而从城市向郊区乃至向乡村转移的动态过程。由于资本主义生产方式在“逆城镇化”进程中有效推动了资本下乡、工农联合和技术兴农，最终成为城乡融合的重要实现机制，因此马克思和恩格斯对资本主义生产过程中“逆城镇化”动因的精辟分析及发展趋势的科学考证成为支撑其“城乡融合”论断的核心依据，至今仍具有高度的理论和时代价值。当前，中国的城乡关系正处于从“分割对立”走向“统筹融合”的历史新阶段，以大城市人口外流和农民工返乡创业为依托的“逆城镇化”现象正蓬勃兴起，对于如何在逆城镇化浪潮中协同推进新型城镇化与乡村振兴发展，从而有效实现城乡融合的重大现实问题，仍然需要回到马克思恩格斯的“逆城镇化”论述中汲取科学养分。只有充分了解“逆城镇化”在资本主义国家形成的历史根源，准确把握逆城镇化现象在城镇化进程和城乡生产关系变化中的历史功能和发展趋势，才能有效发挥逆城镇化在促进当代中国城乡融合发展中的积极作用，达成习近平总书记强调的“‘城镇化’和‘逆城镇化’要相得益彰”①的改革目标②，以便顺利实现中国城乡关系的第二次飞跃。③

一　马克思恩格斯“逆城镇化”发展思想的形成基础

马克思恩格斯所处的年代，恰好是资本主义工厂手工业向机器大工业过渡的工业革命时期，城乡社会分工的剧烈变迁和资本主义工业城市的大量兴起给马克思和恩格斯提供了近距离考察资本主义生产方式和生产关系的难得契机，也为其逆城镇化发展思想的形成奠定了基础。从青年到中晚年，马克思和恩格斯分别从工业城市生态灾难性资本积累体制的固有矛盾、雇佣劳动条件下资本主义利润率恢复的乡村转向和生产社会化发展的城乡共同体趋势三个角度出发，科学论证了资本主义逆城镇化发展的历史

① 习近平：《发展是第一要务，人才是第一资源，创新是第一动力》，新华网，2018 年 3 月 7 日，http：//www. xinhuanet. com/politics/2018-03/07/c_1122502719. htm。

② 这一改革总目标强调了城镇化、逆城镇化的双向互动，也强调了城镇化和乡村振兴的有效协同发展，逆城镇化恰好是实现城镇化和乡村振兴协同共进发展的中间衔接机制。

③ 程恩富、张杨：《新形势下土地流转促进“第二次飞跃”的有效路径研究》，《当代经济研究》2017 年第 10 期。

必然性，对这三个不同角度的详细考证也构筑起马克思恩格斯逆城镇化发展思想的形成基础，其核心观点和精辟论断至今仍具有重要理论启示意义。

（一）城市生态灾难性积累体制的不可持续性

对资本主义工业城市生态灾难性积累体制的批判是马克思和恩格斯逆城镇化发展思想形成的开端，恩格斯在《英国工人阶级状况》一书中对此进行了全方位的论证和分析。在恩格斯看来，机器的使用和工业的迅速发展是资本主义城市生态灾难性积累体制产生的根源。因为大批手工业工厂的倒闭以及工人纷纷涌向城市，无产阶级在资本主义的工业城市里被剥夺了所有维持清洁的条件，只得在肮脏的空气和糟糕的公共卫生环境中苟延残喘。原本资本主义城市的扩大，只是年轻一代工人追求就业机会、企业主有效降低生产成本的自然竞争结果，但是在资本疯狂般逐利本性的驱使下，城市生态开始变为“一种积累策略”，工厂开始大量利用农田，村镇不断地转变为城市，工业污染和生活污染使得城市环境越来越糟糕，严重影响人们的工作和生活。资本主义工业城市将生态灾难性积累体制的好处发挥到了极致，留下的却是人与自然、工人阶级与资产阶级不可调和的矛盾对立。

从表面上看，被资产阶级不断剥削和消耗的城市生态，似乎能够在资本流动和运动规律中加以恢复，但实际上，这种恢复“积累”的策略是通过加快资产阶级与工人阶级的城乡分化趋势实现的。资本家深知，工业城市的生态破坏在创造出丰厚利润的同时，也有可能摧毁或危及自身奢侈舒适的生活条件，因此，与工人阶级所生活的狭小、肮脏、贫困与疾病丛生的区域相比，资产阶级往往住在郊区或者更远的乡村别墅里，试图用“郊区化”乃至向乡村迁徙的方式来消除工人阶级快速城镇化所带来的生态恶果。正如恩格斯所讽刺的那样，资产阶级不仅对占有工人阶级在城市中所创造出的巨大劳动财富贪得无厌，也十分偏爱“乡村制造业”，因为在这里，工厂制度的害处，特别是在卫生方面的害处，部分地由于新鲜空气和四周的良好环境而抵消了。更为关键的是，在农村地区，“可以更廉价地雇到工人”[①]，这为应对城市中劳资对立和生态灾难累积体制提供了一个有效的解决策略。

（二）剩余价值生产与对抗利润率下降的乡村转向

马克思通过考证资本主义的生产过程和资本积累的一般趋势，进一步揭示了资本主义生产方式“由城入乡”发展的潜在动因，成功地将工农城乡等空间因素纳入资本运动的整体框架，这标志着马克思恩格斯逆城镇化思想的成熟。早在《政治经济学批判（1857—1858 年手稿）》中，马克思就意识到资本主义发展有加快推动资本由城入乡的空间趋势，因此得出“在资产阶级社会中情况则相反。农业越来越变成仅仅是一个工业部门，完全由资本支配”[②] 的论断。但其中的原因为何，马克思未作进一步解释。直到 1867 年撰写《资本论》第一卷时，其才系统地从价值增值和对抗利润率下降的角度深入分析了资本主义逆城镇化发展的根源。在马克思的理论中，尽管资本主义的工业化和城镇化带来了大量的产业后备军，为持续的剩余价值生产提供了条件，但机器的广泛使用导致资本的有机构成不断提高，这种趋势最终会导致一般利润率的历史性降低。因此，为了恢复资本积累并减缓利润率的下降趋势，资本家不得不增加剥削或降低工资。然而，在城市的大工业背景下，工人阶级的阶级意识逐渐觉醒并且有组织地对抗资本雇佣劳动，这给资本家的行动带来了阻碍。在这种情况下，农业和乡村自然成为资本主义积累的“快速修复”工具和缓冲区。

与城市不同，农村本身就潜存人口过剩问题。因此，一旦资本主义生产模式侵入农业，或者说达到一定程度，随着资本在农业中的积累，对农业工人的需求便会绝对减少。而随着工业资本逐渐下乡，其发展带来了两个显著的历史性后果：一是机器在农业中的使用更加显著地加剧了劳动力的“过剩”现象；二是农业工人在辽阔土地上的广泛分散，将进一步削弱他们对资本家的抵抗力，由此可能导致农业工人工资的极大降低。因此，

① 《马克思恩格斯全集》第 2 卷，人民出版社，1957，第 301 页。
② 《马克思恩格斯选集》第 2 卷，人民出版社，2012，第 707 页。

资本主义中的逆城镇化发展过程绝非偶然，而是必然遵循资本追求超额剩余价值和应对利润率下降的积累模式。然而，对工人阶级而言，资本家推动的逆城镇化趋势并未改变他们命运的困境和贫穷状态。

（三）满足全体社会成员需要的共同联合体发展趋势

在批判资本主义发展中财富源泉加速破坏、生产关系持续异化、人与自然加剧对立的消极作用之余，马克思和恩格斯在晚年也注意到了逆城镇化趋势在推动生产社会化和削弱私有制方面的积极效应。提出资本主义所极力倡导的机器大工业可以通过工农对立基础上的联合来消灭城乡对立这种旧社会分工，促使社会开始占有全部生产资料，推动共同联合体的形成。马克思在晚年充分肯定了资本主义生产中技术结合的正面作用，认为一方面，“资产阶级无意中造成而又无力抵抗的工业进步，使工人通过结社而达到的革命联合代替了他们由于竞争而造成的分散状态”。[①] 另一方面，工业的进步也给无产阶级带来了大量的教育因素，一是，它“承认劳动的变换，从而承认工人尽可能多方面的发展是社会生产的普遍规律，并且使各种关系适应于这个规律的正常实现”。[②] 二是，它又“用那种把不同社会职能当作互相交替的活动方式的全面发展的个人，来代替只是承担一种社会局部职能的局部个人”。[③] 于是，资本主义大工业从城市进入乡村后推动生产技术结合的一种必然结果是“消灭旧社会的堡垒——‘农民’，并代之以雇佣工人”[④]，同时促进农业和工业之间的连续过渡，削弱城市和乡村之间的对立。虽然这一历史过程并非“一蹴而就”，但也向达成“从事农业和工业劳动的将是同样的一些人，而不再是两个不同的阶级[⑤]”目标前进了一大步，宣告了马克思恩格斯关于资本主义主动型“逆城镇化”发展思想的正式形成。

---

① 《马克思恩格斯选集》第 1 卷，人民出版社，2012，第 412 页。
② 《马克思恩格斯全集》第 23 卷，人民出版社，1972，第 534 页。
③ 《马克思恩格斯全集》第 23 卷，人民出版社，1972，第 535 页。
④ 《马克思恩格斯全集》第 23 卷，人民出版社，1972，第 551 页。
⑤ 《马克思恩格斯全集》第 4 卷，人民出版社，1958，第 371 页。

二　马克思恩格斯“逆城镇化”发展思想的科学论断

在经典著作中，马克思和恩格斯不仅用大量鲜活的案例描述了资本主义社会逆城镇化发展的实践样态，也从唯物史观的角度解析了资本主义逆城镇化现象的本质和形成根源，同时对资本主义逆城镇化发展的未来趋势进行了预判，形成了一系列科学论断。在马克思恩格斯看来，资本主义的逆城镇化过程是生产力发展到一定阶段后，大工业更加均匀地使用城乡劳动力，占有社会共同生产资料，对资本主义私有制和劳资对立生产方式积极扬弃的历史必然，也是资本积累体制和积累模式追求和适应生产社会化、技术社会化趋势的主动变革，它从根本上改变了传统资本主义以城市为中心的生产方式和以阶级对立为表象的积累逻辑，为真正实现城乡融合创造了物质条件，上述科学论断不仅精确阐释了资本主义“逆城镇化”现象的本质，也为辩证认识生产力发展过程中工农城乡关系提供了一个新方向，值得进一步思考和分析。

（一）逆城镇化是资本主义生产方式积极自我扬弃和发展的历史必然

将逆城镇化趋势视为资产阶级在竞争和剩余劳动剥削中通过生产社会化和资本分散化来积极扬弃生产方式的历史规律是马克思和恩格斯得出的第一个科学论断。它从本质上回答了资本主义“逆城镇化”是什么的问题。从表面上来看，资本主义“逆城镇化”现象似乎只是资本家为躲避工业城市的恶劣的公共环境而采取的分散化迁徙行为①，但若就此理解就忽视了背后更为重要的生产力和阶级因素。马克思恩格斯看到了资本主义逆城镇化现象中的生产方式变革，并从资本积累和运动的时空角度详细考察了资本家分散化迁徙的“逆城镇化”趋势，发现逆城镇化仍是资本家加快剩余价值生产和延续价值增值恢复积累的手段。② 在马克思那里，逆城镇

① 从这一点上来看，西方经济学至今对逆城镇化的理解仍止步于此，未有重大建设性观点，而显然马克思和恩格斯对资本主义逆城镇化的理解要高明深刻得多。

② 恩格斯在《英国工人阶级状况》一书中，曾使用 cottage-system（小宅子制）和乡间矿厂的案例来说明逆城镇化过程中资本家对乡村工人剥削的加剧。

化是资本竞争的自然结果，是大资本吞并小资本带来的生产集中与分工协作不断细化所带来的生产扩张规律协同作用的历史必然。一方面，虽然激烈的资本竞争导致利润降低，但这有利于大规模资本的聚集，并逐渐推动生产活动的集中。这种生产的集中化趋势与资本积累相辅相成，资本家因此能够将其资本用于农业、工业和商业等多个领域，推动资本投资的地理多元化，进而引起逆城镇化的发展趋势。另一方面，激烈的市场竞争促使资本家不断寻求更精细的分工和机械化，以期大规模利用机械加速生产。这导致生产能力的迅速提高，生产和资本的过剩不仅局限于城市，最终扩散到小城镇乃至乡村地区。

如果说城镇化现象的出现与资本主义生产方式和竞争规律存在密切联系，那么逆城镇化这种更为分散化、更需要资本主义均衡使用生产力和控制自然力的独特生产活动，就势必会给资本主义这种以私有制和生产集中为特点的传统生产方式带来反作用。因此，马克思敏锐地指出，“生产资料集中在少数人手中，因此不再表现为直接劳动者的财产，而是相反地转化为社会的生产能力”。[①] 并且，“劳动本身由于协作、分工以及劳动和自然科学的结合而组织成为社会的劳动。”[②] 单从这两方面来看，逆城镇化趋势就足以让私有财产和私人劳动在对立的形式上得以消灭，并根据社会的需要逐步使农业和工业结合起来，促进劳动者在职业、技能和城乡分布上的全面自由发展，这无疑是资本主义对自身生产方式采取的积极的自我扬弃。

（二）逆城镇化是资本积累体制适应社会化生产趋势的主动变革

在对资本主义扩大再生产实现的条件和资本积累的历史趋势有了深入的了解之后，马克思和恩格斯又从各自角度出发，提出了资本主义逆城镇化发展的第二个科学论断：逆城镇化是资本主义大工业积累体制不断适应社会化生产趋势的主动变革。这一论断客观地回答了资本主义逆城镇化因

---

① 《马克思恩格斯全集》第 25 卷，人民出版社，1974，第 296 页。

② 《马克思恩格斯全集》第 25 卷，人民出版社，1974，第 296 页。

何而来的问题。马克思在《资本论》第一卷中首先论证了资本主义积累体制社会化生产发展的必然性，他认为这种必然性是由资本主义积累过程中资本有机构成提高而资本可变部分相对减少的发展趋势所致。在马克思看来，资本主义积累会通过加剧竞争而进一步促进资本集中和资本集聚，使工业资本家可以通过强制吞并或建立股份公司的形式来迅速扩大自己的经营规模，随后工业规模的扩张又为新一轮积累创造了历史起点，但反观积累自身早已经摆脱了单纯依靠个别资本增大的限制，变成了单个资本的社会化联合的新形态，初步具备了社会资本的属性。因此，资本主义大工业不仅改变了积累的速度，也改变了积累本身，它让“生产资料已经作为别人的财产，而与一切在生产中实际进行活动的个人（从经理一直到最后一个短工）相对立”①，同时让“这种财产不再是各个互相分离的生产者的私有财产，而是联合起来的生产者的财产，即直接的社会财产”。② 而这为社会财产和社会劳动的形成奠定了基础。

在马克思的启发之下，恩格斯在《反杜林论》中进一步考察了资本主义大工业的城乡布局演变情况，结果发现了工业资本家逆城镇化流动与资本积累体制社会化过渡同向发展的历史规律。因此得出了逆城镇化是资本积累体制适应社会化生产趋势的主动变革的重要结论。有别于马克思，恩格斯采用了一种独特视角，从大工业的技术革新和生产力的角度进行考察，认为大工业具备超越地域限制的生产能力。特别是当这种能力与蒸汽力结合后，大工业不会再满足于被资本主义限制在城市的状况，因为这种状况最终会妨碍其活动的自由性。因此，“虽然向城市集中是资本主义生产的基本条件，但是每个工业资本家又总是力图离开资本主义生产所必然造成的大城市，而迁移到农村地区去经营”。③ 逆城镇化发展趋势为何会出现，原因在于，随着生产力的提升，工业生产本身就会根据最有利于其自身发展以及其他生产要素的维持或组合的需要，而在全国范围内进行合理布局。逆城镇化恰好满足了资本主义生产越发社会化的需要。

① 《马克思恩格斯全集》第 25 卷，人民出版社，1974，第 494 页。
② 《马克思恩格斯全集》第 25 卷，人民出版社，1974，第 494 页。
③ 《马克思恩格斯全集》第 26 卷，人民出版社，2014，第 313 页。

（三）逆城镇化是消除城乡对立实现城乡融合的必要条件

与古代城市乡村化的发展史不同，现代文明多表现为乡村的城镇化，这是资本主义全部发展历史中的一个鲜明特征。因此，城乡对立和私有制的出现构成了资本主义生产方式赖以生存的两大基础。但是当资本主义大工业空前推动了生产社会化和劳动力的全面发展，从而使得普遍劳动和打破生产地理界限成为可能时，马克思和恩格斯意识到，消灭私有制和建立共同体的时机成熟了，因此突出表达了逆城镇化是消除城乡对立实现城乡融合必要条件的重要思想，不仅科学地解答了逆城镇化往何处去这一历史谜题，也给生产力发展的最终归宿是消灭城乡差距实现城乡融合指明了方向。

早在《德意志意识形态》中，马克思就给出了资本主义城乡对立持续存在的关键缘由即资本主义让“个人屈从于分工、屈从于他被迫从事的某种活动，这种屈从现象把一部分人变为受局限的城市动物，把另一部分人变为受局限的乡村动物，并且每天都不断地产生他们利益之间的对立”。[①] 如此一来，想要打破这种局限，就必须建立劳动力城乡双向流动的渠道机制，这在资本主义机器大工业出现以前，显然是不可能的。大工业出现以后，机器大规模运用、生产的大量集中和工人阶级日益贫困化的压力迫使资产阶级采用更加社会化、用工更为灵活的生产方式，这才给缓和乃至消除城乡对立推动城乡融合提供了契机。正如恩格斯在《共产主义原理》中所强调的：“乡村农业人口的分散和大城市工业人口的集中只是工农业发展水平还不够高的表现。”[②] 为此，要真正实现城乡融合，必须让生产力的进步满足如下两个条件。一是“只有使人口尽可能地平均分布于全国，只有使工业生产和农业生产发生密切的内部联系，并使交通工具随着由此产生的需要扩充起来”[③]，二是大工业在全国尽可能平衡地分布，让“科学终于也将大规模地、象在工业中一样彻底地应

---

① 《马克思恩格斯全集》第 3 卷，人民出版社，1960，第 57 页。

② 《马克思恩格斯全集》第 4 卷，人民出版社，1958，第 371 页。

③ 《马克思恩格斯全集》第 18 卷，人民出版社，1964，第 313 页。

用于农业”[①]，并消灭农业人口和工业人口职业和工种的区别。显然根据马克思和恩格斯自己的说法，他们所处的时代其资本主义还远未达到能够将农业和工业结合起来的生产力发展状态，但这并不影响他们对未来趋势的准确判断，因为就连资本主义本身都已经深深感到城乡对立是进一步发展的阻碍了。如此，通过正确认识机器大工业的性质，资本主义第一次在历史上有机会通过大工业的对立发展，借助工业支持农业、工业资本家投资传统农业的逆城镇化路径实现城乡融合，这不仅是满足工业生产和农业生产实际需要的客观必然，也是资产阶级越来越不能胜任生产力发展水平的历史必然。

三　马克思恩格斯“逆城镇化”发展思想对我国城乡融合发展的启示

在马克思恩格斯那里，走工农联合、城乡融合之路是“逆城镇化”发展的最终目标，相较于城乡融合这种共同体状态，逆城镇化是城乡生产力和生产关系动态变化中正在出现的一种实践形态，是人类社会生产力从低级阶段向高级阶段演进，经历工业化变革和城镇化变革进而逐步实现现代化的客观规律。虽然马克思恩格斯逆城镇化思想形成的基础来源于资本主义国家，但大多精辟论点和科学论断仍然适用于正处于城镇化中后期，致力于以工补农、以城带乡、通过新型工农城乡关系的构建与强化促进城乡深入融合的当代中国。尤其是在乡村振兴战略全面开启，扎实推动城乡全体居民共同富裕取得实质性进展的新发展阶段，有效吸收马克思恩格斯“逆城镇化”发展思想中的科学养分，借鉴马克思恩格斯“逆城镇化”发展思想中的历史经验，不仅能极大地降低中国乡村振兴战略实施的成本，正确看待已经出现的“大城市人口外流”“资本下乡”“农民工返乡创业”等逆城镇化现象，也能为中国坚持走城乡融合发展之路提供一条可操作的实施路径，在充分借鉴发达国家的转型经验基础上，灵活运用逆城镇化趋势推动新型城镇化和乡村振兴协同发展，助力改革行稳致远。

---

① 《马克思恩格斯全集》第 31 卷，人民出版社，1972，第 470 页。

（一）城乡融合不应走乡村荒芜和掠夺农业的资本主义式道路

从马克思恩格斯有关“逆城镇化”的相关论述中不难发现，发达资本主义国家乡村发展普遍走的是一条被动现代化的“荒芜后复兴”道路，由于乡村和农业始终服务于资本主义生产扩张和剩余价值积累的历史需要，因此资产阶级更偏好于将乡村定位于储备相对过剩人口、压低原材料及可变资本价值，削弱资本雇佣劳动制度阻力的“蓄水池”，资本主义乡村和农业“自我牺牲”的历史就成为必然。因而，我们可以从马克思恩格斯对资本主义城乡发展历史的精辟分析中得到三点教训。一是乡村和农业是分工和生产力发展的基础，任何现代化方式或者技术的大规模应用都应以不破坏乡村和农业的基本功能和生产基础为目的。二是农业和乡村的现代化并不是工业发展或者高度城镇化的自然结果，城市和乡村等地域概念不是用来简单区分农业和工业的直接依据，简单地将工业集聚在城市发展而忽视了工业和农业在自然属性上的结合只是资产阶级的“一厢情愿”。三是人口规模和分布的均衡性是能否顺利消除城乡对立的先决条件，因而不论是工业化、城镇化，还是农业农村的现代化，都不能因自身发展需要而为人口自由流动设置制度性的障碍。站在新的历史起点上，中国应认真吸取这些教训，从借鉴和创新中走出一条符合中国国情的特色城乡融合发展之路，推动马克思恩格斯城乡融合愿景从理论变为现实。

中国作为世界上最大的社会主义国家，消除城乡对立和两极分化，实现共同富裕是社会主义的本质要求，因此新发展阶段全面实施乡村振兴的根本目的在于有效缩小城乡差距、推动农村与城市均衡协调发展，同步实现现代化。① 但受制于人地关系、生产力发展阶段和前期城市偏向的非均衡发展战略的历史性影响，新时代推动城乡深入融合，仍要持续发挥农业农村稳定社会秩序、传承乡土文化、保障粮食安全等重要功能。② 因此在现阶段城乡融合的本土化路径选择上，不仅不能走资本主义乡村“荒芜后

① 黄祖辉：《准确把握中国乡村振兴战略》，《中国农村经济》2018 年第 4 期。

② 姜长云：《实施乡村振兴战略需努力规避几种倾向》，《农业经济问题》2018 年第 1 期。

复兴”的歪路和歧路，还要持续关注并防范市场化进程中工业和城镇过度掠夺农村和农业、城市资本无序扩张的潜在风险，一方面通过发挥市场在资源配置中的决定性作用，破除妨碍城乡要素自由流动和平等交换的体制机制，加快建立健全城乡要素双向流动的体制机制，促进各类要素更多向乡村流动。另一方面强化有为政府建设，大胆创新产业、财税、土地和人才等政策，通过进一步强化“以工补农、以城带乡、工农互惠、城乡共荣”的新型城乡关系，为乡村振兴注入新动能，实质性地推动城乡在“要素—产业—空间”三重维度上的互动融合。

（二）坚持在协同推进新型工业化和新型城镇化进程中实现城乡深度融合

马克思和恩格斯的“逆城镇化”发展思想告诉我们：实现城乡融合，需要高度发达的生产力和丰富的物质基础作为条件。通过大工业和城镇化来迅速推动生产力提高，并与社会主义公有制相结合，是一条有效推动工农业间的技术联合和社会劳动发展，从而实现城乡融合的可行路径。因此，实现城乡融合的首要前提，就是要千方百计解放和发展社会生产力，通过工业化和城镇化协同互动，着力将工业化和城镇化水平推进到更加均衡的高级阶段，从而逐步缩小城乡各种差距，为最终实现城乡融合创造物质条件。

当前，中国正处于从“中上等收入”向“高收入”国家跨越的关键阶段，生产力发展的不充分不均衡矛盾依然十分突出。加之“十四五”时期人口老龄化进程和百年未有之大变局加速演进，致使双循环格局下中国城乡融合的发展面临挑战。具体来看，挑战主要涉及以下两个层面，一是中国的工业化正处在“自主创新”、“进口替代”和“数字化转型”的十字路口，国际科技竞争、大国博弈和自身人口结构转变使得中国传统劳动密集型发展模式难以为继，因此工业部门扩张对农业人口的吸引力和对农业部门生产率的带动能力正趋于下降①；二是城镇化提速所导

① 于畅、邓洲：《工业化后期国产替代的方向调整与推进策略》，《北京工业大学学报》（社会科学版）2021年第1期。

致的大城市中心极化效应进一步推动了城乡地域分化，进而引发了乡村"老人农业"和"社会空心化"格局的形成，加剧了村庄衰退。[①] 从表面上来看，似乎是中国工业化发展的停滞和城镇化进程的失衡阻碍了城乡融合的实现，但若仔细推敲则不难发现，根本原因是中国现阶段工业化和城镇化发展的不充分不均衡束缚了生产力的进一步解放，从而减缓了城乡融合进程。

根据发展经济学工业化和城镇化发展阶段划分标准，中国已于2020年和2015年分别进入工业化后期和城镇化中期阶段，正加速向后工业社会和城镇化后期阶段迈进，这一阶段的显著特点是，工业化和信息化开始深度交融、城镇化进程中大中小城市等级结构和空间形态更加均匀，是传统工业化和城镇化发展转型为新型工业化和新型城镇化的必然历史过程。[②] 由于新型工业化是超过马克思恩格斯所谓机器大工业的更高发展阶段，其不仅具备了跳出地域限制的基本属性功能，还可借助信息化和智能化直接改造传统乡村和农业，以普及性的方式重塑城乡生产地理，缩小部门生产率差距，从而彻底打破束缚城乡融合发展的技术壁垒[③]；而新型城镇化则是涵盖人口向城市集中的城镇化和人口向小城镇乃至农村分散的逆城镇化过程的统一体，它从"人口—产业—空间"角度系统解决了乡村要素净流出的历史难题，为建立城乡自由开放的双向要素流动新机制创造了条件，特别是新型城镇化发展的高级阶段——逆城镇化的出现，无疑给村庄人口、产业及文化的全面复兴提供了新机遇，是真正实现城乡融合最关键且最直接的动力媒介。[④]

---

① 贺雪峰：《乡村振兴战略要服务老人农业》，《河海大学学报》（哲学社会科学版）2018年第3期。

② 方李莉：《"后农业社会"：一个中国可能率先进入的发展模式》，《山东大学学报》（哲学社会科学版）2022年第1期。

③ 洪银兴：《新时代社会主义现代化的新视角——新型工业化、信息化、城镇化、农业现代化的同步发展》，《南京大学学报》（哲学·人文科学·社会科学版）2018年第2期。

④ 段龙龙、叶子荣：《逆城镇化推动中国城乡融合发展的逻辑关联与实现路径》，《当代经济研究》2022年第3期。

（三）多措并举突出逆城镇化“以工补农、工农互惠”的城乡融合自然属性

如果将城镇化看成“以农辅工、强工弱农”的自然发展过程，那么马克思恩格斯“逆城镇化”思想无疑更加强调逆城镇化“以工补农、工农互惠”的反向作用，并将它作为消除城乡对立、实现工农联合和城乡融合的重要抓手。特别是该思想的精髓与中国正在实施的协同推进新型城镇化与乡村振兴战略不谋而合，在中国进入“城镇化和逆城镇化并存”的新发展阶段，可为城乡融合发展的本土化实践提供有效借鉴。

从政治经济学的扩大再生产理论来看，城镇化是主权国家实现资本积累和经济起飞不能绕开的特定阶段，但城镇化发展的终极目标，仍是有效缩小城乡部门差距，从而实现工农均等、城乡共荣的部类间平衡。资产阶级人为制造了城乡对立的生产关系，并利用私有制和资本雇佣劳动制度将其进一步强化，其目的是制造不平衡的城乡地理景观从而掠夺剩余价值和生产利润。因此提出的城镇化概念必然庸俗化且具辩护性质，这从当前西方主流经济学极力倡导城镇化的增长效应而忽视逆城镇化相关研究可见一斑。但真正的城镇化发展过程，是前期的大城市优先发展，乡村地位逐渐下降的空间不平衡状态与中后期小城镇和乡村加快发展，乡村地位恢复的空间再平衡状态的统一，它不仅包括狭义上的城镇化阶段，也包括郊区化和乡村复兴的逆城镇化阶段。因此，马克思主义政治经济学视野中的逆城镇化概念与西方经济学间存在根本分歧，与资产阶级经济学将逆城镇化视为城镇化的“中断”乃至对立面不同，得益于马克思恩格斯逆城镇化发展思想的启示，马克思主义政治经济学将逆城镇化视为城镇化进程中的重要组成部分，只不过相比传统城镇化发展规律而言，逆城镇化是城镇化发展到高级阶段后，适应生产社会化的现实需要，促使城镇化发展更均衡更加充分的特殊形式。[①] 因此，逆城镇化不论是在理论上还是在实践中都具备“以工补农、工农互惠”的城乡融合自然属性，是狭义城镇化功能的有效

① 沈东：《新型城镇化、市民化与逆城镇化》，《江淮论坛》2019 年第 1 期。

补充。

中国在2005年全面取消农业税后正式进入了“工业反哺农业”的城乡关系新阶段，但受制于当时城镇化发展阶段及农村剩余劳动力转移的现实需要，以国家意志为主导的大规模反哺尚未展开，2008年党的十七届三中全会确立城乡一体化发展战略之后，以财政支农为主要手段的资金反哺率先启动，宣告以工补农的长效机制的初步确立。[①] 从理论上来讲，以工补农体系，不仅包括以财政转移支付和补贴为特征的资金反哺，还包括农业农村现代化发展所必需的人才反哺和技术反哺，而后两者，在当时的客观背景下是难以实现的。因此依靠大规模的资金反哺，只能在一定程度上抑制城乡差距的扩大，无法从内生动力上真正推动城乡融合发展机制的建立[②]，只有等到城镇化进程进入高级阶段并正式出现逆城镇化趋势之后，人才反哺和技术反哺的制度障碍才被真正打破，从而真正构建起“以工补农、工农互惠”的城乡融合新局面。

党的十九大过后，以“归雁经济”“返乡创新创业”为特点的逆城镇化现象在中国快速兴起，标志着逆城镇化推动城乡融合自主发展动力的正式形成。虽然当前中国逆城镇化现象仍具有局部、零散、区域化发展特征[③]，但实践中大量存在的逆城镇化典型事实，已经让新乡贤、新乡民和新农人群体加速崛起，成为部分地区畅通城乡双向要素循环、促进乡村产业振兴、重建乡土社会秩序的决定性力量[④]，更加重要的是，理论层面的逆城镇化发展目标，本身就与乡村振兴战略高度一致，两者都是为了有效缩小城乡差距，实现农村农业的现代化。因此，站在新的历史起点上，中国各级政府应充分认识到逆城镇化发展的客观必然性，通过不断放大逆城镇化“以工补农、工农互惠”的自然功能，积极引导逆城镇化为构建城乡

① 曹俊杰：《我国几种工业反哺农业模式比较研究》，《农村经济》2017年第3期。

② 当时的实际情况是：资金下乡、人员进城，财政支农资金的大量投入并不能消除工农生产率差异，因此，整个“十二五”时期和“十三五”前期，我国的工业反哺农业政策目标并不是要真正逆转城镇化进程，而是为快速城镇化背景下的农村弱势群体和农业产业安全提供支持保障。

③ 薛选登、张一方：《新型城镇化进程中“逆城镇化”的新态势与路径探讨》，《经济纵横》2017年第1期。

④ 王兴周：《乡村振兴背景下逆城市化动力机制探析》，《江海学刊》2021年第3期。

要素统一市场和培育乡村发展新动能服务，并加快建立与逆城镇化规律相适应的城乡融合政策体系和激励机制，尽早推动中国城乡融合发展取得实质性的新进展。

后　记

本书是教育部人文社会科学基金项目“新时代我国城镇化与逆城镇化协同发展路径研究”（19YJC710016）的最终成果。该课题选题的最初依据来自2018年习近平总书记在两会期间参加广东代表团审议时的重要讲话。当时，我国北京、上海、广东、浙江等发达地区纷纷出现了农民工返乡就业创业的新现象，理论界很多人认为这可能会导致我国尚未完成的城镇化进程和农村转移人口市民化进程的中断，引发较为严重的逆市民化问题。一些经济学家和社会学家据此将这一现象与西方主流的逆城镇化现象所类比，加剧了决策层和学术界对这一现象的担忧。习近平总书记在出席2018年两会广东代表团审议时果断指出了上述问题的症结所在，明确指出，“我们现在推动城镇化建设，千方百计让进城务工人员能够在城市稳定地工作生活，孩子能进城的随着进城，解决留守问题。同时，也要让留在农村的老年人在乡村振兴战略中找到归宿”。“家庭人伦等值得珍惜的东西，在城镇化过程中，在农民进城的大迁徙中受到了冲击。这个冲击不可避免，但在这个过程中不能泯灭良知人性。”因此，他强调，“一方面要继续推动城镇化建设。另一方面，乡村振兴也需要有生力军。要让精英人才到乡村的舞台上大施拳脚，让农民企业家在农村壮大发展。城镇化、逆城镇化两个方面都要致力推动”。[①]

习近平总书记对中国新时代逆城镇化发展方向的准确定位及对逆城镇

① 习近平：《发展是第一要务，人才是第一资源，创新是第一动力》，中国政府网，2018年3月7日，https：//www.gov.cn/xinwen/2018-03/07/content_5272045.htm。

化和城镇化两者关系的精辟论述无疑对当前饶有争议的逆城镇化问题指明了方向。但是中国特色逆城镇化出现的原因、发展动力和本土典型特征是什么一直在理论界未得到相应关注。长期以来，关于城镇化发展的经济学理论更多借鉴的是西方主流观点，在这种新自由主义思潮下很难真正发现出现在我国的逆城镇化规律与传统西方逆城镇化规律间的本质差别，因此，加强中国特色逆城镇化规律研究十分必要。

在梳理逆城镇化概念的缘起和演变历程之时，我们发现我国出现的逆城镇化现象几乎是一个全新命题，与西方的逆城镇化概念相比，我国提倡的“逆城镇化”现象不仅出现时机不同，在主导群体、发展目标、形成动力乃至发展趋势上都与西方完全不同，与西方的串联式发展相比，我国的逆城镇化与城镇化几乎是同步并行发展的。且更值得一提的是，这种发展模式与西方城镇化进程的停滞或者中断现象不同，而是我国城镇化进程发展不够充分不够均衡的自动“矫正器”，逆城镇化更加促进了城市群、县域乃至小城镇的快速兴起和发展。此外，逆城镇化还很好地解决了长期困扰我国理论界的乡村衰退和虚假城镇化问题，是实现人口市民化和乡村振兴的重要载体。

上述发现让课题组倍感兴奋，这不正是中国特色社会主义政治经济学正在追求的新命题和新研究议题吗？从中可以得到完全原创的中国模式、中国道路和中国经验，总结出新的中国现代化发展理论，并成为当代中国政治经济学研究的新成果。事实上，逆城镇化正在成为当前我国深入推进城乡融合发展战略的新机制，是推动城乡要素双向自由流动、资源公平配置最为关键的抓手，同时，逆城镇化还是新型城镇化的有机组成部分，它不仅可以助力乡村振兴，解决长期困扰农业农村现代化进程中的“人—钱—地—技”短缺问题，也有利于解决新型城镇化人口的高质量融入、大城市病和中小城市发展长期滞后等问题，是新发展阶段面向新发展格局畅通城乡大循环的一把“钥匙”。

本书在写作过程中，得到了许多师友的慷慨帮助，在此一并感谢。同时本书的成稿也得益于课题组精益求精的打磨、修改和完善，关于本书的成稿，主要分工情况如下。

第一章由段龙龙、赵天皓、裴廉睦撰写，最后由段龙龙统稿，其间硕士研究生何虎参与了校对和文献整理工作。

第二章由段龙龙和祁妙撰写，最后由段龙龙统稿。

第三章由段龙龙、张城瑞和杨澜撰写，最后由段龙龙统稿，硕士研究生何虎参与了数据核对工作。

第四章由段龙龙、王林梅撰写，最后由段龙龙统稿。

第五章由段龙龙、许建南撰写，最后由段龙龙删减完善。

第六章由段龙龙撰写，其间武汉大学李楠教授、西南交通大学叶子荣教授和中国社会科学院裴长洪教授提出了宝贵建议。

第七章由段龙龙、王林梅撰写，最后由段龙龙统稿。

结论由段龙龙撰写，西南交通大学李杰教授提出了宝贵建议。

值得一提的是，在书稿形成过程中，一些新的研究观点被课题组写成了论文发表在相关期刊上，在课题推进过程中，课题组也发表相关论文多篇。细目我们将附在文末。

最后，特别感谢社会科学文献出版社的张建中、岳梦夏老师的大力支持和鼓励，在他们辛苦的工作下，本书最终得以出版。

与课题相关的阶段性成果清单如下。

（1）段龙龙：《四川高质量发展评价体系构建与评估——基于包容性绿色增长框架视角》，《中国西部》2020 年第 3 期。

（2）段龙龙、王林梅：《绿水青山保护有利于地区反贫困吗——来自长江经济带沿线贫困地区的新证据》，《贵州财经大学学报》2020 年第 4 期。

（3）王林梅、段龙龙：《中国人口老龄化的技术创新效应之谜研究》，《制度经济学研究》2020 年第 3 期。

（4）段龙龙：《新型城镇化与乡村振兴协同发展路径：逆城镇化视角》，《现代经济探讨》2021 年第 5 期。

（5）段龙龙、王林梅：《财政支农、劳动力流动与城乡收入不平等》，《劳动经济评论》2021 年第 2 期。

（6）段龙龙、叶子荣：《“逆城镇化”推动中国城乡融合发展的逻辑关联与实现路径》，《当代经济研究》2022 年第 3 期。

（7）段龙龙、何虎：《地区高质量发展有助于缩小地方政府规模吗？基于创新驱动视角的实证研究》，《演化与创新经济学评论》2022 年第 2 期。

（8）段龙龙：《扎实推进数字技术与乡村发展深度融合》，《中国社会科学报》2023 年 6 月 28 日。

（9）段龙龙：《城乡融合发展推动共同富裕》，《中国社会科学报》2021 年 5 月 19 日。

（10）段龙龙：《加快新型城镇化与乡村振兴协同发展》，《中国社会科学报》2019 年 9 月 4 日。

（11）段龙龙：《加强新时代中国特色“逆城镇化”规律研究》，《四川日报》2023 年 5 月 8 日。

（12）段龙龙、王林梅：《论马克思恩格斯“逆城镇化”发展思想及其当代启示》，《政治经济学报》2023 年第 1 期。

图书在版编目(CIP)数据

新时代中国城镇化与逆城镇化协调发展路径研究 /
段龙龙著. -- 北京：社会科学文献出版社，2024. 11.
ISBN 978-7-5228-4406-0

Ⅰ. F299. 21

中国国家版本馆 CIP 数据核字第 2024C78P39 号

新时代中国城镇化与逆城镇化协调发展路径研究

著　　者 / 段龙龙

出 版 人 / 冀祥德
责任编辑 / 岳梦夏
责任印制 / 王京美

出　　版 / 社会科学文献出版社 · 马克思主义分社（010）59367126
地址：北京市北三环中路甲 29 号院华龙大厦　邮编：100029
网址：www. ssap. com. cn
发　　行 / 社会科学文献出版社（010）59367028
印　　装 / 三河市尚艺印装有限公司

规　　格 / 开 本：787mm × 1092mm　1/16
印 张：14. 75　字 数：227 千字
版　　次 / 2024 年 11 月第 1 版　2024 年 11 月第 1 次印刷
书　　号 / ISBN 978-7-5228-4406-0
定　　价 / 98. 00 元

读者服务电话：4008918866